潮汕文库·文献系列

做「缶」与卖「缶」：近现代枫溪潮州窑陶瓷业访谈录

韩山师范学院图书馆　颐陶轩潮州窑博物馆　主编
李炳炎　陈俊华　陈秀娜　编

暨南大學出版社
JINAN UNIVERSITY PRESS
中国·广州

图书在版编目（CIP）数据

做“缶”与卖“缶”：近现代枫溪潮州窑陶瓷业访谈录/韩山师范学院图书馆，颐陶轩潮州窑博物馆主编；李炳炎，陈俊华，陈秀娜编．—广州：暨南大学出版社，2016.11
（潮汕文库．文献系列）
ISBN 978－7－5668－1652－8

Ⅰ.①做… Ⅱ.①韩… ②颐… ③李… ④陈… ⑤陈… Ⅲ.①民窑—瓷器（考古）—研究—潮州市—近代 Ⅳ.①K876.34

中国版本图书馆CIP数据核字（2015）第243088号

做“缶”与卖“缶”：近现代枫溪潮州窑陶瓷业访谈录
ZUOFOU YU MAIFOU：JINXIANDAI FENGXI CHAOZHOUYAO TAOCIYE FANGTANLU

韩山师范学院图书馆　颐陶轩潮州窑博物馆　**主编**
李炳炎　陈俊华　陈秀娜　**编**

出 版 人：徐义雄
项目统筹：黄圣英
责任编辑：何镇喜
责任校对：王嘉涵
责任印制：汤慧君　王雅琪

出版发行：暨南大学出版社（510630）
电　　话：总编室（8620）85221601
营销部（8620）85225284　85228291　85228292（邮购）
传　　真：（8620）85221583（办公室）　85223774（营销部）
网　　址：http：//www.jnupress.com　http：//press.jnu.edu.cn
排　　版：广州市天河星辰文化发展部照排中心
印　　刷：广州市新怡印务有限公司
开　　本：787mm×1092mm　1/16
印　　张：17.5
字　　数：423千
版　　次：2016年11月第1版
印　　次：2016年11月第1次
定　　价：50.00元

总　序

潮汕文化历千年久远，底蕴渊深，泱泱广袤，又伴随着潮人的迁播而兼收并蓄，独树一帜，是中华文明中的重要一脉。

秦汉之前，潮汕囿于海角一隅，与中原殆少来往；自韩愈治潮，兴学重教，风气日开，人文渐著。宋朝文教兴盛，前七贤垂范乡邦；明朝人才辈出，后八贤称显于时。明清以来，粤东地区借毗邻大海的地理优势，与域外商贸频仍，以陶朱端木之业，成中西交汇之势，造就多元开放的文化格局。饶宗颐等学界巨匠引领风骚，李嘉诚等商海翘楚造福民生，俊采星驰，郁郁称盛。

而今国家稳步发展，蓬勃兴盛，潮汕地区凭借深厚的历史积淀，务实进取，努力发展传统文化及其产业，如潮剧、潮乐、潮菜、工夫茶、陶瓷、木雕、刺绣等，保持并革新精巧特色，在世界各地广泛传播，备受青睐。更有海外潮人遍布全球，为经济文化交流引桥导路，探索共赢模式，拓宽发展空间。

为促进潮汕文化的传承与创新，进一步推动潮汕文化“走出去”，在广东省委宣传部的大力支持下，海内外学者编写《潮汕文库》大型丛书。本丛书包括文献系列和研究系列，涉及历史、文学、方言、民俗、曲艺、建筑、工艺美术等多方面，囊括影印、笺注、点校、碑铭、图文集、口述史等多种形式，始终秉承整理、抢救传统文化的原则，尊重潮汕地区的家学渊源和治学传统。以一腔丹心，在历史沿袭中为文化存证，修旧如旧，求新而不媚俗于新；以一笔质朴，在字斟句酌中为品质立言，就事论事，求全而不迷失于全；以一纸恳切，在纷扰喧嚣中为细节加冕，群策群力，求深而不盲目于深。惟愿以此丛书，提升潮汕文化品位，凝聚海内外潮人，齐心发展，助力腾飞。

在成书过程中，广东省委宣传部高度重视，协调汕头、潮州、揭阳、汕尾市委宣传部，委托潮汕历史文化研究中心、韩山师范学院、暨南大学出版社组织编写与出版。海内外潮学研究专家倾注笔墨，潮汕历史文献收藏机构及热心人士鼎力襄助，更蒙粤东籍一批著名艺术家慷慨捐赠宝贵书画作品助力出版，在此一并致谢！

《潮汕文库》大型丛书编委会

2016 年 7 月

前　言

儿时，我常到外婆家，外婆家从事陶瓷的生产与经营，因此我经常听到一些方言的生产术语，总是好奇地问舅舅，为什么我们潮州人把陶瓷称为“缶”（hui^5）？他的回答是，缶是陶瓷的总称，白缶为白胎瓷器，乌缶为施酱褐釉的陶器，红缶则是不施釉的陶器……渐渐地，我明白，缶者，陶瓷也，潮州人沿袭的古汉语称谓。缶在古汉语中有五种意思，一是盛酒的瓦器；二是汲水或盛水的瓦器；三是瓦盆；四是瓦质的打击乐器；五是古量器名。（罗竹风主编，《汉语大词典》，汉语大词典出版社，1994，第1072页）“做缶”不仅是一份粗活，里面还有很多充满智慧的方法和技巧。至今，这一充满变化的神秘技艺才逐步地被人们清楚的认识，而对近现代枫溪潮州窑的探索也成为我的兴趣。“做缶”是陶瓷生产的俗称，它涵盖所有的生产工艺，如彩缶、烧缶；陶瓷产品的销售称为“卖缶”，也涵盖了所有的运销环节，如载缶、搬缶。潮州人将残次的陶瓷产品称为“缶脚”，俗语有“烧缶人食缺”，意思是从事陶瓷生产业者往往将质优的产品出售，将一些有瑕疵的产品留给自己使用。一是以示不暴殄天物，二是在使用过程中警示自己不要再生产出瑕疵品。俗语还有“酥缶耐扣”，酥缶，指那些胎质松脆的陶瓷制品。这些有瑕疵的瓷器，经不起大的碰撞，但小碰撞也无妨，只要使用得当，照样能够长期使用，有时它们的使用寿命还比其他正品缶长，这个俗语充满哲理。

近现代，枫溪成为潮州窑最具代表性的窑场。根据文献及档案资料可知，枫溪的陶瓷生产作坊在民国初期有200多家，经营规模较大的有荣利、如合、陶真玉、锦合、任合等；1946年之后规模较大的有陶玉峰、合成、胜记、瑞记、三合、永茂、耀兴、潮瓷等30多家；至1951年，陶瓷生产作坊据统计有398家。另据1935年出版的《潮梅现象》载：“潮梅瓷器出产，经汕头出口者，每年值五百万元，枫溪瓷为最多。”可见这一时期枫溪陶瓷的生产规模在潮州窑的发展史上是空前的。

近现代枫溪潮州窑发展的关键在于产品的改良和经营规模的扩大。1860年，汕头港开始对外通商。汕头埠逐渐取代潮州的区域中心位置，成为潮汕地区通往海外的主要港口。新航海时代的到来，帆船逐步被火轮代替，便利的海上交通促进了潮汕地区的对外贸易。枫溪的陶瓷工商业者活跃于汕头、香港、新加坡等港口新埠，将枫溪陶瓷产品销往海内外各地。20世纪初期，枫溪陶瓷业的生产工艺等方面较为落后，采用传统的家庭作坊模式，产品以陶器为主，瓷器较为粗糙。之后，在海内外市场需求的作用下，枫溪从事陶瓷业者采用飞天燕瓷土改善坯釉原料，通过香港进口大窑五彩色料，聘请大吴泥塑师傅及城区绘画艺人前来创作传艺，使枫溪的陶瓷产品跻身国内外竞争行列。这种变化不仅增强了枫溪陶瓷的市场竞争力，而且使产品形成独特的地方风格，并在实业救国运动中扮演着重要角色。

近现代枫溪陶瓷业的发展历程可分为三个时期——1939年之前的鼎盛期，1939—1945年的衰落时期，1946—1956年的转型期。这个兴衰的过程与国家、民族的命运息息相关。1959—1962年，枫溪陶瓷研究所虽曾组织“资方代表”进行座谈、回顾，并将其整理成枫溪陶瓷发展简史的初稿，但对这段历史的总结缺乏对民间作坊技艺、经营细节、外销情况及知名作坊的创业经历、代表性人物所起的作用等方面材料的收集，难以让我们客观而全面地了解这段历史。如何才能够全面了解近现代枫溪陶瓷发展史，这成为我们面临的问题。

我们在研究过程中，采用书籍、档案、民间及商业文书、实物及实物上的文字作为基础材料进行互证，从中了解不同时期的工艺特色及发展规律。但随着研究的深入，我们认为近现代枫溪陶瓷史料不够全面，缺少一些具体的细节，例如生产过程、经营策略、产业传承和工艺改进，于是我们关注这一时期的枫溪陶瓷业亲历者，希望通过跟他们的接触，弥补这一方面的不足。为了客观真实地了解历史，我们不放过任何机会，多方寻找线索，寻访亲历者或其后人，尽最大的努力搜集史料。然而，时过境迁，当年的创业者大多已经作古。目前尚有少数年事已高的亲历者，他们凭着模糊的记忆为我们讲述了一些往事。庆幸的是，在采访的过程中，老一辈受访者的思想认识有了较大改变，他们也意识到记录口述史料的重要性，能够客观地回忆亲历亲闻的故事；可惜的是，他们的记忆逐渐衰退，人数也在逐年减少，记录口述史料显得刻不容缓。近十年来，我们以此为使命，与时间赛跑，千方百计地对这些稍纵即逝的资料进行抢救。由于受访者已不是第一代的创业者，加上生产和运销等情况在以往被视为商业秘密，他们对家族的经营过程难以一一知悉，只能回忆所知部分。所以，目前的口述资料缺乏系统性和全面性，还不能客观还原本来的面目，但可以肯定它是近现代枫溪潮州窑史中不可或缺的部分。

在采访的过程中，我们注意了以下几个方面：

其一，对受访者的身份、年龄、职业，以及采访的场合、在场人、时间等方面作原始记录。采访前弄清楚人物关系，目的是厘清各项线索。有时初始的访谈只起到简单唤醒记忆的作用，随后的访谈中才真正展开相关的内容。而在不同时间和环境下采访同一个人得到的口述内容不一定相同，有时针对同一件事采访不同的人，得到的结论也不同。所以有条件时我们尽量做到一人问多次，一事问多人，加以印证。

其二，因为大部分受访者年事已高，加上回忆的是近百年来的人和事，所以难以按照我们设计的提纲进行。但我们都尽量按时间顺序进行提问，慢慢引导他们把经营过程、工艺流程这些要点说出来，所以每个受访者口述的内容基本上是按照事件发生的先后顺序展开的，囊括生产和经营的内容。

其三，在一些社交场合闲聊时，会涉及一些我们关注的史料，这些内容很可能是转瞬即逝的，所以，我们会立即进行书面或录音记录。这种即时记录的习惯需要长期培养。

其四，由于全程使用受访者最熟悉的潮州方言进行采访，我们在整理过程中亦尽可能保留民间方言、地方俗语、行业术语等，给读者呈现原汁原味的资料，因此一些语句难免存在不够通顺或不符合普通话语法规范的地方。

本书收录的22篇访谈录分为“商号后人访谈录”和“陶瓷艺人访谈录”上下两编，

同一编中原则上是按受访者的年龄由大到小排列，但为了给读者提供更清楚的线索，在上编我们将来自同一作坊的受访者归并在一起，如陆桂园与陆少卿、陆少芝都是荣利号的后人，陆少卿、陆少芝访谈录直接排在陆桂园访谈录的后面。在下编，我们将有关陶瓷创作、烧造的受访者归并在一起，如吴两明、陈海波均从事烧造工作，陈海波访谈录直接排在吴两明访谈录的后面。

研究近现代枫溪潮州窑的发展史，文献、口述、实物、田野调查等资料的搜集缺一不可，其中近现代枫溪陶瓷业亲历者的口述史料显得越来越重要，它将成为潮州陶瓷史研究的重要资料来源。我们为此而努力，但仍存在很多不足。我们期盼以此抛砖引玉，让我们能够认识更多的亲历者，也期望谬误之处能得到各位读者批评指正。

李炳炎

上编　商号后人访谈录

陆桂园谈陆荣利号

受访者：陆桂园（1921—2013年），男，枫溪荣利号第四代后人。
时间：2008年3月4日
地点：潮州新洋路住家
采访者：李炳炎
录音整理：李晓洁
文稿编辑：李炳炎　陈秀娜

采访陆桂园先生（左）

李炳炎：桂园伯，陆荣利是在什么时候创建的？

陆桂园：这个创建时间起码是从我阿公（爷爷，下同）开始的。我小时候，我的老叔（父亲的叔父，下同）已经在做“缶”（潮汕话陶瓷的总称。白缶指瓷器。红缶指不施釉的陶器。乌缶指施酱褐釉的陶器。下同），我的阿公外出去卖缶，最初的产品都是在家里运过去做基础。那个年代枫溪做出口缶的，就属我们最大。

李炳炎：那是清末的时候吗？

陆桂园：差不多是那个时候。

李炳炎：当时陆荣利的生意是不是合伙的？

陆桂园：不是，我们是家庭工（家族经营）。

李炳炎：那有规定每个人分多少钱之类的吗？用多少钱来合作？

陆桂园：没，创建荣利的就是我老叔和我父亲。我的老叔会做缶，我的父亲做杂活、做配方较出名，烧缶时也会帮忙。而我们家庭的孩子，周日就去厂里做小工。工人都是家里的亲戚，如阿舅等来做就计件结算工资，你今天做了多少件，就写入“寸楮”（折纸的账簿，下同）。“寸楮”也就是簿仔。这就是用来记工作量的，一天做多少，就总的来记，今日做什么缶，也无法说做多少就准确记多少，没那么工夫（仔细）。然后年底再结算。如果你没钱，要支（预支）就去柜台（预支），等到年尾结算。

陆良士先生（陆桂园先生的叔公）

寸楮

李炳炎：支算不算借啊？

陆桂园：支的，记的人不负责拿钱，你要钱的话得另外借。

李炳炎：重新来借。

陆桂园：我今日要是用过（透支），用多少钱，写我的单，工多少钱，要拿多少钱。

李炳炎：然后到年三十夜就来结，看剩多少就给您？

陆桂园：年底的时候才结算。但日工和奴仔（儿童，下同）是即时结的，没有记工作量。家庭的主要成员就不可以，我四叔、三叔，我父亲、哥哥，这些人做缶就是白做的。我们的家庭每月每人拿二至四个银（银圆，下同）。

李炳炎：两块钱？

陆桂园：龙银啊。

李炳炎：一个月，二至四个龙银？

陆桂园：对，四个银，家里的妇人、奴仔用。

李炳炎：是一个人可以来领，还是一整个家庭可以来领呢？

陆桂园：人来了就发给他。

李炳炎：那他们两个人来做，就发八个银给他们？

陆桂园：那是。孩子读书和娶老婆全部是公家出钱。例如我娶老婆用最多钱，三千多（个）龙银呢。我十多岁结婚，我结婚时还在外面读书。因为我们家庭是大家庭，像我大哥先结婚了，本来得给我二哥，但是不行，还没轮到他，我才那么早结婚。

李炳炎：要论辈序的？

陆桂园：拿公家钱，是按规矩的。

李炳炎：得阿兄娶了，阿弟才可以娶。

陆桂园：堂的可以，但我们不可以，辈分在那里。

李炳炎：这些缶的订单从何得到？

陆桂园：订单就是枫溪一些在外洋专门卖缶的人，来枫溪买瓷器，然后带出国。他选择他需要的，发货单过来，需要的杯碟多少，要送多少等，开成一张单给我们做。没钱就跟他们预支，拿五成钱货款，或者七成，订缶要先拿订金，装缶就得他们自己负责。

李炳炎：如何交还给他们？

陆桂园：他们派人来担。

李炳炎：派人上门？

陆桂园：他派那些缶栈（收购陶瓷的货栈，下同）的人来装缶。缶栈那时用竹筐和稻草、报纸包装，幼缶（精细的瓷器）要包报纸和缠稻草包。稻草包要怎样缠，报纸要怎样包，出洋的时候才不会撞坏。然后他们就运到汕头，由汕头的缶栈转运出国。卖缶的还是需要本钱，那个时候我们做缶，都是贴一些印花税而已。

李炳炎：贴一些印花税？

陆桂园：对，印花税，每年税务都会派人来查。

李炳炎：那时一年大概能做多少万元？

陆桂园：一年做多少钱，这个倒没有去计算。

李炳炎：粗略计就行。

陆桂园：不清楚，就是一直在做，一直在做都还是赶不及出货。

李炳炎：经常赶不及是吗？那一年有十万元吗？

陆桂园：因为我们出名，有时做一窑时间久，我们都是烧一整窑，不是烧一目（每一条龙窑都分成若干节，一节为一目，下同）两目。

李炳炎：那这条窑是自己的吗？

陆桂园：这条窑是公窑。

李炳炎：是老陆荣利的产业吗？

陆桂园：这条窑我们算大份。

李炳炎：这条窑的名字叫什么？

陆桂园：龙窑。

李炳炎：龙窑，这条龙窑是荣利建的吗？还是之前的祖先建的？

陆桂园：缶窑多，这些缶窑都是合资的。

李炳炎：那条窑是荣利什么时候（与人合伙）建的？

陆桂园：这条窑，这么多年了，我知道的就是合资建的。

李炳炎：很早就有，在您小时候就有了吗？

陆桂园：是。最先的龙窑，听说以前东边的缶（韩江东面的缶窑）烧了总是不好，有江风，枫溪的烧了就好。

李炳炎：合资这个窑，就是说荣利投入得多，这条窑就叫荣利窑是不是？

陆桂园：人们都是叫荣利窑。

李炳炎：也就是合资的，名字叫荣利窑。那这间荣利的大厝（厝指房子，做厝指陶瓷作坊，下同）是什么时候建的？就是（抗日战争时）日本仔（统指日军或抗日战争，下同）烧掉的那间房子？

陆桂园：我小时候就住在那里。

李炳炎：您小时候就已经有了，那是您老叔建的？还是别人？

陆桂园：我父亲、我老叔。

李炳炎：两个人建的。

陆桂园：我阿公以前在祠堂教书。后来为了不浪费这些不能出口的次缶，就运去梅县卖，去梅县创办缶店。阿公年老了，我们家又没有人可以去接手卖缶，都在家帮忙做缶，没人可以去那里帮忙，就结束经营。

李炳炎：还记得啊？

陆桂园：这些事我懂的，我大哥的事我也知道。

李炳炎：那这间陆荣利的大厝就是您阿公和老叔两个人建的？

陆桂园：我父亲和我老叔俩人赚钱之后建的。

李炳炎：赚钱之后建的。那建的时候您知道吗？

陆桂园：我不知道。

李炳炎：他们建好之后您才出生的？

陆桂园：我其实是过房的（抱养的，下同）。

李炳炎：这间老厝是做缶之后赚了钱才建的是吗？

陆桂园：就是做缶赚的。当时老厝在后面，我们还有老厝呢，我们的老厝也在做缶，我知道的。

李炳炎：有一个吴阿才做的东西，您帮我看一下。

（李炳炎准备了近代枫溪产彩绘人物瓷塑像一对，请教陆桂园先生）

陆桂园：吴阿才的安仔（泥塑、瓷塑或以其他形式造型的人像，下同）。

李炳炎：你看是什么时候的？

陆桂园：是，他做的三娘挑弓，八尊合成一套的。

李炳炎：这个是我外婆给我的，我外婆也是枫溪人。我外婆说这个当时是非常出名的。

陆桂园：只有我们才做这个。

李炳炎：只有你们一家做啊？

陆桂园：只有我们做戏出（戏剧人物摆件，下同），配玻璃罩，用酸枝柴做的框。

李炳炎：他有一个玻璃罩，酸枝框，太难带，我没带来。

陆桂园：玻璃罩，里面有两尊？

李炳炎：是，摆在一起，也叫安仔屏（安仔摆件，下同）。

陆桂园：一套二十多银而已。

李炳炎：二十多个龙银？

陆桂园：龙银。我父亲也有一套这样的。

李炳炎：那当时阿才做出来，烧出来就是这样的吗？

陆桂园：是。

李炳炎：这个就是阿才做的？

陆桂园：嗯，这个就是烧窑之后重新（上）彩的。

李炳炎：是，它有浓彩描金，当时这些胎土很润实，质量非常好，很难得是吗？

陆桂园：你这两尊是古董啊。

李炳炎：我外婆说藏到现在，就她一个人有，其他人的全部都没有了。

陆桂园：就她有？

李炳炎：是。

陆桂园：那现在值钱了。

李炳炎：我外婆给我舅舅，我舅舅知道我有兴趣就给我。

陆桂园：我也有好多样，后来都送人了。

李炳炎：哦，您原来也有这个。

陆桂园：原来有单尊的。

李炳炎：哦。它这个做法是跟大吴泥塑的很像，很像贴塑成型，衣服是一件一件贴上去的。

陆桂园：这个就是大吴的做法，那时候人们最喜欢捏泥安仔。

李炳炎：安仔？

陆桂园：是，对战的刀马人。

李炳炎：那我们正月游神，是不是拿这些安仔屏供奉在神前（祭拜神明的地方，下同），而且要比赛谁家做的精彩？

陆桂园：哦，这是后来的。

李炳炎：是。我看这些安仔屏非常生动！

陆桂园：我们的观音，这个头就是老吴（阿才）做的，其他人没办法做。当时这个观音模具就是我们荣利的。我们隔壁的阿猴他也在做，做观音，做八骏马。

李炳炎：叫做阿猴？

陆桂园：是的，我们荣利隔壁的阿猴。后来没钱就卖了，全部模卖掉，单是这个头模不能卖，得靠它来赚钱过生活。后来美术一厂这个观音头的模就是我们荣利的。

李炳炎：桂园伯，那阿才做这样一尊要多长时间？

陆桂园：他做得很快。

李炳炎：这两尊要几天？

陆桂园：无法这样算，差不多三五天做好一尊。

李炳炎：也得几天，这个非常难得。

陆桂园：那时候破“四旧”就没有了。

李炳炎：是。保存到今天不容易。

陆桂园：这些老人都用玻璃罩去罩。

李炳炎：有，还有一个玻璃罩，我没带来。

陆桂园：我们是怎么包装这些的？用棉被包头尾，然后塞上很多层纸，再扎稻草，这样就不会被撞到。

李炳炎：是。

陆桂园：不然这个额头、衣褶撞到就坏了。

李炳炎：真的是古董啊。

陆桂园：古董啊。

李炳炎：阿才做这些人物，要三四天才做一尊？

陆桂园：是的。

李炳炎：这样两尊安仔连酸枝玻璃盒要卖二十多银？

陆桂园：卖二十多到三十个银。

李炳炎：包括盒子吗？

陆桂园：是的。你想啊，他做完还要烧，烧熟再经过师傅彩（上彩），彩后还要再烤烧。

李炳炎：那这样以当时的价值，等于是几个月工资才买得到？普通打工的人买不起。

陆桂园：既然能买戏出的，就是有钱人。我们还有做那个五価（摆放五果的瓷器，下同），小小的五価和八宝，摆在铺前，还有棺材仔（瓷质小棺材，下同）和两只（张）摆的凳子。

李炳炎：您画个大概给我看好吗？

陆桂园：就是长凳子两只（张），然后做一个棺材摆上去，人们买这个去装金饰。

李炳炎：哦，原来是这样。那这个是缶做的？

陆桂园：缶的。八宝，像我们当时的厝就有。五価、八宝你知道吗？五価放在大厅中间，上面是一只狮子，是彩金的。后来的人就用锡的。

李炳炎：我知道，就是一个香炉，两个蜡烛和两个像香炉一样的，总共五件。

陆桂园：缶做的，彩绘得很漂亮。

李炳炎：是，祭器。

陆桂园：这样，然后摆个炉上去。

李炳炎：是，我知道，就是香炉、烛、香，共五件，这些我知道。这两尊不知道是什么戏出？你看得出来是什么戏出吗？

陆桂园：有戏出名。这个应该是梁山泊。

李炳炎：梁山泊有这尊女的人物么？

陆桂园：这尊啊。

李炳炎：不是，它两尊是一盒的。

陆桂园：两尊是一盒的，只知是梁山泊的人。

李炳炎：是的。

陆桂园：我读书的时候送给人的缶很多，自己家做的，我就偷偷拿去送人。

李炳炎：当时这些货物下船的码头是在哪个地方？

陆桂园：最开始是在老爷宫（神庙，下同）那里的一条溪，船只叫做枫溪条（水上运输小船，下同），你知道吗？

李炳炎：知道。

陆桂园：那个，先撑入枫溪这条沟，然后就过揭阳。

李炳炎：大老爷宫这里有一个码头？

陆桂园：宫前那里啊。

李炳炎：人们叫宫前洋是不是？

陆桂园：不是，枫溪的大宫前，这个三山国王（宫）的前面以前有一条溪，现在没有了。（在）那条溪（货物）最初就近装下去，然后就转船出去。

李炳炎：需要台阶下去码头吗？

陆桂园：不用。

李炳炎：哦，放块板垫下去就可以过去。

陆桂园：后来就转去长美，长美现在也没有，长美那条溪以前都有枫溪条去揭阳。

李炳炎：长美，就等于说我们从宫前这里去长美，这条就是三利溪。

陆桂园：那时候是在宫前装船下去。这些溪最后都被填埋了，那个时候已经有火车了。

李炳炎：那日本仔那时怎样？我们刚才说的都是日本人来之前的事。

陆桂园：是日本仔前。

陆桂园：以前枫溪常见姓氏知道吗？

李炳炎：我抄下来，解放前的，吴、佘、柯、余、章、陈、林、廖、王、佃。

陆桂园：郑、卢、刘、陆、许、朱、李、谢、蔡、杨。现在孩子都娶老婆了，像刚才那个儿子今年六十岁了。

李炳炎：早上来的这位是大儿子？今年六十岁？看不出来，看着很年轻。

陆桂园：我的女儿，大的女儿六十多岁咯。我二十岁的时候才生孩子，那个时候在普宁生的。

李炳炎：这位大儿子的名字叫什么？

陆桂园：陆凤生。

李炳炎：您总共三个儿子？

陆桂园：三个儿子，四个女儿。

李炳炎：七个孩子啊！三男四女。

陆桂园：原来八个呢，一个十多岁的时候没了，去世。

李炳炎：桂园伯，您有一张当时的全家图是吗？

陆桂园：你说那张大家庭的吗？

李炳炎：是。

陆桂园：这张是陆荣利的。这张全家图，这位是我老嬷（曾祖母，下同）。

李炳炎：在这里是吗？这张是吗？它前面写的是什么？写枫溪？这个陆母？

陆桂园：写时间的。当时“文革”期间，不知道是不是我父亲剪掉了，还有一张大的。

民国陆氏家族在恩荣堂合影（陆桂园先生提供）

李炳炎：时间最重要了。

陆桂园：一张大张的，九十岁的，这个我当时蹲在这里，蹲在那里的小孩就是我。

李炳炎：这个是您，还有一张大的？

陆桂园：那张大的被人借去之后弄坏了。（夫）天地者，万物之逆旅；光阴者，百代之过客。而浮生若梦，为欢几何？

李炳炎：是的，人生实际（上）也非常短暂。

陆桂园：糊里糊涂。

李炳炎：我们就是将这些资料，各家各户收集起来，了解枫溪民国时期的历史。就你看，还是日本仔前生意比较好做是吗？

陆桂园：日本仔前我们一直在做缶，我都知道。

李炳炎：我们现在说民国时期，从初期到 30 年代，然后 30 年代之后就是日本仔的一个时代，及日本仔后的一个时代，如果分为三个阶段，您看哪一个阶段生意最好做？

陆桂园：中间的时候生意最好做。

李炳炎：就是 30 年代是吗？

陆桂园：反正是我小时候到我娶老婆那段时间最好做。

李炳炎：那您娶老婆是哪年？

陆桂园：我十六岁娶老婆。

李炳炎：差不多是哪一年？

陆桂园：我娶老婆的时候还在读书。

李炳炎：十六岁等于是六十二年前，就是 30 年代最好，然后到日本仔后就不好了？

陆桂园：日本仔后就做这一整年。

李炳炎：那日本仔时，枫溪有人在做缶吗？

陆桂园：有，日本仔时我父亲还在做缶。

李炳炎：那怎么日本仔时，还可以做？

陆桂园：做缶，当时没有做小碗，那个时候没办法做大的，是后来买了二十多块缶板，二十多个大缸，碳缸才做大件的缶。

李炳炎：那时规模很小。

陆桂园：我来的时候建个窑脚，我弟在做小碗，久久做一目，烧了做生活（过日子）。那时候我在普宁，日本仔时。

李炳炎：那日本仔时，他们同意作坊做缶？

陆桂园：那个时候已经安定了。日本仔时我们就避难走了，跑到古巷租了套房子。飞机来炸古巷，我们就赶紧分家，之后就各自跑到别的地方，厝已经被日本人烧了。我最先跑去普宁，因为我岳父跑去普宁后沟做校长，我也跟着走。走的时候日本人炸了隔壁，我差点被他们炸死，还踩到他们的血，那时候有人走这里有人走那里，很乱。

李炳炎：那去普宁是和老婆一起去的？去之前生孩子了吗？

陆桂园：还没有。我在普宁生了两个，一男一女。

李炳炎：大儿子是在普宁生的，凤生兄是在普宁生的？

陆桂园：凤生是在枫溪生的，那个是大儿子。回来后十三岁时夭折了。我大女儿，六十多岁了。

李炳炎：那等于说日本仔时您还没生孩子。

陆桂园：没。这两个就是在普宁生的，当时我还在读书。

李炳炎：那日本人没有去普宁吗？

陆桂园：有，后来炸到普宁来，那时日本人差不多要投降了，投降是在隔年（第二年）。我当时建厝存的陶瓷，两仓库满满的。我没事就来这里载缶去流沙卖。

李炳炎：日本人肯让您载吗？那些关卡检查怎么办？

陆桂园：载缶去揭阳的时候已经安定了，我去向公家买缶。

李炳炎：哦，安定就回来枫溪。

陆桂园：那时候枫溪已经沦陷了，城里先沦陷，枫溪之后沦陷。

李炳炎：枫溪沦陷时，那你的缶还可以跟他们买是吗？

陆桂园：是。要就做一个身份证。

李炳炎：良民证？

陆桂园：是，良民证。可以出入，那时候比较安定。

李炳炎：您就来枫溪买缶去流沙卖。

陆桂园：做经营，不然在普宁没事做。

李炳炎：哦，等于说您在普宁卖缶。

陆桂园：卖缶有一段时间，因为三六九（墟市）赶集。我的缶就拿去卖，荣利家里的两仓库缶，被我卖完了。本来我打算去那里创缶业，后来转去办事，考测量考上了，做了测量员，我队负责四十多个公所。

李炳炎：测量？

陆桂园：测量，我是会测量的。四十多个公所都巴结我，因为就我一个人会，他们要载沙土需要测量，现在都不用这些。那时候饿死人，1943 年饿死人，我也吃不饱，我那时候饿不死。

李炳炎：大难不死，必有后福。

陆桂园：那时日本人四处掠夺。

李炳炎：那饥荒年缶完全不能做了？

陆桂园：没有，那时候是做内销的，比较安定就能做了。我回来之后就在缶厂，我父亲叫我回来，我的家属还没有回来。有一些叔伯阿兄有事，要回来帮忙，然后就去学着做，这些缶都要下大窑，要去登缶（装窑，下同），我的家属还没回来。有一次，父亲的瓷碗挡着他们（日本人）的路，拿着刺刀要刺我们，我们就跑，跑到里面，一进门就拿起叉子，幸亏当时我弟在做小碗，那两个应该是军官，看着好玩，就也试着做。

李炳炎：他们也喜欢看缶？

陆桂园：他们看我弟在做缶，然后也学着做，这样我才没死，不然得被他刺死，然后我就跑了。

李炳炎：跑去哪里？

陆桂园：跑去莲云，之后跑去平远。

李炳炎：那平远那里有人做缶吗？

陆桂园：没有。

李炳炎：那 1943 年为什么会（闹）大饥荒？

陆桂园：1943 年饥荒，全部田地一果无收。

李炳炎：为什么会没收成？因为水灾？

陆桂园：1943 年在普宁那里，到处一果无收，饿死的人很多，很多人在路上走着走着倒下就死了，我看到三个死了，才知道一句话，饿殍饥荒。

李炳炎：那 1943 年枫溪做缶的怎样？

陆桂园：1943 年我没有回来。

李炳炎：那您不是有来运缶去卖？

陆桂园：我运缶去卖是另一段时间。

李炳炎：那 1943 年枫溪这里的商户会不会停产了？

陆桂园：不会。

李炳炎：还有在生产？

陆桂园：这个时候他们可以做一些小规模（生产）过生活，日本仔时还没安定。

李炳炎：那你们日本仔时有做出口吗？

陆桂园：没有。

李炳炎：那产品销往哪里？

陆桂园：内销。本来有一条火车路，用这条火车路载缶去汕头，还有载白土来枫溪。火车来城内北门加水，白土在东边下驳船后装上火车，来枫溪放下，然后就往汕头。

李炳炎：也就是土卸在枫溪。

陆桂园：土卸在枫溪，我们有一个人跟瓷土，要用多少土就跟他说，他专门赚这个钱的，会雇一些人去火车站挑。

李炳炎：挑来这里？

陆桂园：从火车站挑到我们那里。

李炳炎：那北门的土是用船从飞天燕拉过来的吗？

陆桂园：那时候过来这边都用火车载的。这些你不懂吗？

李炳炎：不懂，我是第一次听您说，那你们做好的缶也可以在枫溪用这辆火车载去汕头吗？

陆桂园：有，也可以用火车载，也可以用船载，用船载可能会比较便宜，就用船载去汕头。我们的缶都是用船载去的，都没用火车。

李炳炎：是的，火车比较贵。那这辆火车开到汕头，然后货怎样运到货栈那里去？

陆桂园：汕头货栈他们雇人去车站、码头提货，那时候交通便利。

李炳炎：用火车载土、载货去汕头要贵多少，有没有比船载贵一倍？

陆桂园：我们那时用船载的还是比较多的。

李炳炎：哦，用船比较方便。

陆桂园：用船载才比较便宜，土就是都固定由他们载来枫溪，用火车的话比较贵，当年进一个新的火车厢要十万。

李炳炎：大本钱。

抗战时期日军在枫溪修建的炮楼
（位于今枫溪安丰路枫一路段）

陆桂园：那时候枫溪还没沦陷，炮筒就在西湖山顶。当时炮弹最先炸枫溪的时候，我还被烧到，炸枫溪的那天晚上，你知道有多少颗炮弹吗，三百多颗炮弹，炸了这座厝，一颗六排啊。

李炳炎：那不是很大颗？

陆桂园：炮弹，小时候一个晚上三百多颗炮弹在轰炸，我们要怎么躲呢，就包着被子躲在床下面，等到炮弹停止了才出来。

李炳炎：您躲过？

陆桂园：躲过，全家人都躲过。

李炳炎：那日本仔时，我听别人说过任合和陶玉峰还有在做。

陆桂园：任合还在做缶。任合和陶玉峰有卖缶去香港，日本仔时期，只有他们两个可以做出口，还可能有做零售。

李炳炎：任合的老板叫什么？

陆桂园：我大哥跟任合和如合等四人被称为枫溪“四色仔”（四个精明过人的人）。

李炳炎：“四色仔”？

陆桂园：这四个人做缶（经营）最厉害。

就是桂堂，我大哥叫桂堂，还有任合九。

李炳炎：任合九比您大哥大还是小？

陆桂园：比我大哥桂堂大。

李炳炎：任合九，然后还有谁？“四色仔”还有谁？

陆桂园：如合六。“四色仔”这四个人就是在做生意、买缶与卖缶（方面）都是比较精明的。

李炳炎：您再说说外铺的经营。

陆桂园：我负责站柜台，我们这些会算盘会打单的，我们有时卖缶给城内那些店铺，卖完之后不用拿钱的，打单然后再派人去收钱，不用拿现钱，那时候的人比较开化（守信用）。

李炳炎：平时就是赊货，然后什么时候结算？

陆桂园：过节。

李炳炎：过什么节日？

陆桂园：一年有几个节日这样。

李炳炎：哦，大概就是七月半（七月十五）可以去拿，八月中秋也可以去拿。

陆桂园：然后他们过节时就还钱，过节前就去拿。

李炳炎：过节前就结清，那信用都非常好，不会去到那里说拿不到钱吗？

陆桂园：信用好，那时候都是很讲信用的。如果误了，就再也不用做生意了。

李炳炎：哦，等于说他欠别人多少钱，他都会预备好在那里，随时准备还给别人。

陆桂园：当时的人都很规矩的。现在的人就没有，借了不用还的。

李炳炎：哦，就是说不对嘴（不守信用），别人就不再赊给他。

陆桂园：是。

李炳炎：当时卖给城里的店铺有几家？

陆桂园：北门有几家，下水门那里有几家，有时也有揭阳的，揭阳的也来跟我们买缶，还有外销的。

李炳炎：那福建有没有？漳州、云霄、诏安？

陆桂园：有，这些比较少。

李炳炎：他们这些可能去买高陂的。那汕头的肯定就是跟我们买的？

陆桂园：是，汕头。

李炳炎：澄海有吗？

陆桂园：澄海比较少，一般是揭阳，揭阳来买的比较多。

李炳炎：那当时城里在卖缶的，谁最大？

陆桂园：万春，当时的同学，他在下水门。

李炳炎：万春，然后还有什么？

陆桂园：我也不记得了，现在老了。

李炳炎：就是在下水门，店铺的名称叫万春。

陆桂园：这些缶销本地，次缶也卖本地，出口的都是高级缶，每一个有一粒沙都不行。

[访谈后记]

我通过对枫溪荣利号创办人之一陆徽猷之子陆桂园先生的采访，了解到荣利号的创办过程、作坊规模和经营模式，从荣利号的经营过程可以窥见当时枫溪瓷业的规模和产品的运销方式，也从陆桂园先生的亲身经历得知抗日战争期间枫溪瓷业的一些情况，这些都是非常珍贵的口述资料。

荣利号创建于清末，创办人为陆桂园先生的叔公陆良士和父亲陆徽猷。缶店及工场位于枫溪宫前向南街崛尾，拥有近十间坊房，住家大宅位于枫溪埠美。荣利是当时枫溪规模最大的瓷厂，产品有花瓶、花钵、食具、帽筒、观音、戏剧人物等。良士主要负责经营，也善于制瓷；徽猷负责胎釉配方、窑炉等生产技术。荣利号除聘请几位师傅，如擅长捏塑的吴阿才和擅长画画的许云溪，其余事务均由家族成员分工负责。荣利的样品厅四周展架上，陈列着观音、日用高足盘、凉水罐、大花瓶等，中间摆放一玻璃柜，陈列各种小玩具。荣利早期的产品销售主要来自货栈经纪人的订单，之后逐步自营直销，主要销往上海、香港等地和泰国、新加坡等国家。

陆桂园年轻时曾到汕头读中学。抗日战争期间，他到普宁避难，并在普宁销售荣利的库存瓷器。抗战胜利后，他回到埠美着手恢复家园，重操旧业，创办了荣利鼎记，采用登塘白水土和飞天燕白土生产碗、碟、花瓶、英碗等，产品主要销往上海、香港及东南亚等地。1948 年，由于社会再度动荡，通货膨胀，辛苦经营所得无几，最后他被迫变卖住家、仓库，结束经营，搬至城内居住，后从事教育工作。

陆桂园先生于 2013 年逝世，在此感谢陆老先生在采访过程中对我的支持，并提供珍贵的历史照片。

荣利瓷厂是 20 世纪 30 年代潮州枫溪最为知名的陶瓷生产厂，创办人陆良士先生苦心经营，致力于薄胎瓷器的生产，并聘请城区知名画师到坊中作业，使荣利出品的日用瓷在胎釉及彩绘质量上更胜一筹，产品在东南亚市场上有较强的竞争力，广受欢迎。

陆良士的宅第在抗战初期被日军烧毁，导致荣利瓷厂歇业，家人背井离乡，抗战胜利后，子孙辈重振旧业，但仍未见早日辉煌。陆桂园先生是见证过家族瓷业发展的健在者之一，且其思路较为清晰，为我们展现这一时期枫溪瓷业的经营情景，难能可贵。

陆少卿、陆少芝谈陆荣利号

受访者：陆少芝（1937 年生），男，枫溪荣利号第三代后人；陆少卿，女，陆少芝之姐。

时间：2008 年 3 月 27 日

地点：枫溪瓷兴路

采访者：李炳炎

录音整理：李晓洁

文稿编辑：李炳炎　陈俊华

李炳炎：您今年几岁？

陆少卿：七十七岁，阿弟他少我五岁，七十二岁。

采访陆少芝先生（右）、陆少卿女士（中）

李炳炎：七十二岁？

陆少芝：属牛的。我们的祖公（祖先，此处指祖父）就是陆荣利啊。

李炳炎：不是，这个我曾经去问过他（陆桂园），问他祖公的名字是不是叫陆荣利，他说不是，是其荣，然后用这个荣字去加有利益（之意）的利字，有利润的意思。

陆少卿：祖公我们不认识，阿伯我也不认识。

李炳炎：估计也是没直接用他的名字来做商号。

陆少芝：我就知道家里还有做缶。

李炳炎：有。

（陆少芝、陆少卿拿出族谱进行讨论）

陆少芝：其荣就是我阿公，良士就是我父亲，然后良直就生炳明，是我们的阿伯。

陆少卿：炳明是我们的阿伯。

李炳炎：炳明，这样良士是排在很前面的啊？

陆少卿：是。

李炳炎：那你排在哪？

陆少芝：我就在这里啊。

李炳炎：你是这个名字？

陆少芝：是。

李炳炎：那你辈分很大？

陆少芝：不然我怎么跟你说桂园得叫我阿伯。七十二岁，我们当时陆厝排大辈的（辈序大）。

李炳炎：那当然，您排在这个位置，您的名字是少芝。

陆少芝：嗯，我们兄弟几个人。

陆少卿：他八个舅舅，这个排最小。

李炳炎：那您的名字叫什么？

陆少卿：我啊？

李炳炎：是。

陆少卿：我要写这个还是写那个？

陆少芝：你要写少卿还是写木兰？

李炳炎：您就写陆少卿，这里都是少字辈，七十七岁，您属什么的？

陆少卿：属猴的。

陆少芝：我们这个是叔伯兄弟排下来的，桂园的大人（家长）就是大的，是我阿伯。

陆少卿：桂堂的父亲就是排行第二的。

李炳炎：那他的桂园是别人送的？

陆少芝：桂园是抱养的。

陆少卿：我还有三哥、四哥，那个四的就当时给我姑做儿子，然后就是五、六、七、八这样。

李炳炎：荣利什么时候创建的知道吗？

陆少卿：不知道。

李炳炎：应该是清末对吧？

陆少芝：清末，桂园说不上来吗？

李炳炎：桂园说差不多是光绪后期。

陆少芝：光绪后期就是清末。

李炳炎：是啊，他这样说就是从您阿公开始的。

陆少芝：如果我父亲还在，应该有一百二十岁左右。

陆少卿：是啊，我不知道叫什么。

陆少芝：二姐如果还在就能跟你说。

陆少卿：二姐比我还大十几二十岁，她是属马的。

陆少芝：我父亲死时我是五岁。

陆少卿：不知道啊，当时我父亲老去（去世）的时候，我也不知道问我母亲他是属什么的？

李炳炎：哦，当时您五岁。

陆少芝：是的。

李炳炎：那这样就应该有办法推算，知道您五岁的话就有办法算。

陆少芝：当时是失陷时期。

陆少卿：记得日本仔还没走。

陆少芝：我 1937 年出生的，他是 1942 年去世的。刚好是失陷时期，1943 年是饥荒年。

李炳炎：1942 年过世。

陆少卿：当时不知道是六十几岁。

陆少芝：哪里有六十多岁？

陆少卿：应该有啊，怎么没有六十多岁？

陆少芝：你说我们二姐属马的？

陆少卿：不是，我们阿姨（妈妈，下同）才是属马的。

陆少芝：我们阿姨是属马的，在的话现在一百〇三岁。

陆少卿：是。

陆少芝：我们阿姨如果还在（就是）一百〇三岁，跟你阿嫲（奶奶，下同）一样，肯定不是九十多岁。

陆少卿：不是，一百多岁，我阿嫲老去都已经九十多岁了。

陆少芝：阿姨一百〇三岁。二姐还比我们阿姨大一岁，一百〇四岁。然后喜堂的父亲不是得一百〇六岁？

陆少卿：最少还得大二姐两岁。

陆少芝：一百〇六岁。我们阿叔（爸爸，下同）最少得一百二十多岁，那时候早结婚的话，十七八岁生孩子，就得一百二十多岁。这样说如果我们阿叔在的话最少得一百二十多岁，也不知道他是属什么的。

陆少卿：我们阿姨刚才算是一百〇三岁。当时就说我们阿叔比阿姨大十八岁。

陆少芝：阿叔，大阿姨十八岁，那他就得一百二十一岁了，不然我怎么说得有一百二十多岁。

陆少卿：有，我记得当时有这样说。

陆少芝：一百二十一岁最少，我们刚才算三哥是一百〇六岁，当时都是十多岁就生孩子。

陆少卿：是啊。

陆少芝：那时候全部十多岁就生孩子了。我们荣利有很多人十多岁就娶老婆的。

李炳炎：桂园就是啊。

陆少芝：桂园十五岁娶老婆。

陆少卿：三哥是十五岁娶老婆。

李炳炎：他娶老婆之后才去汕头读高中的。

陆少芝：三哥也是十多岁就娶老婆，我们父亲也是十五六岁就娶老婆。

陆少卿：三哥十五岁娶老婆的，三嫂当时才十六岁。

陆少芝：当时日本仔来就破产了。

李炳炎：就是那间厝被烧掉了？

陆少芝：嗯，就是在陆厝祠。

李炳炎：这个比较可惜。

陆少卿：陆厝祠隔壁过去那块就是。

陆少芝：我父亲死的时候差点无法安葬，那个时候没有钱，又分成各人的。

李炳炎：那你们小时候家里的情况是什么样子的？

陆少卿：等我懂事的时候，知道我们家里人很多。

李炳炎：嗯，那在做缶的人差不多有几个？

陆少卿：我们那个厂吗？

陆少芝：在哪里？哪一个号？

李炳炎：荣利号。

陆少卿：我们当时的厂差不多得有一百人。

李炳炎：没有。

陆少芝：有吗？

陆少卿：难道没有？

陆少芝：你当时几岁？

陆少卿：怎么没有，一直延续到广得住的那个地方，三姐当时在那里，那一块全是啊。

陆少芝：还有彩瓷的？

陆少卿：是的。

陆少芝：那时候还有做彩瓷啊？

陆少卿：有。

李炳炎：有，荣利的彩瓷非常好。

陆少卿：有做彩瓷，一直延伸到那边。

陆少芝：彩瓷就是在五嫂住的地方过去那里。

陆少卿：后面那块就是耀蓝的。

陆少芝：就这样几十个人而已，也没有一百人。

李炳炎：当时的厂在现在的什么地方？

陆少芝：在这里，现在改建成一条路了，陆荣利就是在这条大巷这一块。

陆少卿：现在这块就叫做向南街。

陆少芝：是的，枫溪向南街，在堀尾这里，那时候有一棵大榕树，现在这些全部都开发了。

陆少卿：全部拆掉了。

李炳炎：堀尾是头尾的尾？

陆少芝：是。

李炳炎：嗯，有一些人把埠尾写成埠美。

陆少芝：是的，埠尾写成埠美。

李炳炎：当时有几间做厝？

陆少卿：做厝？

李炳炎：是，这里都叫做厝。

陆少卿：这个做厝原先是在下面，我们荣利那里就有一间大厝。

李炳炎：大厝间，这间就是大厝。

陆少卿：是啊。

陆少芝：我跟你说，我们两边拿陆荣利做对首（对联的首字）啊。

李炳炎：嗯，这副对联是什么？是荣利对吧？

陆少芝：荣誉播五洲。

陆少卿：细舅（小舅，下同）还记得，我都不认识字。

陆少芝：竞说瓦缶胜金玉。

李炳炎：“竞”是这个？

陆少芝：对，等于“竞说”，它是两边这样子的。

李炳炎：然后就是？

陆少芝：利市占三倍，只缘宾主尽东南。

荣利坊对联遗迹（陆静卿女士提供）

李炳炎：我这样子写有没有错？

陆少芝：没错。

李炳炎：哦，这样最好，这个别人是说写得绝。

陆少芝：文化大革命他们就糊掉了，那个是用蓝色的缶片贴的，非常漂亮，“文革”就去糊掉，久了就又显现出来。

陆少卿：又显现出来了，我就说当时要拆掉，那些字应该要弄出来。报纸曾经出过这一副对联，我当时在阿光那里，阿光就说外婆那里还出过报纸呢。

李炳炎：当时的做厝有近十间是吧？

陆少卿：嗯，有。

陆少芝：近十间有的，近十间最少。连着大哥那边的也是吗？

陆少卿：是的。

陆少芝：大哥那边也是很大的。

陆少卿：是的。

李炳炎：那差不多有四亩地吗？

陆少卿：不知道，这些我不懂，可能没有。

陆少芝：可能没有四亩地。

陆少卿：没有四亩地。

李炳炎：没有吗？

陆少芝：这些合起来最多也就一亩多地。

陆少卿：是的，当时的做厝都不高。

陆少芝：估计最多八百平方米了。

陆少卿：不高，说建得不高，有一间是在登缶的，然后还有一个大大的场在打土。

李炳炎：那当时做缶主要是谁在做？

陆少卿：那很多人呢。

李炳炎：不是，就是自己人的这些。

陆少卿：自己人就有我父亲、我二哥。

李炳炎：二哥的名字是什么？

陆少卿：叫做锦标。

陆少芝：锦标。

陆少卿：族谱里面应该没有？

陆少芝：有。

李炳炎：就是少士啊？

陆少芝：不是，不是少士。

陆少卿：少士是我三哥。

陆少芝：是在这边的。

李炳炎：那就是叫做少明咯？

陆少卿：可能是。

陆少芝：可能是，我阿伯的儿子，是少明没错。

陆少卿：大的是我大哥，还有二哥，大哥不会做缶，二哥就会做缶。

陆少芝：哦，那是排行第二的这个。

李炳炎：这边的大？

陆少芝：嗯，这位是锦标吗？

李炳炎：不是，锦耀。

陆少芝：锦耀。

陆少卿：锦耀是大的。

李炳炎：这位是锦标？

陆少芝：是的，这个是锦标。

陆少卿：锦耀就是桂园的父亲。

陆少芝：做缶的就是锦标。

李炳炎：少明？

陆少芝：是的，就是我们叫二哥的，是我阿伯的儿子，我们说排第八，就是和他们这些排下去的，叔伯兄弟排的。

李炳炎：那当时是不是您父亲跟这个侄子两个人合营的？

陆少卿：是的，当时还没有分家。

陆少芝：还没有分家呢。

陆少卿：还没，我们是等到日本仔来了之后才分家的。

陆少芝：然后还有三哥呢。

陆少卿：三哥也做缶。

李炳炎：那就是以少明和良士为主在做的？

陆少芝：是的，还有一个少士，喜堂的父亲，跟着我三哥，他跟我是同胞的。

李炳炎：也是会做缶的？

陆少卿：是的，他做高脚盘（即高足盘，下同）。

陆少芝：做那些高脚的盘碗时，在高脚盘碗画描金牡丹，当时很出名。

陆少卿：当时四哥好像也会做。

陆少芝：四哥也会做吗？

陆少卿：是的，他也做过。

李炳炎：那我们说说当时是怎么做。

陆少卿：经营就是我父亲负责。

李炳炎：少明也是占有股份在经营对吧？

陆少卿：没有，都不同家。

陆少芝：四哥这里面没有写，他过房了（抱养的），这里面就没有写，写到三哥而已。

陆少卿：当时经营就是叔侄两个人，都没有分家。

陆荣利款白釉描金高足盘

李炳炎：就是叔侄合营？

陆少卿：是的。

李炳炎：这一块说的跟他说的不一样。那您父亲主要的技能就是手拉坯？

陆少卿：我父亲会啊，做鸟碟。

陆少芝：会啊，他会拉坯，做那个鸟碟。

李炳炎：鸟碟？

陆少芝：嗯，鸟碟，一个小小的。

陆少卿：还有白杯仔，茶杯也会做，还做一些大水架（凉水罐，下同）、大井缸（花瓶，下同）。

陆少芝：大井缸、大水钵、大水架。

李炳炎：那这个茶壶有做吗？这些红缶有做吗？

陆少芝：没有。

陆荣利款青花三国人物纹凉水罐

陆荣利款红地开光花鸟纹水钵

陆少卿：没有，那时候没有做这些茶壶。

李炳炎：哦，红土罐没有做？

陆少卿：嗯。

陆少芝：当时做日用缶，后来还有做一些美术（厂）的是吗？

陆少卿：有的，这些就有，像观音娘（观音瓷塑）这些都有。

李炳炎：那这个水架也是您父亲手拉坯的？

陆少卿：是的，手拉坯，鼓椅也是他拉坯的。

陆少芝：鼓椅啊。

李炳炎：水架有做，也有做鼓椅？

陆少卿：是，当时有做鼓椅、圆鼓椅，都是他拉坯的，当时人们都叫他"做缶状元"，从小做到大，样样都会。

陆少芝：我曾听桂园哥说别人去香港看到荣利的产品，不知道是不是桂园说的，说看到一条大井缸是陆荣利做的，摆在香港那里。

李炳炎：到我家看就有啊。

陆少芝：你家里有？

李炳炎：有，水架。

陆少芝：你知道啊？

李炳炎：这么高，我家里有两个。

陆少芝：你家里有啊？

李炳炎：有，写着枫溪陆荣利出品。

陆少卿：是的，那你两个得保存好，以后值钱啊。

李炳炎：将来把它放到书里面。

陆少卿：嗯，我还记得做那些可以坐的鼓椅。我从四岁开始就一直在做厝看别人做缶、彩瓷。

陆少芝：嗯，你还稍微懂得一些。

李炳炎：相差几岁就完全不一样，那当时家里请吴阿才来捏观音您知道吗？

陆少卿：吴阿才？

李炳炎：是的，到您这个时候不知道他还在不在？

陆少卿：我都不认识他，捏观音的炳城我就知道。

李炳炎：不是，他是到荣利的作坊做的。炳城也有到作坊里做？

陆少卿：也是在我们工场里做的。

李炳炎：那我们来说说少明是做什么的？

陆少卿：当时他做什么我就不知道，只知道他会做缶，做什么我就不知道了。

陆少芝：少明就是锦标，他是做高脚盘的。

陆少卿：哦，他也是做高脚盘。

陆少芝：还有这些汤窝。

陆少卿：嗯，是啊。

陆少芝：宾哥就叫汤窝？

陆少卿：是啊。

李炳炎：叫什么？宾哥？

陆少芝：是，还有一个名叫宾可。

陆少卿：是啊，当时人们叫宾哥，到后来就有人叫宾可。

陆少芝：不知道是不是这个可字。

李炳炎：哦，宾可，那外销的有写这个字吗？

陆少芝：我们后来就叫汤窝。

李炳炎：汤窝就是这个啊？

陆少芝：汤窝就是它的正名。

李炳炎：那少士就是做高脚盘吗？

陆少芝：最厉害就是做高脚盘，少士就是我们三哥啊？

陆少卿：是的。

陆少芝：那当时不是让他跟他父亲去做高脚盘？

陆少卿：嗯，不知道。

陆少芝：炳珊也有去我们那里做啊。

陆少卿：有啊。

陆少芝：我记得炳珊有，就是三哥带的。旭星现在就是我们潮汕陆氏的副会长。

李炳炎：我们刚才说的是谁在做观音？

陆少芝：炳城。

陆少卿：炳城。

陆荣利款青花花鸟纹高足盘

李炳炎：炳城也是旭星的叔伯是吧？
陆少卿：不是。他是弥勒佛巷那里的人。
李炳炎：他是姓什么的？
陆少芝：弥勒佛巷的就是姓吴的。
陆少卿：姓吴。
陆少芝：在枫溪市（集中进行交易的场所，下同）内的弥勒佛巷。
陆少卿：嗯，市内弥勒佛巷。
陆少芝：雇的师傅是吗？
陆少卿：雇的师傅，他专门做弥勒佛、观音这些。
李炳炎：有一条巷叫做弥勒佛巷啊？
陆少卿：是的，枫溪有一条弥勒佛巷。
陆少芝：就在枫溪市街这里。
李炳炎：具体是在哪里？
陆少卿：刚好在老公社那儿。
李炳炎：那有一个铺号叫做炳利的，会不会就是他们的？
陆少卿：炳利？
李炳炎：是的，吴炳利。
陆少卿：不知道。
李炳炎：那炳城当时来做是几岁？
陆少卿：我当时是四五岁。
李炳炎：那他大概是几岁？
陆少卿：他三十几岁，高高的，很高大。
陆少芝：这个我不认识。
李炳炎：就是炳城也有过来做，主要就是捏观音？
陆少卿：是的。
李炳炎：那这些彩瓷的人知道是谁吗？画青花和画大窑彩的？
陆少卿：我们木深哥就是画大窑的。
陆少芝：我表哥。
李炳炎：是姓陆的吗？
陆少芝：姓陈的。叫木深。
李炳炎：古巷人？
陆少卿：不是，池湖的，池湖姓陈的。他就是画大窑的，然后就是三弟舅。
陆少芝：三弟舅。
陆少卿：当时还有一个叫做许仙的。
李炳炎：许云溪？
陆少芝：是的，许云溪。
陆少卿：在潮州的，我记得的没几个，我只是记个大概。
李炳炎：是许云溪。

陆少卿：他姓许啊。
陆少芝：彩缶的是不是？
陆少卿：他就是彩烧窑的，跟三弟舅在彩粉窑。
陆少芝：三弟舅原来在彩瓷做的。
陆少卿：是的。
李炳炎：三弟舅？
陆少芝：三弟舅是我们三嫂的弟弟。
李炳炎：他姓什么？
陆少卿：他是山边人。
陆少芝：是的，山边人，不知道姓什么。
陆少卿：山边那里是姓什么的？
陆少芝：不知道。我们一直叫他土名“山边”。
陆少卿：是的，我们一直叫他山边。有些人我都不认识，那时候彩瓷的有很多人。
陆少芝：我二舅后来在彩瓷这里，他写字非常漂亮，专门写下本的。
李炳炎：解放后的吧？
陆少卿：是的，解放后的。
陆少芝：解放后在我们枫溪彩瓷这里，他专门在写字，他的字很漂亮。
陆少卿：当时的人很多，有一些不记得了。
陆少芝：那时候，我还小。
陆少卿：是的，当时我们只有几岁。
陆少芝：那时候阿六还不会做缶。
陆少卿：他还不会，还在读书，他比我大五岁。
陆少芝：我们大哥就专门打杂，专注那些外城的工作。
陆少卿：是的，大哥就是打杂。
李炳炎：是谁？叫什么名字？
陆少卿：锦耀。
陆少芝：锦标的哥哥。
陆少卿：桂园的父亲。
陆少芝：那个锦耀是我阿伯的大儿子，当时就专注，也算是师傅了，外城他在管的。
陆少卿：是的。专门管理的，管理他们这些人做工作。
陆少芝：定工作，烧缶这些。
李炳炎：哦，管生产的？
陆少芝：是的。
李炳炎：就是桂园伯的父亲是吗？
陆少卿、陆少芝：是啊。
李炳炎：他也曾经去客顶（指今天的梅州地区，下同）卖过缶？
陆少卿：我大哥？他有去客顶卖过缶吗？
李炳炎：之后才回来娶了一个客顶老婆？

陆少卿：不是，是我的阿伯，桂园的阿公。他才去过客顶，娶了一个那里的老婆，所以我们叫她客姨。

陆少芝：客姨，我们叫她客姨。

李炳炎：这样就没错，桂园得叫他阿公。

陆少卿：是的，桂园的阿公。

李炳炎：是。

陆少芝：我阿伯娶客顶的老婆，一直叫她客姨。

陆少卿：我们的阿姆（伯母，下同）。

李炳炎：是。

陆少芝：当时这些人都娶两个（老婆）。

李炳炎：当时这些东西卖到哪里知道吗？

陆少卿：这些缶？

李炳炎：嗯。

陆少卿：不知道，那时候还小，不知道。

陆少芝：我听说有卖到番畔（南洋，指东南亚一带）。

陆少卿：不知道，我当时有听说三哥和四哥后来去过广州，不知道去做什么。

陆少芝：他们曾经坐船去过哪里？桂园不知道吗？

陆少芝：本来桂园应该是知道的，他大我们很多岁。

李炳炎：他只知道卖给很多个国家，但也不能说到很详细。

陆少卿：当时你都不知道出世了没有，你小我五岁，我当时才四五岁，还完全不懂事。

陆少芝：就只知道有卖出国，就是不知道销（往）多少个国家。

李炳炎：当时一天能做多少件？

陆少卿：不知道。

李炳炎：那当时做的品种多吗？

陆少卿：多，品种多。

李炳炎：您念一下。就刚才说的水架、井缸这些。

陆少卿：当时就是做水架、井缸。

李炳炎：高脚盘？

陆少卿：鸟碟，当时做的那些玩具才有趣，猫啊，猴啊，马啊这些动物。

陆少芝：动物的？

陆少卿：对。

陆少芝：我还听说有做棺材仔。

陆少卿：有，还有那些五果，像香蕉、杨桃、凤梨、香黄这些都有做。

陆少芝：然后放在陈列橱里面。

陆少卿：是，放在陈列橱里面。

陆少芝：还有一些童子具、茶杯仔，还有一个风炉仔，一个锅仔这样的。

陆少卿：还能冲茶。

李炳炎：童子具？

陆少卿：童子具，这些也有摆，然后还有做一个棺材仔这样，白白的。

陆少芝：除了这些日用餐具之外，还有动物陶瓷、美术陶瓷、古代人物。

陆少卿：都有。当时人们都说荣利如果没有了，剩下的就是一个棺材仔摆在那里，还有两张棺材椅。

李炳炎：这些是干吗的？

陆少卿：摆着玩啊。

李炳炎：摆在陈列橱里面？

陆少卿：给别人观赏的。

陆少芝：我听人说过，就说陈列橱里面，摆的（是）这个。

陆少卿：人们就说做到没别的做了，做个棺材仔出来。

李炳炎：那就没做神像这些咯？

陆少卿：有，很多种。

陆少芝：有，神像在枫溪就是我们荣利（的）出名。

陆少卿：从大到小，这些玩具样样都有。

李炳炎：那这些玩具应该就是出口的？

陆少卿：是的，这些玩具仔都有。

陆少芝：雕得很像啊，香黄瓷塑就只是我们荣利有。

陆少卿：五果全部有，做很多样就是了，摆的。

陆少芝：出口居多，后来做这些缶才内销居多，那时候做的出口居多。

陆少卿：是的，当时一只（张）桌子差不多像桌球台那么大，它的四周全部是玻璃，上面也是玻璃，里面就放这些。

陆少芝：内销就是（往）香港，那个时候香港也有做。

李炳炎：这个就是货橱是吧？

陆少卿：是的，这个就摆在中间。

李炳炎：放样品的？

陆少卿：嗯，样品就是摆在我们客厅的中间。

李炳炎：哪个地方的客厅？

陆少卿：在我们这间做厝，荣利那里，荣利当时有建楼房，后来塌下来之后就拆掉了。

李炳炎：哦，就是弄一只（张）像桌球台一样的桌子。

陆少卿：是的，四周全部是玻璃的，上面也是玻璃的，就用这些小玩具，样样都有，摆了很多在里面。

陆少芝：我听人说里面还有做了一张桌子摆这些东西。

陆少卿：是的，摆在中间。

陆少芝：那没有摆在货橱里面吗？

陆少卿：没有，我们两边就是两个货橱，这些摆在货橱里面，然后摆在门外的，放在门楼那里，我们的门楼两边，就放有这些东西。

李炳炎：就是四周全部是玻璃橱，中间还有这张桌球台？

陆少卿：是的，两边就都是这些货橱，一直堆到楼顶上去。然后那些放五果的就在我们的门楼那里，在大门进来那里，就两边都是放这些东西。

陆少芝：大门进来的两边是吗？

陆少卿：是的。

陆少芝：两边就摆货橱？

陆少卿：我们的大门就刚好套在这两边，然后还有一个铁门。

陆少芝：是啊，当时常在那个铁门那里玩。

李炳炎：这些壁橱就摆观音、水架。

陆少芝：没有，水架没有放在里面。

陆少卿：没有。

李炳炎：这些壁橱啊？

陆少芝：壁橱是摆那些比较小的。

陆少卿：货橱就是从下到上，一层一层的。

陆少芝：那这些水架有放吗？

陆少卿：没有，放在货橱下面。

李炳炎：下面摆水架？

陆少卿：是的，放在下面，那些全部没有放在上面。

李炳炎：那上面摆什么？观音？

陆少芝：摆那些美术陶瓷、观音之类的。

陆少卿：当时有做八美图这些。

陆少芝：高脚盘碗这些可能就是摆在里面的。

陆少卿：这些就摆在两边的货橱。

陆少芝：还有一些小件的陶瓷可能也有摆在这里面。

陆少卿：然后大件的就摆在这下面。

李炳炎：就那些大井缸也放在下面，那中间那张桌子是放什么的？

陆少卿：就摆那些玩具。

陆少芝：还有五果。

陆少卿：五果在这两边，在我们的大门进门两边那里。

陆少芝：就是跟现在的陈列室一样。

李炳炎：是啊。

陆少卿：嗯，就是在大门进去的这两边，像两个门一样，这样人们才看得到。

李炳炎：那这样站在门前就能看？

陆少卿：嗯，这样人们才看得到。

李炳炎：那日本仔来的时候，埠美的厝不就被他们烧掉了？

陆少卿：是。

李炳炎：那时您应该好几岁了吧？

陆少卿：那时七八岁。

李炳炎：那就应该都知道了。

陆少卿：是的，走日本（抗日战争避难）啊，从日本飞机来炸的时候就一直四处跑，跑去古巷，跑去东埔，去我姑家里避难。后来就去古巷避难，山边、池湖也有去。等到最后日本人打进枫溪，我们就跑到枫洋。

李炳炎：那树深也很大了吧？细舅啊。

陆少卿：细舅他小我五岁。

李炳炎：日本仔来您应该懂事了吧？

陆少芝：还没，他们来了之后再过几年我才懂事。那些日本人在门口戴着面具训练，拿刺刀一直在练习对刺，到那时我就稍微懂事。

陆少卿：刚开始日本人来这会就跑到东埔。

陆少芝：我是日本侵略中国那一年出生的，1937 年。

李炳炎：1937 年还没打到我们这里。

陆少芝：还没打到我们这里吗？

李炳炎：他们是 1939 年 6 月打到潮州的。1940 年 2 月才打进我们枫溪，您三岁的时候他们才来的。

陆少芝：我那时候几岁了，懂事了，每天晚上在堀尾八爷那座厝前面，你应该知道，（他们）住在那里。

李炳炎：八爷的厝在堀尾？

陆少卿：是的，在堀尾。

陆少芝：那里就叫堀尾池，那里前面有个池，风水池就是了。

李炳炎：离这里远吗？

陆少卿：不远，在我们这里走过去一点。

陆少芝：原来在我们做厝那里，在我们荣利做厝那里再走不到百步的地方。

李炳炎：就是在向南街旁边是吗？

陆少芝：是。后来成了谷仓，“土改”之后就成了枫溪的谷仓，现在也拆掉了。在那里每天晚上五点多，就有一些人戴面具，用刺刀一直在练习对刺。那时候我就稍微懂事了。

陆少芝：为明（吴为明）可能跟我差不多大，为明我认识，他后来在研究所（枫溪陶瓷研究所，下同），刚开始在三厂。

李炳炎：很幸运，还好家里有这张相片。

陆少芝：是的，刚好把这些存在老厝那里，后来收拾到一些。刚开始没有这块瓷板，单单是一个相框而已。

李炳炎：那这些陶瓷板是什么时候画的？解放前还是解放后？

陆少芝、陆少卿：解放前。

陆少芝：从我们还在做厝的时候。

陆少卿：从我们很小的时候就有的。

陆少芝：我记得有两块，一块不知道去哪了。

陆少卿：是的，另一块拿去卖钱。

李炳炎：那知道是谁画的吗？

陆少卿：不知道，不知道是谁画的。

李炳炎：那是很年轻的时候？

陆少卿：从我很小的时候就有这些相片。

陆少芝：就剩下这些给子孙纪念了。

李炳炎：这个是解放前的画像？

陆少芝：解放前。在他（陆其荣）还没去世的时候。

陆少卿：那时候我还很小。

陆少芝：在他还没去世的时候，这样看五十多岁的样子。

陆少卿：哪里有啊？

陆少芝：难道没有？

陆少卿：应该没有。他是因为头发这样，我还很小的时候就有这个像，当时就画了这个，怎么会是解放后才有的。

陆少芝：是谁来画的？桂园知不知道？画在陶瓷板上。

李炳炎：这个是什么色料？不是碳芯？

陆少芝：黑木。

李炳炎：是的，这个应该是黑木。

陆少芝：黑木就是草木灰。

李炳炎：画好之后再拿去窑里烧。

陆少芝：画得相当像。

陆少卿：当时是人坐在那里让他画的。

李炳炎：还记得您阿公长什么样？

陆少卿：那当然，我才会说这个画得最像。

陆少芝：后来我们阿姨老去时你十岁。

陆少卿：阿叔老去时我十一岁。

陆少芝：你十一岁啊。

陆少卿：阿嬷老去时我九岁。

陆少芝：那我是六岁了，阿妹刚好出世十个月。

李炳炎：您不是五岁吗？

陆少芝：这样说就是六岁了，我姐说她（那时）十一岁。

陆少卿：阿叔老时我十一岁，阿嬷老时我九岁。

陆少芝：我有一个小妹今年六十七岁，她那个时候刚刚好出生十个月。小妹她小我五岁，那个时候刚刚十个月，她就不懂。

李炳炎：那日本人走了之后，桂园伯的经营是什么情况？还有桂堂？

陆少卿：日本（抗日战争）之后？

李炳炎：是。

陆少芝：那个时候应该分家了。

陆少卿：日本人来就没有一起了，飞机一来我们就各顾各的了。

李炳炎：不是的，是日本人走后，复员之后（抗战胜利之后）。

陆少卿：复员后就各自经营了。

陆少芝：桂堂、桂园父子都是各自做各自的。我大哥是我大哥的，锦标的就是锦标的，都没有合营。

李炳炎：他们就是荣利炳记还有长记？

陆少芝：嗯，他们是炳记和长记。

李炳炎：那你们是什么？

陆少芝：我们还是荣利啊。

陆少卿：我们是荣利振记。

陆少芝：我们就是振记？

陆少卿：是的。

李炳炎：振记当时是谁在经营？

陆少芝：我们父亲振达。

陆少卿：我阿叔死了之后就我五哥在做。

李炳炎：五哥？

陆少芝：少如和少岩。都只有十几岁。

李炳炎：五哥、六哥。少如是五哥还是六哥？

陆少卿：五哥。

陆少芝：少岩就是六哥。就是他们在经营，当时是做什么来的？

陆少卿：日用瓷。

陆少芝：碗仔之类的。

陆少卿：碗仔、碟仔。

陆少芝：还有那些痰盂。

陆少卿：做盖窝，那些装油的盖窝，当时就都是做这些。

陆少芝：做这些内销的。

李炳炎：做什么？当时的产品？

陆少卿：产品，就做那些吃饭用的碗，碗仔、碟仔。

李炳炎：哦，就是碗、碟。

陆少芝：还有痰盂。

陆少卿：是的，我们那时候做那些装油的油罐的盖窝，就一直在做这些。到后来就一直在做英碗、香炉、烛插。当时你们还小，我跟五哥、六哥三个人帮忙一起经营，晚上做到很晚。

李炳炎：那当时这些缶后面有盖字号吗？

陆少卿：后来的是吗？

李炳炎：是。

陆少卿：没有。

陆少芝：1946 年之后就没有了，以前就可能有。

陆少卿：以前就有，后来就没有。

李炳炎：什么时候有呢？日本仔前就有吗？

陆少芝：日本仔前就有。

陆少卿：是的。

陆少芝：我爸他们在经营的时候可能还有，延续到各做各的，之后做那些粗缶就没有。

李炳炎：那以前做幼缶？

陆少卿：是的。

李炳炎：那些土是从哪里来的？

陆少芝：飞天燕的土，应该是从东边那里来的。

李炳炎：哦。

陆少芝：都是东边来的，等到做白水土，这些就是从古巷来的。

陆少卿：那飞天燕应该是在东边那里是吧。

陆少芝：当时都做飞天燕的白土，那时候有两种土，后来的那些白水土，红的就拿一些白缶去混合，这些就做内销，就是比较次的。

李炳炎：日本仔之后也有用白水土。

陆少芝：是的，做这些碗仔、碟仔全部都是用白水土，就是混一些白土。

陆少卿：就是飞天燕的那些。

陆少芝：颜色很纯那些。

李炳炎：就是胎足比较黑是吗？

陆少芝：是的，烧得不白。

陆少卿：就是普通瓷这样。

李炳炎：日本仔之后的产品就是这样子的？

陆少卿：是的。

李炳炎：那以前做缶能够做到多细？胎也白，釉也白是吧？

陆少卿：是的。

陆少芝：当然白，当时的草木灰釉，用谷糠去焚，焚了之后再舂，舂好之后就是釉，现在都没有这些。

陆少卿：是的，谷糠和蚶壳。

陆少芝：现在是那些釉的。

陆少卿：蚶壳烧完之后就拿来混那些谷糠，然后焚，焚了之后再舂，舂这些釉出来。

李炳炎：现在有没有留下什么产品？

陆少卿：没有。

李炳炎：家里收藏的都没有？

陆少卿：没有，当时做完就卖了，自己都没有收藏这些。

陆少芝：那时候做缶的人用次的缶。

李炳炎：这样估计应该是清末开始生产是吗？就是从你父亲开始？

陆少芝：推算一下啊。

李炳炎：这样算你父亲得有一百二十岁。

陆少芝：应该是一百二十一岁。按我们刚才算的，我母亲是一百〇三岁，我父亲大我母亲十八岁。我父亲如果现在还在，应该是一百二十一岁。他是 1942 年过世的，还是 1943 年？

陆少卿：不知道，我十一岁他就老去了。

陆少芝：你十一岁的时候到你今年七十七岁。

陆少卿：六十六年了。

陆少芝：六十六年前，算一下。

李炳炎：1887 年出生的，1860 年第二次鸦片战争，1911 年民国。

陆少芝：那不是才五十多岁而已。

陆少卿：是的，我们父亲当时五十多岁，看起来好老。我们阿伯五十多岁就头发苍白。

陆少芝：那就很像他咯。

李炳炎：您父亲是几岁开始做缶的知道吗？

陆少芝：他从十几岁就会做。

陆少卿：是的，我经常听他说，我们阿公老后，因为阿伯经常出门，他就担起这个家，二十一岁就担起这个家。

陆少芝：这个家的全部，荣利这个字号这些人。

陆少卿：女儿们嫁了之后都回来这里。

李炳炎：做工？

陆少芝：是啊，很多人也来这里。

陆少卿：大姐一家都在这里住，二姐也经常在这里住，我们的三哥也是经常来这里。

陆少芝：那些人都是经常来的。

陆少卿：是的。家里三餐都是几十人吃饭。

陆少芝：我父亲十五六岁就在做缶。

陆少卿：一直听说我父亲二十一岁就担起这个家。

李炳炎：好厉害。

陆少卿：二十一岁的时候就在担起这个家，管这个厂。这个厂总共几十个人，家里三餐都是几十人在吃饭，两个大饭锅。

陆少芝：这里有电话，有客户来或者朋友来，就打电话跟家里说，东西做好之后就拿来埠美这里吃。

陆少卿：是的，在埠美。

陆少芝：那时候枫溪就我们有电话而已，还有一些（有）电线的电子（设备）。

陆少卿：是的，当时有电话。

陆少芝：有时候做厝这里有一些朋友或客人来，就马上打电话回家说得多做几个人的饭菜，准备好一点。

陆少卿：当时我们的厨房，比这个厅还要长一半多，厨房很大的，一半是在煮饭，一半是在炒菜。

陆少芝：我们家里的老厝吗？

陆少卿：我们埠美的厝。三餐得煮两大锅饭，那些很大的锅。

陆少芝：我记得小时候我们阿叔他们俩在那里抽鸦片，我稍微有印象。

李炳炎：是。他跟吴阿才两个人抽鸦片。

陆少卿：是的。阿才就是我们铺里最大的。

陆少芝：老板？

李炳炎：不是，是捏安仔的能人。

陆少卿：我知道他当时是在我们家里抽鸦片。

李炳炎：两个人，他跟谁？

陆少芝：不知道，你说是阿才，我就只知道我父亲跟另外一个人，反正就知道他后来一直抽鸦片。

陆少卿：有的话就是阿才。

李炳炎：这会儿你们都懂事了吧？有电话的时候？

陆少卿：嗯。

李炳炎：那就是日本仔前咯？

陆少卿：是的，日本仔前。

陆少芝：第一部电话。后来我们做厝那里有电线和电子。

陆少卿：肯定有电线。

陆少芝：还有人说那时候只有我们荣利有电话而已。

李炳炎：全枫溪只有一个？

陆少芝：是的，当时听说只有我们有，很早就有。

陆少卿：那时候都没有照相这些的，那时候都饿着肚子，都不弄这些。

李炳炎：是的，没错。那这个电话是只能做厝打给家里？

陆少芝：不是专线打给家里联系的，后来就被我妈卖掉了。卖了之后就把那些铁门，那些货橱全部卖了。这些卖了之后还不够还债，才把厝卖给了埠美，给他们放谷物，后来还不够就把我也卖了。

陆少卿：把他卖给别人了，日本仔后很惨的。

陆少芝：我那时是八岁还是几岁，就被卖给了佘厝。然后家里就拿这些钱去赎那座厝。我一直不肯去，然后我姐就陪我一起去。后来解放了，买我的那个人是地主，我就回来了。

陆少卿：是的，就去打证明，然后领回来。

[访谈后记]

我通过对枫溪荣利号创办人之一陆良士子女陆少芝先生、陆少卿女士的访谈，了解到荣利号的创办过程、作坊规模和经营模式，以及抗日战争期间枫溪瓷业的一些情况。

荣利号创建于清末，创办人为陆少芝和陆少卿的父亲陆良士，缶店及工场位于枫溪宫前向南街崛尾，拥有近十间坊房，住家大宅位于枫溪埠美。荣利是当时枫溪规模最大的瓷厂，产品有花瓶、花钵、食具、帽筒、观音、戏剧人物等。陆良士主要负责经营，也善于制瓷。抗日战争时期的情况从一个侧面可反映日本侵华给中国人民带来的深重灾难。

通过对陆少芝先生和陆少卿女士的访问，弥补了陆桂园先生口述中的一些遗漏点，多人印证同一家族产业的发展变化情况，可以了解到抗战期间至当代荣利家族的境遇，可以了解到民国时期号称大户人家的荣利家族在国家存亡之秋难逃厄运，不堪一击，从一个侧面反映抗日战争时期日本侵略军对潮州枫溪的残酷蹂躏。

吴维雄谈鸿发号

受访者：吴维雄（1925—2014 年），男，12 岁跟随叔父吴天赐学习瓷艺，1945 年继承鸿发号，1949 年后他参与工会对枫溪作坊的调查工作。

时间：2007 年 5 月 2 日、2008 年 10 月 11 日

地点：枫溪溪下住家、枫溪林鸿禧住家

采访者：李炳炎

在场人：林鸿禧、吴淑贤

录音整理：陈巧花、陈丹漩

文稿编辑：李炳炎、陈秀娜

采访吴维雄先生（右二）［在场的还有林鸿禧先生（左二）、吴淑贤女士（左一）］

李炳炎：吴庆当时主要做什么？

吴维雄：吴庆创作的东西不少，蟹篓、瓷花这些都是他创作的。

李炳炎：那锦合这些销（往）英国的瓷砖就是吴松江做的？

吴维雄：是，是锦合以前做的。

李炳炎：那应该算是吴松江的儿子们做的？

吴维雄：是松江和他的儿子们做的。吴松江有三个孩子，一个叫德明，一个叫南鱼。

李炳炎：德明是南鱼的弟弟？

吴维雄：是，还有一个叫做老炽的。

李炳炎：三兄弟？

吴维雄：是，三个兄弟，记得好像叫什么炽。

李炳炎：南鱼是最大的？

吴维雄：是，南鱼最大，德明第二，阿炽第三，他们都是松江的儿子。后来只有南鱼继承，其他两个没有做这行。南鱼有两个儿子，大的叫成国，后来去了香港，然后在香港弃瓷从医，因为他的丈人长美人邱斌是医生，跟他学的医术。

李炳炎：吴庆是排行第二的？

吴维雄：是，锦合就是由吴庆继承的。他哥去过番（下南洋，下同），差不多解放的时候去的，家里的事就都由他承担。说起来也好笑，以前美术（美术一厂）一些作品是他做的，然后省里面来视察就都藏起来了。

李炳炎：怕被他们看到？

吴维雄：是，都藏起来。他一直在印煤球（蜂窝煤），当时他受的苦也是很多的。

李炳炎：那当时外销就是通过中间商，拿来订单或者是看样品后直接订货，那么他订货之后运输怎么办？

吴维雄：运输就是装船去的。

李炳炎：那是怎么装船的呢？

吴维雄：就在长美桥这里装船，最后运到汕头港。

李炳炎：那是肩担到长美桥装船？

吴维雄：是，以前汽车很少，不用水运的话，陆运是很辛苦的。所以大多是用水运的。

李炳炎：先肩挑去码头？

吴维雄：是，先肩挑去码头，然后运到汕头港，汕头港之后再出海。

李炳炎：这里有一个叫宫头洋的码头吗？枫溪宫头洋是不是有一个码头？

吴维雄：好像不是叫宫头洋，而是叫花堤头。

李炳炎：不用担到长美？

吴维雄：姐宫溪。

李炳炎：什么溪？

吴维雄：姐宫溪，在姐宫前。

李炳炎：那为什么叫姐宫？

吴维雄：就是王爷的女儿，是小姐，姐娘宫现在还在。

李炳炎：离你家远不远？

吴维雄：不远，应该是叫龙姐圣母，就是三山国王的女儿，也叫大姐宫。就是在这里装船的，这是很早前的。后来就在长美桥装船，大概复员后大多就在长美桥，因为这条路已经不通了，这条溪已经塞住了。花堤头，到新溪这里叫做花堤头。

李炳炎：抗战后就来到长美桥装船？

吴维雄：以前的外来船，揭阳载米来的那些，都是到花堤头装货的。长美花堤头，这个码头很久的。

李炳炎：从花堤头一直水运到汕头，到汕头之后是不是上到太古港？

吴维雄：是，太古港。

李炳炎：太古也是一个码头？

吴维雄：是，也是码头。

李炳炎：然后上外轮，就是外销的。

吴维雄：例如这批货是销往暹罗（泰国，下同）的，就是暹罗的船来运；属于实叻（新加坡，下同）的，就实叻船来运；还有一些先运过去香港，再从香港运到美国或者其他国家，香港是中转。另外有一些白地缶，运到香港上彩，因为香港也有彩瓷。

李炳炎：那您估计我们当时一年能做多少缶？有多少尊？

吴维雄：这个没法估计。

李炳炎：那这样子做一个月可以收多少钱？就是生产的数量，例如哪些比较大的厂，它的产值是多少？

吴维雄：这些现在也都不记得了。

李炳炎：就像现在说有四五千万或者七八千万。

吴维雄：没有，以前没有这么多。

李炳炎：是，以前肯定比较少。

吴维雄：一千几百的有，上万的就比较少，大概就是一千或者几百。

李炳炎：是一个月的对吧？

吴维雄：是的，大的就几千，小户的差不多是一千几百。复员后，鸿禧在我这里做，那个时候做小马仔，一只一寸。

李炳炎：很小的那种。

吴维雄：叫一寸马，那个产值最高，大概一目。以前龙窑是一目一目的，下面的一目都没有上面的半目那么大，我大概在下面的第三四目，烧一目就有几百元，别人是烧几十目才有几百元。

李炳炎：那不是很好？

吴维雄：是啊，当时民评评估税，他们说我是特级的，说我这个是无价可估的。

李炳炎：那你当时也赚了不少吧？

吴维雄：不是，这个利润太高反而赚得不多，就像卖东西一样，本小利多的利不多；本多利小的，反而利就大。

李炳炎：薄利多销。

吴维雄：是啊，薄利多销。烧一目就几百元，有时候一目烧起来可以卖几百元的，产量太少。

李炳炎：当时做外销缶最多的是哪几个商号？

吴维雄：陶玉峰、如合、胜记、乾记、锦合。

李炳炎：兴利有没有？

吴维雄：有，但不是很大。瑞记，还有一家不记得叫什么，是复员后才发展起来的。

李炳炎：潮瓷？

吴维雄：潮瓷有。

李炳炎：有做出口？

吴维雄：有，也是出口的。这些都是出口的，潮瓷只做观音，数量不是很大。

李炳炎：日用瓷多？

吴维雄：日用瓷数量大，钱也多。海利以前也有，还有陶真玉，陶真玉、荣利这些都是很大的。

李炳炎：现在看荣利的东西很多。

吴维雄：是，荣利。

李炳炎：荣利有没有在高陂加工陶瓷然后出口或是销售？

吴维雄：没有。

李炳炎：我去古董市场，买到高陂产的，然后写荣利出品。

吴维雄：会不会是高陂的荣利？

李炳炎：不知道是不是跟高陂的同名。

吴维雄：它（的缶）都是当地做的，它的厂在大宫前，向南过去一点儿。

李炳炎：陆荣利做的器形非常大，像凉水罐什么的，非常大。

吴维雄：是，陆荣利的东西很多。

李炳炎：它（的工厂）是不是在差不多到长美那里？

吴维雄：他的工厂在大宫前的左手边，而要去长美是在右手边，在下枫溪这边的。他在上下枫溪交界处，算上枫溪的，不算下枫溪的。还有一个源利也是不小的，我们当时就是和源利、荣利合并成瓷联四厂。

李炳炎：荣利当时这些画凉水罐青花的师傅是谁？

吴维雄：师傅就有鬈毛郑。

李炳炎：鬈毛郑不是如合的？

吴维雄：他好像也有在这边。

李炳炎：他的凉水罐在枫溪就是最好的是不是？

吴维雄：是啊，如合的也不错。

吴鸿发款五彩塑人物水注

李炳炎：如合也有凉水罐？

吴维雄：是。就是那些水架。

李炳炎：一个有九十公分那么高，然后上面有只狮子。

吴维雄：是，有一只狮子。

李炳炎：我们清末就有做青花？蓝彩是清末就有？

吴维雄：有，清末就有。

李炳炎：已经有做这些水架？

吴维雄：做水架的话枫溪大宫前左手边的那个才大，他的土名叫奴仔，字号不知道叫做什么，奴仔做水架是一流的。

李炳炎：商号不知道？

吴维雄：商号不记得了，商号不知道是不是叫做德利，德利的奴仔。他的水架最出名，做水架最厉害。白天不做，晚上做，后来被火酒烧死，在添油的时候。

李炳炎：他当时出名是指器形大？还是造型？

吴维雄：他做得大，也做得快、做得多，专门做这一项。他做的时候是一手（拉坯）起来的，枫溪没有人做得过他。他一只脚蹬在椅子上，另一只脚站在地上，然后这样子来拉上来。他手臂很有力，个子也很大，比你矮一点，个头很好。手拉的（凉水罐）就是奴仔做的最出名，他后来被火酒烧死。那天晚上做夜工，没油了，他刚好去添油，整个人被烧死了。

李炳炎：是哪一年的事？

吴维雄：大概是日本仔的时候。后来就是武西、万兴这些来做的，以前没有人做得过他。

李炳炎：他做的那些有画青花吗？还是白地？

吴维雄：有白地的，也有青花的。

李炳炎：那些青花也是雇人来画的是吧？

吴维雄：是，雇人来画的，这个他自己没办法做。

李炳炎：这个是德利。我们昨晚谈到高陂，有一些潮州人去高陂收单，你来谈谈这段。

吴维雄：高陂的形式跟枫溪的不怎么一样，他们放长期的，而我们枫溪是放短期的。例如他们出口商要这个碗，高陂大部分是做碗的，这个碗如果是一角钱，我现在就跟你订购一角钱，然后给钱，今后如果升到二角钱、三角钱，还是得照一角钱卖给他，结算还是一角钱。

李炳炎：定期货。

吴维雄：是啊，定期货，钱先拿，所以说高陂的次缶卖得多过（比……多）雅缶。

李炳炎：哦，就是先付款。

吴维雄：先付款，然后得这些货付完了才可以升价。钱还没还清，就烧成次的，次的他们不要，可以卖给门市。门市卖一个雅缶一角钱，卖个次缶却要一角多。这只是一个比喻，具体当时是什么价钱我就不清楚了，反正是这个方式。枫溪有几家在那里办了之后发财，有泰合兴，还有一个叫峰什么的，人叫峰爷的，他是浮洲园的。然后就有和成和八爷这家人，还有蟹池这家人，他的字号不知叫什么。有很多家，高陂的这些记得不是很清楚。

李炳炎：八爷的名字叫什么？

吴维雄：八爷是排行第八的，人叫八爷。

李炳炎：姓吴？

吴维雄：是，他的大儿子叫焕堂，当时人称焕堂大爷，他当时就是买高陂货，然后出口，这些已经是很久以前的事，那些外销的事也没法记得，只知道他们当时是在那里办的。枫溪发展得很快，枫溪解放后的产值才是（只是）高陂的10%。

李炳炎：他们烧高温缶，我们烧中温？

吴维雄：是，发展到现在高陂比我们少很多。

李炳炎：潮州和高陂的师傅有往来吗？有互相帮忙吗？

吴维雄：没有，但是枫溪有的在那里做，做井缸（花瓶）。

李炳炎：解放前的？

吴维雄：解放前有的去高陂做，有的现在在高陂落户。等到解放后，1956 年时，我去那边学习高温窑。当时去了一个烧窑的师傅、一个设计窑的师傅，然后是我和郑才守，四个人去高陂学习。回来之后改造阶级窑，烧高温就是从改造阶级窑开始的，然后慢慢演变到现在的煤气窑。

李炳炎：当时解放前做的全部都是中温的吧？

吴维雄：是，全部中温的。我们去学习回来之后就试烧了一次成功的产品，很像高陂缶，比高陂缶还要白，不会泛青。后来还去高陂请了一个师傅过来指导高陂窑改造，1956 年还是 1957 年的时候。

李炳炎：人吴和枫溪的关系，就当时一直有请大吴的师傅过来是吧？

吴维雄：是。当时是复员后。

李炳炎：复员前呢？清末呢？

吴维雄：清末比较少，多数是在复员后。复员后大吴的生意比较差，他们是做泥塑的，就去请他们过来做，但是他们来了之后也不算是最厉害的，（做缶）没有枫溪本地数一数二的师傅厉害。

李炳炎：吴阿才比较出名？

吴维雄：是，但是也没有枫溪的厉害，这些人比起鸿禧还是比不过。

李炳炎：解放前还比不过啊？

吴维雄：那是。

李炳炎：解放前啊？鸿禧伯说他 1947 年来枫溪的时候阿才已经去世了。

吴维雄：就工艺来说，他当时的手艺还是比不上鸿禧，他也是差不多复员前来的。

李炳炎：鸿禧是复员后才来的，他们那些手艺还算不错，总共来了几个人。

吴维雄：我们这边很多脸谱，还有观音的脸，眼神都很像泥塑的造型，也就是他们也有在这边创作。这些都是慢慢改进的，刚开始做的是带面，后来才慢慢做成佛脸（脸形圆润），就像佛的脸型一样。当时潮瓷做的观音还是比较偏向带面（脸形瘦削），到后来鸿禧做的时候才慢慢改成佛面。

李炳炎：鸿禧伯当时住在哪里？他有拜师的吗？

吴维雄：没有。以前他是在潮州打工做铜丝，复员后铜丝没有生意，他跟我朋友的表弟有来往，然后我朋友就介绍他到我这边学。刚开始我说外地人还是不要了，他就说没关系的，他是个老实人。他学得特别快，一说就懂，学了不到两年时间，他就超越我了。他非常灵活，非常聪明。

李炳炎：据说有两个姓曹的（人）对枫溪有很大的影响，其中一个是 1935 年吴氏宗祠姓曹的。

吴维雄：对，姓曹的。

李炳炎：他叫什么名字知道吗？

吴维雄：不知道。

李炳炎：第二个就是曹明銮，鸿禧伯说曹明銮大概也是抗战后到枫溪来做缶的模，再卖给别人，做观音、佛像这个曹明銮你有印象吗？

吴维雄：这个没印象。模多数还是自己创作的，有一些人去偷别人的模，模刚做好的时候是湿的，要拿到窑顶去烘干，然后会有人去偷了，偷回去再倒一次模。

李炳炎：那倒出来就更小了？

吴维雄：是啊，小一点儿。例如本来的是十四寸的，他就做成十二寸的，观音是从三寸到二十多寸的。

李炳炎：三寸，然后就是四寸？

吴维雄：对，三寸、四寸、五寸、八寸这样。

李炳炎：六寸、七寸的也有吧？

吴维雄：七寸的没有。三寸、四寸、五寸、八寸、十寸、十二寸、十四寸、十六寸、十八寸、二十寸、二十二寸这样，好像还有二十四寸的。

李炳炎：有一个叫许云溪的画师，认识吗？

吴维雄：画的吗？

李炳炎：对，到荣利画青花的。

吴维雄：有一个姓许的，但是名字我就不知道，你一说我就觉得有点印象。

李炳炎：听说他是城内府前人，不认识吗？

吴维雄：不认识，好像有听过这个名字。

李炳炎：枫溪做缶明朝的或者清初的一些事你知道的？有到明朝吗？

吴维雄：明朝有啊，枫溪的陶瓷明朝之前就有的，不过以前是以陶为主的，一千多年前，（做缶）历史一千多年。

李炳炎：枫溪做缶的历史一千多年？

吴维雄：是。

李炳炎：那不是在宋代以前？

吴维雄：所以说明朝以前就有的，一千多年了。但是做瓷的（历史）就只有几百年而已，以前就是白地（没有上彩的）和青花为主，到了一百多年前才开始做五彩的。以前的色料不适合我们这边的瓷土，烧出来的产品不好，烧了之后色料都褪掉了，红色的都没了，就剩下青色的。

李炳炎：我现在看到很多东西，（牡凤图案里）牡丹没有了，其他却还好好的，就是因为温度太高。

吴维雄：色料的温度跟陶瓷不太一样，我们烧出来的是类似半瓷的。

吴鸿发款五彩壁瓶 I

李炳炎：青花应该是清早期就有的是吧？

吴维雄：有，明末就有青花了，青花很久以前就有的，以前就是青花和白地的。

李炳炎：到了清末才有大窑彩？

吴维雄：是，就是降低温度来配合这个色料。原来是高温的，大概比高陂的低一点儿，比枫溪的高一点儿，白地缶烧的温度就比较高，烧得比较熟。

吴鸿发款大窑五彩塑人物灯盏

李炳炎：我看一些缶的胎也是很白，敲起来声音也很清脆，可能也是有 1 300 度吧？

吴维雄：有，那些白地的比较多。

李炳炎：青花的能烧到 1 300 度吗？

吴维雄：能，白地的青花能烧到 1 300 度，但是彩色的就不行。

李炳炎：只能到 1 300 度，无法达到 1 350 度是吗？

吴维雄：当时无法烧到 1 350 度，大概是 1 300 度，枫溪的红（色料）是用锡做的，叫做锡红；高陂红是金的，叫做金红。金红比较耐火，高陂的金红可以烧到 1 300 多度，枫溪的锡红只有 1 200 多度，我们是用锡做的，他们是用金做的，他们的金红很贵，化工厂就做过金红。

李炳炎：他们的金红不是用氧化铜做的吗？

吴维雄：用金做的啊。

李炳炎：他们的能烧到 1 300 多度，我们的只能烧到 1 200 多度，这就是彩料的区别。

吴维雄：以前我们烧出来的产品都是泛红的，因为温度不够，温度够了色料又褪了。

李炳炎：维雄伯，今天来是想问你，枫溪大宫后面是不是有一些明清的老窑址？

吴鸿发款五彩壁瓶Ⅱ

吴维雄：哪里？

李炳炎：在大宫后面有一些清朝的窑址，是不是？

吴维雄：建成房子那些？

李炳炎：是啊。

吴维雄：向北窑。

李炳炎：不是，向北窑这个我知道。

吴维雄：大宫后面的窑，就是那一栋后面一棵大榕树，那里有两三条窑。人们形容大宫是一只凤，三条窑为凤尾，那棵树就叫凤尾株。

李炳炎：我是听吴为明老师说您知道，他说大宫后面有窑。

吴维雄：没错，三条窑，大牡缸窑、口窑，跟那个什么窑，就是后面的三条窑。

李炳炎：这个就是从清朝到现在的？

吴维雄：对。

李炳炎：就是七厂对面那棵大榕树，现在是幼儿园？

吴维雄：幼儿园这条是向北窑，这些都是清朝窑，向北窑也是属于清朝窑，那些都是很久的，时间长的。

李炳炎：那现在还能看到窑址吗？

吴维雄：没有了，看不到窑址。

李炳炎：已经被人建成厝了？

吴维雄：是啊。

李炳炎：这个就是以前清朝或者是民国时期的老窑，现在已经建成厝了。

吴维雄：是。

李炳炎：这些是不是刚好在老爷宫的后面？

吴维雄：在后面，那些窑拆掉后就建成厝。

李炳炎：那我们现在去指认是哪一条窑也不难吧？

吴维雄：这个当时是三条窑，一条大窑和一条大牡缸窑，还有一条不知道是什么窑，我只记得两条。

李炳炎：这些资料得长期多次积累。这次是打算要给鸿禧伯写一本薄薄的书，是写他一生的陶瓷创作的过程，所以就从他来鸿发号开始写起。

（采访者和吴维雄到枫溪三山国王宫附近考察窑址）

吴维雄：我了解的枫溪宫前，向北街这里有一个在卖酒的，他父亲做薄锅仔很有名。

李炳炎：卖酒？现在的？

枫溪三山国王宫（2008 年 2 月摄）

吴维雄：以前的。

李炳炎：是老师傅？

吴维雄：枫溪做薄锅仔的。

李炳炎：薄锅仔，源兴也会做。

李炳炎：这条是什么巷？

吴维雄：向北街。

李炳炎：这个是向北街，就在大宫的左手边，向北街也非常有名，还有向北窑。

吴维雄：前面就是向北窑，这里就是作坊了。

李炳炎：这里全都是作坊？

吴维雄：这里就是七厂。

李炳炎：现在这两块招牌可以算是古董了，七厂里面也很大是吧？

吴维雄：里面很大。前面原来也是七厂的，范围相当大。

李炳炎：这个是向北窑，这个是上次照过的，是清朝的老窑？

吴维雄：是，一直到窑尾的那棵树那里。

李炳炎：哦，这个是连起来的。

吴维雄：这边叫做新窑、大窑和口窑。

李炳炎：这是窑尾？

吴维雄：对，是窑尾，烟囱就在这里，那一栋栋的厝以前全是窑。

李炳炎：哦，这些全是窑。那这些是解放后才建的吗？

吴维雄：不久前才建的，几年前才建的。这棵树种在窑旁都长不起来，窑烟一熏，叶子全部都黑了。

李炳炎：那这里就是口窑、新窑和大窑？三条窑的窑尾？

吴维雄：还有大牡缸窑。

李炳炎：还有大牡缸窑的窑尾，烟囱部分都在这？

吴维雄：向北窑的窑尾也在这。

李炳炎：还有一条向北窑？

吴维雄：对，这边直走过去就是向北窑，这边三条过来，这边一条过去，那边一条过来，五条窑尾都在这里。

李炳炎：总共五条？

吴维雄：是啊。向北窑、大牡缸窑，然后还有新窑、口窑、大窑，总共五条。

李炳炎：这里就是集中了五条窑的地方。

吴维雄：就是这个方向过去，这棵树到现在也很久了。

李炳炎：得有几百年了。

吴淑贤：这棵树是凤尾树，大宫后面的凤尾树。

李炳炎：维雄伯，鸿禧伯来鸿发号是谁教他做雕塑的？

吴维雄：就是我啊。

李炳炎：您教他做雕塑，就是做观音这些？

吴维雄：是啊。当时他刚来的时候还没入行，他上手很快，一说就会了。

李炳炎：就非常聪明。也就是说，刚开始来的时候，这些工作都是您教他的？

吴维雄：属于启蒙。

李炳炎：他刚进来就是做观音，还是其他？

吴维雄：他开始就是做观音，才一尊这么大，三至五寸，然后越做越大。

李炳炎：到后来做到十八寸？

吴维雄：十多寸而已。

李炳炎：哦，做到十八寸。

吴维雄：差不多，到后来合营才做大的。

李炳炎：您还有一个弟弟是吗？

吴维雄：是。

李炳炎：当时也是在帮忙做？

吴维雄：一个亲弟和一个胞弟，一个是我叔父的。

李炳炎：也是会雕塑？

吴维雄：是啊，整家人都在这里，七个人，我母亲也会做。我当年有一本资料的，只是后来被我烧掉了。

李炳炎：就是有关做陶瓷的？

吴维雄：是啊，那本书打开，一目了然。里面多少个老板，名字叫什么，做什么缶，地址在哪儿，投资金额多少都有，那本书文化大革命时烧掉了。

李炳炎：维雄伯您有八十多岁了吧？

吴维雄：嗯，八十四岁。

［访谈后记］

吴维雄先生是枫溪鸿发号的经营者，也是制瓷能手。新中国成立之后，他参与工会对枫溪作坊的调查工作，掌握很多枫溪陶瓷业发展情况的资料，因此他的口述内容也成为研究枫溪陶瓷业的重要资料。

枫溪鸿发号由吴天赐创于民国初，作坊位于枫溪溪下邱厝顶四房头内。吴维雄12岁时父亲去世，之后跟随叔父吴天赐学习陶瓷生产。1945年，吴天赐将鸿发号交给吴维雄经营。吴维雄的家族一直都以制瓷为业，手艺全都来自清末时期的曾祖母陈氏，从揉泥到成瓷每一道工序都能熟练操作。1955年，鸿发号接受公私合营，并为潮瓷厂，吴维雄任副厂长。

2007年的访谈，老先生主要就当时枫溪陶瓷业各商号的发展情况，向我讲述枫溪陶瓷业的情况。

2008年的访谈，主要请老先生带我到枫溪三山国王宫附近，了解枫溪古窑址的具体位置和坐向。老人家除了讲述各窑址的位置外，还列举出当时一些比较有研究价值的人和事。

另外，也为写作《瓷都瓷塑名家林鸿禧》一书，向他请教。20世纪40年代后期，林鸿禧先生到枫溪学习瓷艺，最开始便是在鸿发号工作，吴维雄即林鸿禧的启蒙师傅，更是知交好友，俩人工余时间常常一起唱潮曲、练椰胡。

2009年林鸿禧先生去世，2014年吴维雄先生去世，借此表达对两位老人家的怀念。

通过对鸿发号吴维雄先生的采访，主要了解到民国时期至解放初期枫溪窑业的生产经营情况，访谈中，提及了吴焕堂先生、吴阿才先生、林鸿禧先生等枫溪陶瓷名人的一些情况。吴维雄先生解放初期曾就职于枫溪工会，对民国时期枫溪从事陶瓷业者较为了解，口述内容可信度较高。

章永添谈安顺号

受访者：章永添（1926—2011 年），男，枫溪老安顺号第三代后人。
时间：2008 年 9 月 30 日
地点：枫溪西塘
采访者：李炳炎
在场人：章燕明
录音整理：陈巧花
文稿编辑：李炳炎、陈秀娜

（采访者带了一些壶给章永添鉴定）

李炳炎：您先看一下这两把壶。

章永添：你收藏的啊？

李炳炎：是。今天就是想问一下民国时期老安顺的一些情况。我看了很多资料，老安顺当时似乎有做外销吧？这把壶是不是你们的产品？

章永添：这把壶不是。

李炳炎：那是不是枫溪的？

章永添：不是，这个不是枫溪的，当时的水孔（壶身的出水口）都是挖单孔的。

李炳炎：是，单孔的。但是这把是仿宜兴的造型，是外销的，上面有“中国制造”的英文印款，白缶很多也和它一样用“中国制造”这个款。这把壶质量看着这么好，我们枫溪当时有没有出这样的产品？

章永添：没有。

李炳炎：我们还是做那些梨形、水平等传统的造型？那些很多都有写字号“孟臣”。

章永添：那些不是枫溪的。

李炳炎：这些都不是枫溪的？可这两把壶都是手拉坯的。

章永添：是的。

李炳炎：现在越南和日本都藏有我们枫溪民国时期的朱泥壶、红土罐。我跟他们那些学者交流后才知道。

章永添：一些壶里面是一节一节的，很厚，你摸壶的内壁就知道了。

李炳炎：这两把壶都是民国的吗？到底是不是我们潮州出的能确定吗？

章永添：这个是用釉的。

李炳炎：是，有的，当时好像有抛光。

章永添：有抛光？

李炳炎：是，有抛光，这把壶我觉得是有抛光的。

章永添：这个有用过吗？

李炳炎：有。

章永添：有用过不会这样。

李炳炎：是。可能用得不多。它里面有个英文款“中国制造”。我们那些白缶大多数也有中国制造，如合、荣利、锦合这些都有。

章永添：这是他们的商标。

李炳炎：是，是他们的编号。这些都是外销的东西，可能是有人拿一把宜兴的壶来叫我们做。宜兴的太贵了，来枫溪做比较便宜，但是这些到底是不是枫溪做的？

章永添：无论是解放前还是解放后的，做了经常会裂。你这把壶会不会裂？

李炳炎：这把壶不会，这把壶的土非常好。而且这两把壶已经确定不是宜兴的，宜兴那些是拍打成型的，也不是广西的。民国时期做这些红土罐就几个地方而已。

章永添：从我小时候开始就只有几家在做而已。

李炳炎：没有很大型的？

章永添：当时做这些缶的，要做到流口对得准几乎没有。

李炳炎：这把壶对得准吗？现在要找到确定是民国时期的东西太难了，因为有一些是解放初期做的。

章燕明：这些都是您小的时候人家做的。

章永添：我大概十岁就在枫溪了。

李炳炎：我们来谈谈您做缶的历史。这个是顺便提起的，您叫永添，是吧？

章永添：是。

李炳炎：您是属什么的？

章永添：属虎的。

李炳炎：我用生肖查您是哪年出生的就比较准。您是在枫溪出生的吗？

章永添：西塘。我父亲在枫溪开了这个做缶的做厝。我差不多十岁的时候就边读书边周末到做厝学东西。

李炳炎：您认识您阿公吗？

章永添：认识。

李炳炎：也有在做缶？

章永添：我阿公以前也曾在做缶。

李炳炎：您知道的最早的就是您阿公，是吧？

章永添：嗯。

李炳炎：老公可能就不知道吧？

章永添：不知道。

李炳炎：阿公的名字叫什么？

章永添：我阿公的名字是大得。

李炳炎：那您父亲呢？

章永添：桢坤。
李炳炎：您阿公做缶的一些情形您知道吗？
章永添：他做的时候，我可能还没出生。没多久他就不做缶了，而是他的儿子做。
李炳炎：那当时您阿公做的东西是盖什么号？盖什么款？
章永添：他的我就不知道，我父亲的我就知道。
李炳炎：盖什么？
章永添：安顺得记。
李炳炎：哦，盖他父亲的名字。

安顺得记款红陶茶壶Ⅰ

安顺得记款红陶茶壶Ⅱ

章永添：是。
李炳炎：那一定是您阿公盖这个章后，您父亲才用的。
章永添：到后来改成老安顺。
李炳炎：您从几岁开始做缶？十岁？
章永添：从十岁就边读书边学艺。
李炳炎：读书是在枫溪？
章永添：在厝里读了两年，后来到枫溪崇礼小学那里读了一年。
李炳炎：当时也叫崇礼吗？
章永添：是，这个是西塘的小学。
李炳炎：您十岁就做缶。
章永添：十岁去学，学收缶（将晾晒的缶坯收起），看人怎么做。
李炳炎：就您所知，解放前的缶款以什么为主？
章永添：以传统产品为主，有柿饼形，还有这个贡局（清末外销砂壶上常见的款识）。
章燕明：解放前我们也是做这些，钟形、梨形都有。
李炳炎：多数是多大的壶？容量几杯（工夫茶壶的容量单位）的？
章永添：二杯开始到二十四杯。
李炳炎：居然有二十四杯。那第三把这个是多少杯的？

章燕明：这个得有二十杯，大概是二十杯。

李炳炎：那这两把不是差不多？

章燕明：这把一定没有那把那么大。

李炳炎：有。

章永添：另外那把方方正正的就有。

李炳炎：我知道。这把梨形的，可能叫做思亭。

章燕明：思亭可能没有这么大的。

李炳炎：你们全部盖老安顺款，那孟臣这些有没有？

章永添：这些是人家要求才盖的。

李炳炎：人家没有要求的你们就盖老安顺？

章永添：是。

李炳炎：那一般客户要求盖款的，什么款比较多？

章永添款红陶茶壶

章永添：两样都有。

李炳炎：就是什么？

章永添：老安顺有，孟臣也有，孟臣是小壶才有盖的款，大容量的壶都是盖字号的，大多数盖“安顺得记”。

李炳炎：安顺得记现在找不到啊。

章永添：后来的就有。

李炳炎：不是，我们谈民国的。

章永添：哦。

李炳炎：我家里收集的老枫溪茶壶有三十多个不同的款，大多数都是小的，比较粗。这两把壶风格确实跟它们不一样，盖款居多为孟臣。萼圃的盖款有吗？

章永添：人家要求才有盖。

李炳炎：那人家要求的这个印是他们拿来的还是我们自己的？

章永添：他们叫我们去刻的。

李炳炎：那盖孟臣后还有什么的，记得起吗？例如萼圃督造。或者还有一些手写诗词的，例如“清泉石上流”什么的？

章永添：有。

李炳炎：题写款的也有？

章永添：以前做茶船就是写的这些。

李炳炎：不是茶船，是茶壶。

章燕明：壶很少有刻字。

章永添：茶船就都有刻字。

李炳炎：这些茶船解放前也有红土的，刻的这些诗句？

章永添：是，诗句有，“林间生玉竹”“花木有精神”之类的，还有“举杯邀明月，对影成三人”之类的。

李炳炎：当时做不是在现在这个地方吧？

章永添：不是，那时是在枫溪的浮洲园。

章燕明：那个地方不是很窄吗？

章永添：嗯，夏天的时候热得不得了。

李炳炎：在浮洲园，有几间铺面？一间？

章永添：嗯。

李炳炎：五六十平方米？

章永添：两间，差不多四五十平方米。

李炳炎：当时老安顺在那里做才三十四平方米？

章永添：当然，包括做车（手拉坯车），就在浮洲园那里。

李炳炎：我知道。

章永添：我和我叔父。

李炳炎：您叔父的名字是什么？

章永添：桢平。

李炳炎：平安的平？桢平盖的印也是一样的？

章永添：一样的。当时还没分家。

李炳炎：那个铺面就是前面卖缶，后面做缶？

章永添：在后面还有两间是放土和打土的。

李炳炎：这个没算在三十四平方米里面，是露天的？

章永添：不是露天的。

李炳炎：那就不止三十四平方米咯。

章永添：还有一块地方面积那么大的。

李炳炎：那这个铺面就是两格，四五十平方米？

章永添：是。

李炳炎：这样子合起来你们能用的面积差不多一百平方米？

章永添：最多。

李炳炎：当时产量好像很大啊？

章永添：也不是很大。

李炳炎：这个产量是外销的。香港、东南亚地区的客人来订货是来铺前订的是吗？

章永添：是，来铺前订的。

李炳炎：哪些人来订货，您有印象吗？

章永添：没什么印象。

李炳炎：那是什么人来订的，记得吗？

章永添：都是枫溪的人。

李炳炎：哦，我们卖给枫溪的人。

章永添：枫溪人去外洋办号（卖缶的商号）。

李炳炎：先在外洋开铺，然后在枫溪拿缶去卖？

章永添：还有一些是家庭用的，就来买缶。

李炳炎：当时这些茶壶主要卖给哪几个国家或者地区，知道吗？

章永添：知道。主要泰国、新加坡。

李炳炎：没错，跟别人说的一样，卖给泰国、新加坡。有没有卖给越南？

章永添：越南有。

李炳炎：当时叫安南？

章永添：嗯。

李炳炎：香港？

章永添：有。

李炳炎：然后还有哪里？

章燕明：缅甸也有。

章永添：还有一些销往美国的，他们叫做牛肉炖。牛肉炖是缶的。

李炳炎：瓷的吧？

章永添：红陶的。

李炳炎：这个非常好，销（往）美国。

章永添：然后还做了一些像炮弹一样的，是我父亲以前做的，美国人说是去扫墓用来插东西的，一个有这么高。像香炉一样，然后有一头可以插在地上。

李炳炎：是插花的？

章永添：是。

李炳炎：这个牛肉炖您能大致画个形状出来吗？

章永添：没法画。

李炳炎：随便画就好。

章永添：大概是这样的。

李炳炎：随便，不用画得很像，比如像火锅什么的，跟我们现在的火锅像不像？

章永添：它就是做成圆的，这个边有条沟，然后可以放多一层。

李炳炎：做两个内胆？

章燕明：做两个内胆，然后这个边得配合得好。

李炳炎：那它的外形呢？

章永添：就像球磨一样，肚子是圆的。

李炳炎：像球磨一样，这个是叫牛肉炖，它是放在锅里炖还是这个本身就可以生火的？

章永添：不是，它是不能直接生火的。

李炳炎：那它是圆的吗？

章永添：是。

李炳炎：圆的，然后有两层盖？

章永添：一层而已，这个做一个盖子，然后在这里开条沟，放在三脚铁上就转这个盖子。

李炳炎：是可以转动的。这个当时大概做几公分高？

章永添：得有二十多公分，很大的。

李炳炎：二十五公分？

章燕明：二十五公分。

李炳炎：这个当时通过什么地方销去美国？香港？

章永添：这个是家账（作坊的经理）来定做的，做好后交给他们。

李炳炎：哦，我们只是做给这个订货的人。通过缶栈来订货的，实际上就是缶栈来定？

章永添：是。在缶的两边镶三块铁，做一个脚可以套下去。

李炳炎：然后扭紧？那这些铁不是我们做的，是他们做的？

章燕明：是。

李炳炎：这个是他们用来炖牛肉的。

章永添：是。

李炳炎：炖了之后一个一个拿出来吃？

章永添：是。

李炳炎：刚才说的那个插花的是什么样的？

章永添：就是他们扫墓的时候用来插花的。

李炳炎：一头尖尖的？

章永添：有这么高，它的口有这么大，然后下面就是尖的。

李炳炎：这样子高有没有四十公分？

章永添：大的可能不止四十公分。

李炳炎：五十公分？

章永添：最少五十公分，非常高。

李炳炎：下面有孔？

章永添：下面没有孔。我父亲以前做的缶很多，他做缶很厉害的。他做鸡归缸（天球瓶）。鸡归缸是最难做的，肚子很大，缶身得做这么高，颈也得有这么高，那是销去泰国用来装种子的。

李炳炎：这个牛肉炖是圆的，对吧？

章永添：是。

李炳炎：然后口比较小，是吗？

章永添：是。

李炳炎：那这些有没有耳？

章永添：没有耳的。

李炳炎：全部没耳的，不是很难拿？

章永添：得提着这个铁。

李炳炎：哦，就是说，配有三块铁。这样我差不多知道了。我去外国，看到很多东西不知道是不是我们（枫溪制造）的。我们这些有盖什么款吗？或者是写什么字吗？

章永添：没有。

李炳炎：哦，你刚才说有一个销（往）泰国用来装种子的叫什么？

章永添：鸡归缸。
李炳炎：鸡归缸也是红陶的？
章永添：红陶的，圆的。下面是圆的，然后上面的颈很长。
李炳炎：这个瓶口不是广口？
章永添：是的，这个口是窄的。
李炳炎：下面是圆的？
章永添：是。
李炳炎：就是天球瓶咯，是这样的，对吧？
章永添：是。这个是销（往）泰国的。销（往）泰国用来装种子的。
李炳炎：这些种子装起来是用来卖的还是陪葬的？
章永添：应该是人家买去装种子的，那些农民买去装种子的。
李炳炎：我们还有一些种子罐是人家用来作陪葬品的，装五谷的。
章永添：我们铺里也有卖这些，卖给人家去装东西。
李炳炎：如合八当时在马来亚有种子店，枫溪的如合号。
章永添：如合八后来总是来买缶，一直都有来买。
李炳炎：跟你们买？
章永添：嗯。
李炳炎：他们就有卖菜籽，他的陶瓷不是最厉害的。这个可能就是他们买去装菜籽的。如合八来买是哪一年的事？
章永添：从我父亲那会儿就一直有。
李炳炎：是一九三几年还是四几年还是二几年？说个大概就好。
章永添：大概几年前，我得想一想。
李炳炎：您当时几岁？
章永添：我最多也就将近十岁。
李炳炎：将近十岁，那时候如合八来买这些鸡归缸？
章永添：是。
李炳炎：这样说就对了。我问过千祥叔，他说当时菜籽好卖过（比……好卖）陶瓷，菜籽全部卖到泰国。
章永添：千祥还在吗？
李炳炎：他老了，去年年底，我采访过他好多次。
章永添：入厂后，我在厂里做一些茶船，还有枫溪的克仁画，画花鸟什么的。
李炳炎：您慢慢想，解放前的，一个是产品一个是销售，有一些比较有趣的事说说也好。
章永添：好像没什么。
李炳炎：那当时一日能做几把，还是算一个月？大大小小的，一个月能够生产茶壶多少把？
章永添：以前做缶跟现在没法比。
李炳炎：是，我知道。我家里收藏了两张做缶的相片。

章永添：一天五六人这样子，和下手，差不多做一百几十把壶。

李炳炎：哦，全部手拉坯的？

章永添：嗯。

李炳炎：那不是很多？

章永添：一把才卖几分钱而已。

李炳炎：做一百多把，一把才卖几分钱，那一斤米是多少钱？

章永添：一斤米多少钱这个不记得了。我父亲在做的时候，一个龙银能买二十多把壶。

李炳炎：您说龙银最好，一个龙银能买二十五把吗？

章永添：能。然后到我做的时候，差不多二十岁，我父亲已经过去（去世），那个时候有币制，国民党的币制，每一天都不一样，然后按港币算，这样子一把壶最多六七分钱。

李炳炎：那是20世纪40年代的事咯，日本人走后的事。

章永添：嗯。

李炳炎：一把六七分钱？

章永添：是，港币。

李炳炎：当时五六个人在做，全部都是自己的亲戚还是雇别人？

章永添：亲戚。

李炳炎：叔父有没有在这里做？

章永添：没有。那个时候已经分家了。是我在做。

李炳炎：哦，您当老板。

章永添：还有我弟弟。

李炳炎：您的弟弟？

章永添：是，还有我的母亲。

李炳炎：您弟弟的名字叫什么？

章永添：永杰。

李炳炎：您母亲也在做缶？也有帮忙？

章永添：弄那些土什么的，还有两三个人在做，两个打下手。

李炳炎：打下手的是谁？

章永添：阿西和松钦。

李炳炎：松钦也是你们的亲人？亲戚？

章永添：村里人。他们都过去（去世）了。

李炳炎：哦，拉坯的是您？

章永添：拉坯的就是我。

李炳炎：您主要是手拉坯。弟弟有没有拉坯？

章永添：没有。

李炳炎：那您一个人一天怎么能拉坯一百把啊？

章永添：我说给你听，那个时候做工很粗糙。

李炳炎：那弟弟是做什么的？

章永添：打下手。

李炳炎：也是打下手而已，那么这间铺是您一个人在做，其他人是在帮您。那当时这些土料是田土？

章永添：田土。

李炳炎：田土在哪里取的？长美？

章永添：在火车路的陈桥那里。

李炳炎：怎么得去到陈桥呢？

章永添：是。

李炳炎：周围这里没有吗？

章永添：周围这里没有人去挖，那里有人挖，后来就一直在那里挖，再后来就有人开始在枫溪附近挖。

李炳炎：是挖山土还是挖田土？

章永添：挖田土。

李炳炎：这些土是专门在不种田的土地里挖还是？

章永添：别人卖掉的，卖给挖土的人。

李炳炎：专门有人在卖土，那你们的土一般要加什么东西吗？

章永添：当时好像没加什么料。

李炳炎：就是田土做的？那它的颜色，外部有没有再上土浆、上釉之类？

章永添：上釉。

李炳炎：有上釉啊。这些釉是什么做的？

章永添：铁红。

李炳炎：还有一些是抛光的？还是后来才有抛光的？

章永添：烧熟是没有光泽的，没有光泽就得刷蜡。

李炳炎：刷蜡那一定是亮亮的，刷蜡后就卖给人，用的时候要不要刮掉那层蜡？

章永添：泡一下开水就化了。

李炳炎：这个有蜡啊。确实，我刮出来是有蜡的，这把壶我拿去浸洗，表面刮出来有蜡，这把壶也有。当时这些只用纸包？

章永添：用纸包。

李炳炎：那外洋来买是买整筐还是？

章永添：整筐，他们拉去缶栈再装大筐。

李炳炎：我知道，他们两人抬的，还是装竹筐，然后直接装船。

章永添：当时娘宫这里有条溪，他们可以装船。

李炳炎：娘宫旁边这里，是不是？

章永添：到猪屎鸣（坑，下同）这条溪就是了，载到长美那里去，那时候溪门比较窄。

李炳炎：这个别人也有说到，这个运输是通用的。我们枫溪有两个地方比较大，一个是姐娘宫的宫前潭。这个好像鸿发记的维雄伯也有谈到。当时除了你们老安顺，还有没有其他做红土罐的？

章永添：还有源兴。

李炳炎：就两家而已？其他的有没有？

章永添：有，有一家在缶窑墩那边做，人家都叫他的土名“乌目家神”。

李炳炎：乌目家神，他的正名知道吗？

章永添：正名不知道。

李炳炎：缶窑墩的乌目家神。

章永添：就是溪涸堀。

李炳炎：哦，溪涸堀，乌目家神。他也是做茶壶的？

章永添：他专门做提罐，梨形小提罐，一直专门做这一款。

李炳炎：也是红陶？

章永添：红陶。

李炳炎：也是田土做的？叫做梨形提罐？

章永添：是。

李炳炎：提罐就是当时的提梁罐咯。

章永添：都是比较土的，当时做的这些是杂锦缶。

李炳炎：杂锦缶？

章永添：是。

李炳炎：杂锦壶是不是仿宜兴那些款的？

章永添：是。

李炳炎：除了乌目家神、源兴，还有谁？

章永添：炳来。乌目家神的儿子叫做炳来，后来进了三社。

李炳炎：还有哪几家？

章永添：源兴有几家店呢。

李炳炎：源兴一个人有几家店啊？

章永添：是，他有几家店，日本仔后就都退了，剩阿河他们兄弟俩，还有瑞深。

李炳炎：阿河就是瑞全的父亲，是吧？

章永添：是。

李炳炎：这样就是分为两家，还有分出来哪家？

章永添：还有阿河的阿伯。他阿伯的名字叫什么来着？

李炳炎：谁的阿伯？

章永添：瑞全的阿伯，瑞深也有个阿伯。

李炳炎：那他这家人就有家店？

章永添：是。

李炳炎：那你们呢？你们有几家店？解放前的。

章永添：解放前有两家店。我们兄弟都是做到解放就入社（合作社，下同）了，然后我叔父的孩子也入社了。

李炳炎：那老安顺和新安顺是怎么分的？

章永添：我叔父的就是新安顺。

李炳炎：你的是叫安顺还是叫老安顺?

章永添：老安顺。

李炳炎：入社之后还是做红陶?

章永添：集中在一起。

李炳炎：集中在一起之后这些盖什么印?

章永添：落款居多是盖三四杯，不然就是盖“孟臣”。

李炳炎：解放后还盖孟臣？是文化大革命前？还是说1956年之前?

章永添：之后都是这样，盖“孟臣”，大的就只是盖几杯而已，没有盖厂号的。

李炳炎：就只有盖“孟臣”，那现在如果要分辨一把壶是入社后的孟臣还是解放前的孟臣，能吗？还是说差不多?

章永添：后来一直都是做那个像鼓一样的。

李炳炎：鼓形壶，就是说，盖“孟臣”的都是以鼓形为主，鼓是“打鼓”的“鼓”吗?

章永添：是，鼓形。

李炳炎：入社后做的以鼓形和什么为主?

章永添：居多是这一款。

李炳炎：那这些大壶呢?

章永添：大壶也是鼓形的。

李炳炎：大壶鼓形。家里现在没有了，是吧?

章永添：没有。

李炳炎：自己做了那么多，现在都没有了?

章永添：要入社的时候连粗缶都卖光了。

李炳炎：哦，生意好啊。

章永添：是啊，当时有一次销（往）越南销了很多。

李炳炎：那很厉害啊。我是中国古陶瓷学会会员。参加研讨会的时候，有人问到这些缶，很多人说越南那里最多。

章永添：后来我去宜兴参观，回来后全部改革，做注模（模具成型，下同）的。

李炳炎：哪年去的宜兴?

章永添：应该是1967年，“文革”的时候。

李炳炎：那“文革”前还没有做注模的?

章永添：没有。“文革”前没有。

李炳炎：枫溪最开始有注模是您去宜兴学习后回来做的?

章永添：是。

李炳炎：1967年到宜兴时，那时几个人去?

章永添：当时社里有三个人去，还有佘桂明和吴维正。

李炳炎：你们三人是厂里的业务员或者技术员吧?

章永添：这些都是在陶社的试制组。

李炳炎：陶社？

章永添：陶社试制组。

李炳炎：当时你们叫做技术员，是吧？

章永添：就是在试制组。

李炳炎：雕塑人物吗？

章永添：雕花鸟什么的，那些动物他也会，两个人都是做到快退休时就死了，维正画图什么的都会。

李炳炎：都比你小吧？

章永添：比我小。

李炳炎：回来枫溪后，你们开始注模？

章永添：注模的时候要很多人，总共有四五十个人。

李炳炎：那这个陶社有四五十个人？

章永添：做这些茶壶的。

李炳炎：就是陶社里的茶壶组。那当时不是叫茶壶吧？是叫红罐还是叫茶壶？

章永添：茶壶。

李炳炎：一个组在注缶，四五十个人。

章永添：当时不是叫"车间"，而是叫"组"。

李炳炎：是，四五十个人，那一天不就得注一千把？

章永添：一千把应该不止，肯定不止的。

李炳炎：那造型是不是就多样了？

章永添：没有，造型也是鼓形。

李炳炎：怎么都是鼓形呢？

章永添：彭形的容易做啊。

李炳炎：没有人搞创作吗？

章永添：没有。

李炳炎：那四五十人一天能做多少把？

章永添：三四张桌子在一起，一张桌子就注两百多把，还有一些茶船。

章燕明：得差不多一千把。

李炳炎：这样子产值也不高啊，你们当时一天能拉坯一百把，然后四五十人注模才做一千把而已。

章永添：还有几个打下手的。我自己做，能拉坯一百多把，是因为还有四五个打下手。

李炳炎：是啊，那四五十人平均一天是一百多把啊，您那四五人也是一百多把啊。

章永添：还有一些茶船。

李炳炎：那茶船注模有多少个？

章永添：也没有多少个。

李炳炎：大概有两百个吗？

章永添：两百个盖，还得是高温的。

李炳炎：就像做盘子那样，是吧？

章永添：没有，后来才是电动的，那个时候做得还很慢，主要是修坯很慢。

李炳炎：茶船有两百个。那当时陶社还有做鸡归缸那些吗？

章永添：没有。

李炳炎：陈列馆那里有摆放这些啊。

章永添：现在那里有摆这些？

李炳炎：是，鸡归缸，有刻鸟的，也有刻梅花的。

章永添：红陶的？

李炳炎：是的，红陶的。

章永添：当时没有。

李炳炎：没有？

章永添：从我懂事起，别人就没有做这些了。鸡归缸是最难做的。瓶颈很窄，瓶腹很大，瓶颈比瓶腹还长。

李炳炎：然后到一九七几年时就做得很土，是不是？

章永添：也不会啊。

李炳炎：那您觉得这些注模的比起解放前那些拉坯的，哪个比较好看？

章永添：注模的比较均匀。

李炳炎：嗯，比较均匀。

章永添：然后还有船板，大小不同的可以叠在一起烧。

李炳炎：当时烧的温度有多高？

章永添：龙窑是1 000多度。

李炳炎：1 005度？

章永添：最多了。

李炳炎：那你们解放前那些能烧到多少度？那些是烧圆窑的，对不对？还是烧龙窑？

章永添：也是龙窑。

李炳炎：烧多少度？

章永添：那个时候也是差不多的。

李炳炎：1 000度？会不会低一点儿？

章永添：低一点儿。

李炳炎：那就是900度到1 000度？

章永添：1 000度吧。

李炳炎：那不是得挑到别的地方烧？

章永添：在枫溪。

李炳炎：是啊，我知道。向北窑那些，你们离浮洲园近，就是在向北窑那里的四条窑。

章永添：在橄榄巷后、宫后窑有，卢厝窑也有。

李炳炎：宫后窑、卢厝窑，还有什么？

章永添：四条窑。

李炳炎：你们的缶担到那里去烧？
章永添：是。在这里烧的时间不长，后来搬到长美。
李炳炎：是解放后还是解放前？
章永添：解放后。
李炳炎：入社后就在长美自己厂内建窑，是吧？这个陶社是在长美的吗？
章永添：在长美。
李炳炎：解放后在厂内建窑这个是肯定的。
章永添：他那里的也有，长美的也有，他是做缸、瓮的，后来这些缸、瓮的就搬去浮洋。我们的就搬到长美桥边，在枫溪做的时间不长，在那几条窑烧的时间也不长。
李炳炎：您什么时候退休的？
章永添：我今年是退了二十二年。
李炳炎：那您应该是 1986 年还是 1987 年退的吧？
章永添：不记得，我只记得到今年已经是退了二十二年。
李炳炎：那您退休前一直没有换岗，都是在这个厂注模？这个厂也一直没人再用手拉坯，是吧？
章永添：没有。
李炳炎：您退休后再出来自己做，是吧？
章永添：是。
李炳炎：当时就是以老安顺这个名，做一些比这把壶小一点儿的，色泽很好。大概是 20 世纪 80 年代的事？
章永添：差不多。
李炳炎：当时还没退休就开始做？
章永添：没退休在家里偷着做几把。
李炳炎：这个不用偷偷做吧。
章永添：不可以，这是人家厂里的东西。
李炳炎：到了 80 年代还有这样的说法啊？
章燕明：有。
章永添：我还记得做好之后挑到长美跟那些黑缶一起烧，还不能让人知道。
章燕明：一定不能让人知道。
李炳炎：您偷偷做的那些就全部都是手拉坯的？
章永添：手拉坯的有，注模的也有。
李炳炎：哦，在家里注模的也有。
章永添：做一些五果类的壶。
李炳炎：有造型的？
章永添：有，五果壶。
李炳炎：您刚才说挑去长美烧？
章燕明：当时是相当辛苦啊。
李炳炎：二三十年前，就是 80 年代的时候，两毛多钱一把壶？

章燕明：两毛半。
李炳炎：是注模的？
章燕明：注模的。
李炳炎：手拉坯的不止？
章永添：手拉坯的那时候很离谱。
李炳炎：那个时候不是有做一些贴色的，用粉彩的？
章永添：是啊，粉彩。
章燕明：那个时候还没有。
章永添：粉彩是后来的。
李炳炎：不是，我们刚说的是 80 年代初的。燕明当时也在家里帮忙？
章永添：他当时在读书。
李炳炎：那就是你们三个人，合作归合作，做了还是自己的？
章永添：是。
李炳炎：那阿海做完就算您的，是吧？
章永添：做完全部一起卖。
李炳炎：很容易卖出去，不用去找人？
章燕明：当时都是汕头的来买。当时这些就是卖去台湾的，是吧？
章燕明：居多是卖到台湾。
李炳炎：当时的东西都不贵。那他们怎么还要？
章燕明：当时老安顺非常出名，泰国有人注册老安顺，后来枫溪做的都盖“老安顺”。
章永添：整个村里做的都盖“老安顺”。
李炳炎：那你们没反对？
章永添：要怎么反对啊！
章燕明：原来就有的东西。
李炳炎：那你们当时也盖“老安顺”？
章永添：是。
李炳炎：到 80 年代中期全村都盖老安顺？
章燕明：全村都在做这个。
李炳炎：80 年代中期？还是九〇年？
章燕明：不是，怎么可能是九〇年。
章永添：八几年吧。
章燕明：1988 年还是 1987 年，全村都在做这些。
李炳炎：茶壶才盖的“老安顺”？盖瓯就没有？
章燕明：盖瓯很难盖。
李炳炎：都是注模的？
章永添：注模这些花瓶。
李炳炎：这个村就叫西塘乡？
章永添：对，西塘。

李炳炎：这套非常重要，提供给收藏者今后作对照，不然等下都说是你们做的，有一些粗糙得不得了。后来听说台湾也有人去注册“老安顺”，是不是？

章永添：没有。

章燕明：泰国这个是九几年跟他们做了一些缶。

李炳炎：那是九几年的事？

章燕明：具体不太记得。

李炳炎：也就是说，不是全部盖“老安顺”的东西都是你们的？

章永添：是的。因为整个村做的都盖“老安顺”。

章燕明：枫溪有一个，他也盖“老安顺”，后来我改盖在这边，他也跟着盖在这边。

李炳炎：那您完全可以不同意啊。他也盖“章燕明”？

章燕明：是啊。

李炳炎：我看您现在这个已经相当不错。

章永添：你去到哪个城市看到的都是盖燕明的名字。

李炳炎：我下次跟他们说是假的，注模的，那些都是注模的。

章燕明：你要跟他们说是假的，叫他们不要买。

李炳炎：提高识别度，让别人无法刻意做成这样。

章燕明：是。

李炳炎：我们现在还是继续谈 80 年代的事，您带这两个孩子做缶，然后两个孩子就各自再做，他们的名号是什么？您的就是燕明，用您自己的名字还是有一段时间用安顺的名号？

章燕明：没有。

章永添：他们都盖名字。

章燕明：都是盖名字。

章燕明：原来是做那些，薄胎刚开始是做一条龙的。

李炳炎：为什么叫一条龙？

章燕明：一条龙就是一杯到十杯。

李炳炎：这样也是暗地里偷偷做的，从一杯到十杯叫做一条龙。

章燕明：就是做这样的。

李炳炎：后来就做一些像粉彩一样的？

章燕明：粉彩是比较早的。

李炳炎：比一条龙还要早？

章燕明：比一条龙还要早。

李炳炎：那是七几年咯？

章燕明：是，粉彩是较早的。

李炳炎：1978 年的。做粉彩之后，就做一些有抛光的，是吧？三个人合作的时候不是还有做抛光的？

章燕明：有。那个时候也有，一些拿到外面卖。

李炳炎：叫抛光还是叫磨光？是手磨吗？手磨应该不能叫抛光，应该叫磨光壶，磨光壶也有它的历史，你们解放前没做磨光的，是吧？

章永添：没有。在社里就有一次拿去磨光。

李炳炎：到入社后才开始做磨光？

章永添：那个是社里特意要求我做的。

李炳炎：要拿去比赛的？

章永添：拿去送人。

章燕明：那时候社里经常要做这些去送人。

李炳炎：那就是解放前还没有做磨光的？

章永添：没有。

李炳炎：您做一条龙后做什么？

章燕明：之后就做这些。

李炳炎：那就是艺术壶。这些算是创作了，这些壶的创作你有没有借鉴宜兴的？

章燕明：没有，一些还是参照以前的。

李炳炎：参照以前的？

章燕明：是，手拉坯的那些大体都是这个样子。

李炳炎：您一般是在一辆车（手拉坯车）做的，是吧？

章燕明：都是在车做的。

李炳炎：用料上，别人的怎么那么厚，你们的怎么这么薄？问题主要在哪里？难度在哪里？是选泥还是什么？泥是不是都差不多？

章燕明：泥都是差不多的。

李炳炎：就是说大家用料都差不多，没有什么特殊的。这个料叫做什么料？

章燕明：也是田土。

李炳炎：这些也得加其他配比，是吧？配比这个就是每个人的方法不同，按您的经验来配土，现在这些薄的是不是您最先做出来的？

章燕明：我最先的。

李炳炎：钟形壶（红陶茶壶的一种造型类别）除了体现在薄壁、薄胎，还有什么？谈下它的艺术特点，带有您自己创作的东西。

章燕明：属于这个柚皮（调砂）。

李炳炎：柚皮会不会是您的特色？薄胎的控制关键是在手艺还是在泥料？您从一块土做成一把壶全部都是自己完成的？

章燕明：嗯。

李炳炎：您做到现在大概有多少种造型？

章燕明：三百多种。

李炳炎：哪个造型比较有代表性，您最满意的？您觉得最得心应手，做出来最得意的？

章燕明：提梁壶。

李炳炎：大提梁壶，是吧？

章燕明：是的，大提梁壶，像这个祝寿壶。

李炳炎：大提梁的祝寿壶，这两个元素是同一把壶，是吧？

章燕明：还有西施、盛宴和十全壶。

李炳炎：刚才的那张图案（图）里面就有。

章燕明：还有一些代表作，千环壶那些也是。

李炳炎：千环壶是不是您的代表作？

章燕明：是。

李炳炎：现在这些土的颜色有几种？

章燕明：三种，红、紫、黑。

李炳炎：黑色？

章燕明：是，黑色。

李炳炎：这些装饰的除了一个光壶，壶里面有画画的、刻字的外，还有一些属于线条的东西。您现在的印款是？

章燕明：就是我的名字和“制作”两个字。

李炳炎：全部都是这样子？

章燕明：都是这样。

李炳炎：您不曾盖过自己的名字是吧？全部都是盖“老安顺”？

章永添：是。

[访谈后记]

安顺号是近代枫溪红陶茶壶的代表性作坊之一。章永添先生是枫溪安顺号第三代后人。根据他的回忆，可以清楚了解到安顺号在民国时期的发展情况，以及茶壶的制作方法和鉴赏茶壶的标准。

清末民国时期，枫溪西塘安顺号为章永添祖父大得、父亲桢坤所有，后搬至枫溪浮洲园生产，拥有两间铺面，主要生产红陶茶具，器形有柿饼、黄玉、钟形、梨形，容量有二杯至二十四杯，产品盖“老安顺”的标志，另有客户定制的便按他们的要求，一般盖“孟臣”款。当时作坊每天约拉坯 100 支茶壶，泥坯制作后肩挑至宫后窑、卢厝窑、四条窑等窑烧造，烧成温度 1 000℃左右，产品出窑后还要刷蜡，然后装竹篾筐上船。产品多数销往枫溪人在海内外的商号，其中以销往美国的红陶牛肉炖和插花，以及销往泰国用于装种子的鸡归缸最具特色。

20 世纪 50 年代，安顺号加入合作社，之后章永添先生到长美陶社试制组当技术员。1967 年，他到宜兴学壶艺，回枫溪后开始注模生产。老先生从安顺号的发展历程到陶壶制作都作了详细的说明，在此我向老先生致以真诚的感谢。

章永添先生是近代枫溪红陶罐生产的几位现存见证者之一，他参与了自民国时期至改革开放后枫溪手拉朱泥壶的生产经营，是安顺号手拉陶壶的代表性人物之一。通过对章永添先生的采访，基本可以了解到枫溪手拉壶近百年的发展历程，为当今潮州手拉朱泥壶的推广提供历史依据，难能可贵。

吴绍崇谈玩玉号

受访者：吴绍崇（1930年生），男，枫溪玩玉号第三代后人。1939年开始跟随父亲从事陶瓷工作，1945—1951年曾在枫溪任合号、鸿记号工作。

时间：2006年3月24日、2008年6月26日

地点：枫溪许厝巷吴绍崇家、枫溪瓷兴路郑奕林家

采访者：李炳炎

在场人：郑奕林

录音整理：杜爽、张琪欣

文稿编辑：李炳炎、陈俊华

2008年6月26日采访吴绍崇先生（右）

李炳炎：我来采访是为了研究，因为一些东西是要到实地找实人调查了解，然后把这些东西总结出来再加上自己的观点，这样才有价值。

吴绍崇：再加上一些人的修改。

李炳炎：是的。

吴绍崇：就像第一个人讲得不完整，加上第二个人的补充就会很完整。

李炳炎：登塘白水土的特点，您再想一下，例如从它泛红，还有烧中低温，这些主要用在日用器的什么上面之类？

吴绍崇：这个用在比较粗的品种，比如民间的油瓶。

李炳炎：油瓶，那它还算是瓷的吧？

吴绍崇：它还算瓷的，盖窝。

李炳炎：盖窝是用来冲茶的？

吴绍崇：盖窝是家庭妇女用来装油的。

郑奕林：炖盅。

吴绍崇：嗯，炖盅。

李炳炎：哦，是这样的。这种就比笔架山、飞天燕的（土料）便宜多了吧？

吴绍崇：便宜多了。

李炳炎：容易运输？

吴绍崇：对，容易运输。至于笔架山的土，那些原来需要捣舂的，它的淘洗率是一百斤（土料）只能洗出四十多斤到五十斤（瓷土）。

鸿记玩玉款五彩花卉纹盖窝

李炳炎：飞天燕的（土料）？

吴绍崇：嗯，真正的飞天燕（土料）就要。

李炳炎：一百斤（土料）才洗四五十斤（瓷土），四五十斤这个叫瓷土，是吧？那白水的呢？

吴绍崇：是，白水的（土料）可以洗出90%（瓷土），这个吸引经营者。

李炳炎：那等于说它那些大量是泥，含长石的少，所以这种土不能耐高温。我们现在讲的都是解放前的，那白水土是到什么时候没用了？还是现在还有在用的？

郑奕林：现在还有在用。

李炳炎：现在还有，那就一直是有的。

郑奕林：现在配白土用的是这个，配釉、配土也是用这个。

李炳炎：至今还在使用，白水矿我没去看过，飞天燕就有去看过。那您小时候所知道的如合、荣利、陶真玉这几家哪家最大？

吴绍崇：就我个人的感觉，在枫溪，好像是如合的规模最大。

李炳炎：最大还是如合。他们实际上不只做陶瓷，他们抽纱、菜籽什么都有经营。

吴绍崇：它的经营范围在我这个年龄的人知道的不多，只知道它的经营能力强，它是自己家人在做大花钵。

李炳炎：哦，如合最出名的产品是大花钵。那荣利最出名的产品是什么？是凉水罐吗？

吴绍崇：不是，荣利在我们出来工作的时候，规模好像不大。

李炳炎：嗯，它在日本仔来的时候遭殃了。

吴绍崇：但是它门口的对联给我的印象挺不错，在当时，做这样的对联要花很多龙银。

李炳炎：请谁做的？

吴绍崇：不知道请谁做的，这是前一辈的。

李炳炎：荣誉播五洲，竞说瓦缶胜金玉；利市占三倍，只缘宾主尽东南。

吴绍崇：嗯，这个枫溪没有的，没人做这个。我懂事的时候，就它一家有这个。

李炳炎：那是解放前的事？

吴绍崇：是的。还没解放的时候。

李炳炎：用瓷砖做的么？

吴绍崇：是的。

李炳炎：那它的字是立体的？

吴绍崇：浮雕的。

李炳炎：浮雕字，这个是它自己做的？

吴绍崇：这个不是它自己做的，这副对联的来源谁都不知道。

李炳炎：是蓝色的字吗？

吴绍崇：嗯，蓝色的字。

李炳炎：然后是白底的？

吴绍崇：嗯，蓝字浮雕。

李炳炎：白底的？

吴绍崇：底是什么颜色现在暂时想不起来。

李炳炎：那些字是青花的吗？

吴绍崇：那个不知道是不是叫青花。它在我懂事的时候就已经在做高脚盘了。高脚盘，你知道吧？你家里有吗？

李炳炎：有。做得非常漂亮。

吴绍崇：年底的时候可拿来摆五果。

李炳炎：它的青花彩得很逼真。

吴绍崇：是啊。

李炳炎：它的凉水罐、高脚盘我都有。

吴绍崇：都有啊？

李炳炎：凉水罐每个都很大的。

吴绍崇：土名叫斟倒。

李炳炎：不是，那个是当时卖凉水的。

吴绍崇：狮首罐，直筒的。

李炳炎：下面有个水龙头？

吴绍崇：对。

李炳炎：还写了潮安芎蕉（香蕉，下同）水。

吴绍崇：是，你收藏的东西还真多。

李炳炎：是的，这些都得做过才知道是怎么一回事。那陶真玉出名的是什么？

吴绍崇：陶真玉这家的东西记得的不是很多。

李炳炎：大碗还有水缸、水钵都很多。

吴绍崇：当时常看（到）一个叫做什么的人。

鸿记玩玉款青花满牡纹水钵

李炳炎：和尚伯？
吴绍崇：是。
李炳炎：是老板？
吴绍崇：是，个子不高，蓄了一点（儿）胡须。
李炳炎：您儿时和尚伯几岁？
吴绍崇：不知道啊，只知道他在做木鱼、耳环，经常跟他要，为了送给我自己的师傅。
李炳炎：瘦还是胖？
吴绍崇：瘦瘦的，那个应该是和尚伯，你先不要记。他那里有一个叫和尚伯的，很厉害，我经常看到他在捏雕塑，不知道是不是他。
李炳炎：蓄了一点儿胡须，是吧？
吴绍崇：是，很短的。
李炳炎：现在一些商号都没有存照片，就荣利有照片。
吴绍崇：荣利啊？
李炳炎：荣利非常好，有一张近百人的家庭合影，好像是他们阿嫲九十岁大寿的时候拍的，在他们埠美的家里。
吴绍崇：上厝祠？
李炳炎：不是，在埠美大宅的客厅外面的大埕（宽敞的空地）照的，还有陆良士早年的照片，当时画成瓷板画，这幅瓷板画现在还在。
吴绍崇：这个非常好，这些东西都得保留。
李炳炎：我看了之后非常高兴，我跟他说得洗多一些出来，分给子孙们。
吴绍崇：是，非常有纪念价值。
李炳炎：那么，总的来说，枫溪这些陶瓷在民国的时候质量还算好，是吧？
吴绍崇：要说真真正正能够闯入西欧，像现在一样，在当时来说就是这些碗、杯、瓮，或是桥梁壶。桥梁壶是销往越南的，越南人用这个代替热水壶。
李炳炎：他们喝凉水就好了。
吴绍崇：嗯，我觉得这些一点儿价值都没有。
李炳炎：但是量大啊。
吴绍崇：是啊。
李炳炎：家家户户都在做。当时我们枫溪好像很多，是吧？
吴绍崇：做的东西很便宜，也很低档。工艺瓷就是民间做的比较土的东西，做得好的就有你说的如合的观音，再来就得等到潮瓷以后了，之后就是 1981 年后这些去进修的人做出来的东西。
李炳炎：1981 年？
吴绍崇：维松这一批人。

玩玉款青花人物纹提梁罐

李炳炎：在他们之前还有一批。

吴绍崇：他父亲和鸿禧，还有纲旭。

李炳炎：佘纲旭？

吴绍崇：是，好像是当时枫溪有这一批比较好、比较老的艺人。

李炳炎：他们是第二批的？

郑奕林：第二批人最多。

吴绍崇：是，第二批人最多，当时还有一两个到上海、江西进修的。

李炳炎：潮州现在的雕塑瓷形成了自己的风格，我们做出来的跟德化、石湾的都不一样。

吴绍崇：应该说我们的风格比以前进步多了，但比起德化和石湾还是不够，德化那些非常漂亮。

李炳炎：手法不一样。

吴绍崇：就像德化和石湾的观音都非常漂亮，很有吸引力，（人们）一看就赞不绝口。

李炳炎：阿林能做到这样。

吴绍崇：阿林他们这个年龄层的人是可以的。

李炳炎：现在陶校毕业的学生水平也很高，不是我们枫溪的陶校，而是各地的陶瓷学院的学生，非常厉害。您看那些做陶塑的，博览会一次就一百几十个人在表演，限定三个小时内做完，他们真的三个小时内就做出来，非常好，都是年轻人，才二十多岁而已，做出来的都很好，这次福建陶博会他们也有表演。

吴绍崇：哦。

李炳炎：比赛，全部都是三十岁以下的人在表演，他们是在斗艺。

吴绍崇：那个是手塑的。

李炳炎：他们手拉壶也有，随便做什么都可以。塑的和手拉坯的，都可以。

吴绍崇：那样手艺才不会失传啊。

李炳炎：枫溪从什么时候开始做缶？你们这些长辈有探索过这个问题吗？

吴绍崇：有，不过不知是否准确，当时就说是客人来了，喜欢购物，但有的就说不是这样的，我们听了也不确定究竟是怎样的。1961 年我去开元寺请教，问能不能把《潮州志》借给我看，里面就有一段明代的是：西厢瓦社……

李炳炎：不是，那个是陶工碑，明万历二十八年。

吴绍崇：是，这个你也知道啊。

李炳炎：西厢下社，民以造陶为生。

吴绍崇：嗯。

李炳炎：这个不是在《潮州志》里面。

吴绍崇：这个是刻在一块石碑上的？

李炳炎：在前进村前面的一个村子里的。

吴绍崇：四房？还是哪里？

李炳炎：在路边，那块碑原来是在路边，五几年才拿去潮州市博物馆，现在还在潮州市博物馆里。

吴绍崇：还在啊？

李炳炎：还在。

吴绍崇：那你觉得那块碑看起来怎么样？

李炳炎：在差不多到长城陶瓷公司那里的一个叫什么村子来着？

郑奕林：古板头？

李炳炎：是，古板头，在那个地方。当时五几年在古板头这里，叫做西厢，西厢领四个村，枫溪才是其中之一，还有池湖、古板头全部属西厢，用我们现在的说法，西厢等于枫溪区。当时潮州城分东西南北厢，桥那边是东厢，我们这边是西厢，还有北厢、南厢，厦寺就是南厢，北堤就是北厢。或许能通过考古，挖掘出什么东西来。如果刚好有纪年，或是有写“嘉靖年制”和“枫溪”，那就好了，现在是找不到这些古物来研究。

吴绍崇：那历史有没有写我们什么时候开始制瓷？

李炳炎：这个还很难说。

吴绍崇：就是枫溪到底是怎么来的？笔架山很久前就开始做陶瓷。

李炳炎：现在很多志书里面都查不到，几十本都查不到。

吴绍崇：没人说这个制陶的历史？

李炳炎：因为这个在当时是一个被看不起的手工业，谈不上写入志书，如果考上进士或者榜眼他们都得记录，这个反而没有记录。

吴绍崇：就我们看历史来说，这个是应该记的，食和用这些东西。

李炳炎：食的一直有记载，大米什么的。

吴绍崇：那这些工艺的呢？

李炳炎：金、银、锡这些反而有记录啊，打金的哪几家最出名，在哪个地方，这些都有记录。但是做陶瓷的就没有，认为就是江西和高陂，他们说的是做得比枫溪好，实际上我们这辈人还是觉得高陂做的比我们的好很多，高陂做高档缶，他们那些是属于高温的。

吴绍崇：他们那些是青花的。

李炳炎：这是一个过程。

李炳炎：潮瓷的创办是一个怎样的过程？

吴绍崇：创办人吴添亮起初在任合号做工，会手拉坯做井缸、水仙花钵，还会圆雕塑。除了在老板那边做工之外，他回到家里，兄弟三人互相配合，利用八小时之外的时间争取以当时属于家庭作坊的形式做缶。由于他们兄弟配合得非常好，很快就成了枫溪的财主仔（小财主），发展成比较有规模的厂家，就在那个时候，我们任合号反而开始衰败。他们兄弟三人配合得好，生产得很好，他在这个过程中什么都学会了，从原料制作到成形工艺，到美术的油雕，到煅烧这些。

李炳炎：是指抗日战争之后吗？

吴绍崇：抗日战争之后的。

李炳炎：那他们兄弟三人的名字是什么？

吴绍崇：第一个叫阿溜。

李炳炎：姓吴的吗？

吴绍崇：姓吴的。

李炳炎：那第二个呢？

吴绍崇：第二个叫做阿喜。

李炳炎：具体叫什么喜，知道吗？

吴绍崇：不知道，那时候称呼都比较简单。

李炳炎：那第三个呢？

吴绍崇：第三个是吴天亮。

李炳炎：他当时正常的工作时间就到任合做工，下班后在家里做自己的？

吴绍崇：他的字号就是在这个过程中逐步形成的。

李炳炎：他主要的产品是什么？彩瓷吗？

吴绍崇：不是，他的产品都是手捏的。

李炳炎：观音？

吴绍崇：是观音。

李炳炎：有没有八仙？

吴绍崇：也有八仙，还有水仙花钵、瓷响鸟、瓷手环。

李炳炎：有盘（和）碗吗？

吴绍崇：没有。

李炳炎：比较出名的还是观音，对吗？

吴绍崇：对，是观音。

李炳炎：他们那些有上彩吗？

吴绍崇：有，都是有上彩的，刚开始是白色的，没有上彩。上彩一般是叫其他人加工的，不一定是他们自己彩的。

李炳炎：是雇别人的？那雇谁？

吴绍崇：这个我就不记得了。

李炳炎：任合号是您的亲戚开的？

吴绍崇：是我祖上的。

李炳炎：您伯父的名字是什么？是权记吗？

吴绍崇：权记是前一辈的人叫的，土名叫做阿九，名字叫什么我得想一下，外面的人都是叫他的土名。

李炳炎：任合九？

吴绍崇：对。

李炳炎：任合九的名字我也知道，只是一时也想不起来，权记跟任合九是什么关系？

吴绍崇：权记是任合九的父亲。

李炳炎：那权记也不是他的名字，他的名字应该是什么权，对吧？

吴绍崇：对。

李炳炎：他还有一个什么名字，我们说“权记无模白手捏”。

吴绍崇：他雕塑很厉害。在浮洲园街，他当时是自学成才的，没有进什么院校。

李炳炎：潮瓷的地址是在枫溪什么位置？

吴绍崇：潮瓷最早是在溪下，后来规模比较大就搬到卢厝桥顶，也就是现在一厂的前身，其中的一部分。

李炳炎：那当时他刚出来创业的时候大概多少岁？比如说阿溜有三十多岁吗？您认识他吗？

吴绍崇：这三个人我都认识。因为当时抗日战争后我也在我伯父那里做工，所以认识他们。

李炳炎：他比您大吗？

吴绍崇：他比我大，比我大二三十岁。

李炳炎：那已经有潮瓷这个字号的时候，他大概多少岁？有没有四十岁？还是三十多岁？

吴绍崇：不止三十岁。

李炳炎：那他如果现在还在的话就有九十多岁了。

吴绍崇：他如果还在世，现在也很大岁数了。

李炳炎：解放后就来到你们这边做工。

吴绍崇：他拉坯很厉害。

李炳炎：这样啊。

吴绍崇：差不多比我大十岁。

李炳炎：解放后阿溜就没事干了？

吴绍崇：阿溜是老大。

李炳炎：他没有去研究所之类的地方工作吗？

吴绍崇：他没有。

李炳炎：阿喜就在研究所拉坯，那里有张像，没什么头发的那个人就是他。

吴绍崇：对。

李炳炎：阿喜因为拉坯出名。

吴绍崇：他拉坯相当厉害，当时在任合号他就是高手。

李炳炎：是拉坯最出名的，这个非常好。权记就是任合九的父亲，那任合九一共生了九个儿子，是吗？

吴绍崇：不是，没有。

李炳炎：只是单纯这样叫而已？

吴绍崇：他是在那一辈叫阿九。

李炳炎：哦，是按叔伯兄弟来排辈序的。

吴绍崇：按照叔伯兄弟排序的话他不是排第九，他是排第二，后来不知道为什么叫做任合九。

李炳炎：那任合创办于哪一年？

吴绍崇：不知道，在我还是小孩子的时候就已经有了。早先我们还是一起吃饭的，当时我年纪很小，不知道祖辈在做什么，没有这个意识。

李炳炎：有一本 1925 年编的书，里面说任合号创办于民国十年。我觉得这样的说法应该是真的。

吴绍崇：那书这样写可靠性应该很高。

李炳炎：1925 年编的，1925 年日本人还没有来，书里说是民国十年。

吴绍崇：那可能有参考价值。

李炳炎：因为我听很多人说可能是清末民国初就有了，实际上没有，是之后才有的。他当时做的那些弥勒佛什么的也都有上彩，是吗？

吴绍崇：有。他主要是做弥勒佛、观音。

李炳炎：也是任合做的？

吴绍崇：是，都是任合做的。

李炳炎：弥勒佛和观音？

吴绍崇：是。还有做济公。

李炳炎：济公是坐像还是其他？

吴绍崇：坐像的比较少。

李炳炎：嘴张得很大，是不是？

吴绍崇：是啊。坐像嘴张得很大，还拿一把破葵扇，不端正的。观音就是坐像的，侧坐看书的。

李炳炎：弥勒佛不是也有侧坐的吗？

吴绍崇：有，正坐的、侧坐的都有。还有通花瓷。

李炳炎：哦，他还会通花瓷。

吴绍崇：他的通花瓷是主要的。

李炳炎：当时的通花工是做出口的吗？

吴绍崇：通花工大多都是出口的。

李炳炎：哦，还是很多。

吴绍崇：刚才我们说的“茶洗”，荷叶的“茶洗”就是任合做的。

李炳炎：哦，荷叶形的“茶洗”。

吴绍崇：嗯，还有蟹篓，这些当时都是任合做的。

李炳炎：蟹篓？那种通花的蟹篓？解放前就已经做这些啊？

吴绍崇：这些都是他做的。

李炳炎：那很厉害呀。是瓷的吗？

吴绍崇：是瓷的。

李炳炎：您上次没有提到做蟹篓。

吴绍崇：没有。

李炳炎：他们说当时日本侵占枫溪的时候，任合号还有生产，是吧？

吴绍崇：还有生产。上面我们提到的一些产品在这个时期是没有做了，就是做台湾的虾碗，还接了日本人的一批瓷电子（陶瓷的电子绝缘珠），这些虾碗和油壶之类的。

李炳炎：油壶我知道。

吴绍崇：你知道油壶和虾碗？

李炳炎：四个耳的那种。

吴绍崇：这些是当时在枫溪瓷业衰败的情况下可以暂时经营的。

李炳炎：就是在抗日战争期间吗？

吴绍崇：嗯，抗日战争时日本人侵占了潮州。

李炳炎：在抗日战争期间任合九还有生产？

吴绍崇：嗯，但是中间就接了日本人的一批瓷电子，也不知道是谁介绍的。

李炳炎：您刚才说台湾的什么碗？

吴绍崇：虾碗，就是一个碗，碗盖上面画了一只大虾，差不多是这样。

李炳炎：除了虾碗还有别的吗？

吴绍崇：我记得的就这几种。

李炳炎：还有日本人的瓷电子？

吴绍崇：瓷电子。就是电器上的那种珠子。

李炳炎：绝缘体，那日本人怎么会叫他做呢？

吴绍崇：不知道是谁介绍的。但是到了那边就说质量不合格，所以被抓了，一直在交涉，后来不知道是通过什么人去担保，要不然得大祸临头。究竟是谁跟他接头，最后谁去给他作担保，虽然现在在座的四人，我岁数最大，但当时我最多也就十几岁，知其一不知其二。

李炳炎：当时是任合九经营的是吗？

吴绍崇：是啊，是他经营的。

李炳炎：任合九不是说和日本的远东洋行在香港的分公司经常有来往吗？

吴绍崇：这种说法老一辈的人比较知情，我们这一辈的人最多也就知道这一些了。

李炳炎：那您今年有多少岁呀？

吴绍崇：我今年虚岁七十九，属马的。

李炳炎：那当时您也才十几岁而已。

吴绍崇：哪里能够知道那么多呀。

李炳炎：有一些十几岁的是听人说的。

吴绍崇：我刚才说的那些都是听说得来的。

李炳炎：远东洋行知道吗？

吴绍崇：今天是第一次听说。

李炳炎：那任合九释放后怎么样了？

吴绍崇：解放后去了香港，之前他也经常去香港。

李炳炎：是解放前经常去？还是解放后才去的？

吴绍崇：他是未解放时就经常去，平时业务上需要经常去香港。解放后是有意避开还是无意避开，我们也不了解，总之就是最后去了香港，然后在那边去世了。

李炳炎：他在香港那边也是卖缶的吗？

吴绍崇：后来我们跟那边没有什么信息往来。

李炳炎：那现在任合有没有什么后人？

吴绍崇：有，他的儿子很多。

李炳炎：任合九的儿子？

吴绍崇：是。

李炳炎：那任合九的儿子解放前有跟着他做缶吗？

吴绍崇：有。

李炳炎：那就算是他的第三代咯？权记，然后是任合九，再就是任合九的儿子，你来说说他的儿子。

吴绍崇：他的大儿子叫做吴汉庭。

李炳炎：吴汉庭？家庭的庭吗？

吴绍崇：是。

李炳炎：那二儿子呢？

吴绍崇：二儿子叫做吴汉春，现在在广州的沙河卫生瓷厂。

李炳炎：还在做陶瓷呀？

吴绍崇：现在应该还有在做，他从幼年开始就非常喜欢雕塑。

李炳炎：就是这个汉春？

吴绍崇：是。

李炳炎：这个是有遗传的，他是做卫生陶瓷的，第三个儿子呢？

吴绍崇：三儿子叫做吴汉城，是厦门大学的社会学教授。

李炳炎：社会科学？

吴绍崇：嗯，社科教授。

李炳炎：那为什么就他一个人走了，儿子全留在国内呢？

吴绍崇：在当时那种情况下我们也没办法知道。

李炳炎：他的老婆也在潮州吗？

吴绍崇：都在这里，其他人就走了。

李炳炎：任合九总共有几个儿子？三个吗？

吴绍崇：我刚刚就说了三个。

李炳炎：汉庭，汉春，汉城，还有一个叫汉秋的吧？

吴绍崇：有，还有汉秋和汉英，六男四女。

李炳炎：是第四、第五的？

吴绍崇：是，还有一个叫做汉章。

李炳炎：那他不是生了六个儿子咯？

吴绍崇：还不止呢，还有四个女儿。

李炳炎：那他的六个儿子在解放后还有几个是在做缶的？除了广州沙河那个，在枫溪的有做吗？

吴绍崇：有，他的大儿子也在做缶。

李炳炎：在枫溪做？

吴绍崇：在枫溪做，在美术二厂。

李炳炎：解放后在美术二厂？是当师傅吗？

吴绍崇：职工而已。

李炳炎：大儿子汉庭在解放前也一直有在帮他做缶吗？

吴绍崇：有。

李炳炎：那他有什么特长吗？雕塑？手拉坯？还是……

吴绍崇：一般而已，还没能掌握这些。

李炳炎：那“权记无模白手捏”这个说法是他还没创办任合号就已经有的还是创办后才有的？

吴绍崇：这个封号，在我小的时候家里人和社会上的人就已经这样称呼他了。

李炳炎：那您小的时候权记有多少岁呀？

吴绍崇：我只是见过他几次而已。

李炳炎：然后他就去世了，是吗？

吴绍崇：是，他就去世了。虽然后来我们没有在一起吃饭，但是我对他老人家还有我二伯的这些东西都兴趣很大，很喜欢跑去看。

李炳炎：那他去世的时候是多少岁？

吴绍崇：这个也不记得了，他确实很厉害。

李炳炎：那这么说，任合九的十个儿女都是在解放前生的？

吴绍崇：是。

李炳炎：如果他还在世应该也有一百多岁了吧？

吴绍崇：算他大儿子几岁就知道了。我觉得他在抗战时期还是很善良的，我们兄弟五个人，饿死的很多，只剩下我一个。在我父亲还没死之前，他遇到我总是对我说，绍崇，到我那边拿两斤糙米回去给你父亲。当时我父亲饿得全身冰冷，脚肿得厉害。

李炳炎：这个是在 1943 年吧？

吴绍崇：是在抗战时期，日本人侵占潮州的时候。

李炳炎：没错，1943 年潮州大饥荒。

吴绍崇：当时一切事业都倒闭了，海外各地封锁。遇到他几次都说拿两斤糙米给我父亲吃，那两斤糙米比现在去酒楼吃的（饭菜）价值要高得多，这个印象很深刻，当时想要一斤糙米都没有呢，就连路旁的胶墙（野生苋菜）都争着要。

李炳炎：是苋菜吗？

吴绍崇：乌苋。

李炳炎：红色的那种。

吴绍崇：叫做胶墙，在路边看到都迫不及待地过去抢，看谁先摘到。因为这件事我心里就觉得这个阿伯实在是善良。至于社会上的那些事我们就不了解了，阿伯也没说，好坏就由社会去评价，我今天跟你讲的这些都是真实的。

李炳炎：是。

吴绍崇：我是抗日胜利后到潮瓷那边和他弟弟一起做。

李炳炎：那汉庭现在还在吗？

吴绍崇：没有了。

李炳炎：汉庭不在了，那他父亲（如果还在）一定有一百多岁。

郑奕林：如果大的那个儿子还在应该有七十多岁。

吴绍崇：跟我一样大。

郑奕林：跟你一样大。

吴绍崇妻：不止，比你大，我要叫他阿伯呢。

郑奕林：他得八十岁左右。

李炳炎：我们现在最困难的就是很难知道他们的具体年龄。

吴绍崇：户口就有啊，去找一下应该有的。你可以去找一下管区，管区就应该知道。

李炳炎：那关于任合的还有什么可以谈的吗？

吴绍崇：我知道的就差不多是这样了。

李炳炎：那潮瓷呢？潮瓷解放后除了汉春去了研究所，任合九的大儿子和二儿子没在这些地方工作？

吴绍崇：他的二儿子是在研究所里，他手拉坯很厉害。

李炳炎：那现在我们谈一下陶真玉。

吴绍崇：这些我不太记得。

李炳炎：没事，就说一下陶安（指邱陶安，人名）这些。

吴绍崇：我刚才带你去的那个老阿姆（老妇）是陶真玉大房的。

李炳炎：大房的媳妇？

吴绍崇：是，我带你过去，她说她嫁到这里六七十年，刚来的时候他们家也有做工，也有做陶。她不记得我们也没办法勉强她，那天我们一起去的。

李炳炎：是，她说平时刚好遇到某一件事她就能记得，但是要她就这样说她就说不出来。

吴绍崇：我的媳妇是他们三房的人，她这个是大房的。

李炳炎：这样他们也是很相似的，任合九解放前去了香港。邱陶安也是解放前就不回来了，直接在那边定居。锦合的吴庆弟也是去了之后就在那边定居。我所知道的枫溪的这批人，当时有好多留在了香港，很多是当时这些字号的财主。

吴绍崇：都是当时比较有名气的商号。

李炳炎：鬈毛郑、叠珠郑这些人是在如合做彩瓷的，您小的时候有听说过吗？

吴绍崇：在小的时候有听到类似你刚才说的这些人名，但是没见过人。

李炳炎：解放前我们枫溪做的瓷器以出口为主，是吧？

吴绍崇：是，不过当时的瓷器档次并不是很高，都是销售到东南亚这些不太富裕的国家。比如做的英碗也是一般的碗，或者是酒壶，都没有现在的高档。

李炳炎：鹰碗？是不是画了一只鹰？

吴绍崇：不是，是仿英国的。

郑奕林：画一只鸡的是吧？

李炳炎：不是，画只鸡的那种是鸡蕉碗。英碗要比鸡蕉碗好，英碗是指仿制英国的碗吗？是仿制英国的碗还是销售给英国的碗？

吴绍崇：这个我也是弄不清楚。

郑奕林：仿英国的东西然后卖给英国，销往香港地区。这些产品都是仿哪个国家或地区就销往哪个国家或地区。

李炳炎：英碗的造型是怎样的您知道吗？麻烦您画在我这个本子里。

吴绍崇：这个是碗肚，我这样画还是偏胖了一点儿。

郑奕林：接近了。

李炳炎：有什么花纹？是不是只有一些花和叶子而已？
吴绍崇：这上面是这样的。
李炳炎：缠枝花，绕一圈？
吴绍崇：对，绕一圈。
李炳炎：嗯，还有红的、蓝的。当时这些胎质是不是很疏松？
吴绍崇：很疏松，大概烧到900度而已。
郑奕林：才900度，算中温的吧？
李炳炎：中温还算不上，中温应该是1 100度。
吴绍崇：就这样，我画一条内线上去。
李炳炎：好，因为这种碗我有，但我就想再考证一下。
吴绍崇：它的色彩是蓝的、桃红色的，叶子是绿的，三种颜色。
李炳炎：这一条是蓝色的。那当时这些碗就叫英碗，卖到哪里去？
郑奕林：说是说英碗，多数还是销往东南亚这几个比较穷的国家。
李炳炎：那虾碗是不是矮矮的？
吴绍崇：虾碗都是销往台湾的。
李炳炎：那我们有一种，它的形状是这样的，下面也有一圈线，有把手和盘花，有没有一种是这样的？
吴绍崇：叫汤窝，这个就比较有价值。
李炳炎：现在我家里有这种，下面盖的印是陶真玉。这些我觉得应该也是出口的。
吴绍崇：是，在当时的情况下普遍都是烧到这个温度。
李炳炎：那您解放后是做什么的？
吴绍崇：我解放后从饶平那里回来，就到了任合和鸿记号做。
李炳炎：抗战期间您去了饶平？
吴绍崇：嗯，跑到饶平。
李炳炎：那您去饶平那边做什么？
吴绍崇：去饶平一开始是要去放牛，还没到饶平时就在澄海待了一段时间，那时候生病了。后来就到饶平的一户人家那里去求医，他很善良，只叫我去他家里帮他放牛，我才十几岁，也没什么劳动价值。
李炳炎：日本人来的时候您才十来岁呀？
吴绍崇：十岁。
李炳炎：去饶平帮人家放牛？
吴绍崇：嗯，那个男主人很善良，我去了之后害得他们夫妻一直吵架，尽管老是吵架，他还是很善良。一般来说，一个家庭平白无故多了一个人吃饭，谁都不愿意啊。
李炳炎：您不是帮他们放牛？
吴绍崇：放牛还不太能换来吃饭的价值。
李炳炎：那后来怎么办？
吴绍崇：后来抗战胜利，我就赶紧回来了。
李炳炎：等到抗战胜利后就回来？

吴绍崇：抗战胜利后那个时间很紧迫，我刚才说的是抗战的时间。

李炳炎：回来后怎样了？

吴绍崇：回来后就在任合号做。我的第八个叔父，字号叫做鸿记，后来我到了他那边做。

李炳炎：那就是后来转到了鸿记号做？

吴绍崇：嗯，在任合和鸿记号，鸿记号是我叔父的。

李炳炎：那您为什么不继续在任合号那边做呢？

吴绍崇：因为那个时候一般是自己的至亲都有营业，在他那边做工各方面的条件都是不错的。

李炳炎：鸿记？没听过。

吴绍崇：鸿记是小财主。

鸿记玩玉款青花满彩花卉纹花边酱口大盘

李炳炎：鸿发号就有，鸿记号是您叔父的，那你们也算是陶瓷世家。

吴绍崇：我们一向都是做这个的。

李炳炎：那您到鸿记那边是做什么的？

吴绍崇：在那边就做杯、碗、壁筒这些，根据我们中国的传统，哪个季节需要多做什么就做什么。

李炳炎：笔筒吗？

吴绍崇：壁筒。

李炳炎：哦，壁筒，我们枫溪做壁筒的非常多。

吴绍崇：我们做得很多，我做的速度很快。

李炳炎：壁筒当时除了装筷子还能装什么？

吴绍崇：没装什么其他的，主要是装筷子。

李炳炎：壁筒的孔很小，装不了一把（套）筷子吧？

吴绍崇：不是，这种是插花的，壁筒插筷子的是另外一种造型。

李炳炎：我刚才比画的那种是插花的？

吴绍崇：是插花的。

李炳炎：比如说有观音的、弥勒佛的、鲤鱼的，非常多这些造型，还有跳英歌舞的这些是吗？

吴绍崇：这些都是插花的。挂在墙壁上的花插。

李炳炎：您刚才说的那个壁筒也是半圆形的吗？

吴绍崇：是半圆形的。

李炳炎：这种我们解放后还是有的。

吴绍崇：有，这种半圆形的在农村还是用来装筷子的。

李炳炎：这种很低档，我们的花插就算是工艺，需要捏出造型的。

吴绍崇：还要捏出半边的造型。

鸿记玩玉款大窑五彩佛手壁瓶

李炳炎：您是在鸿记号做到解放后吗？

吴绍崇：嗯。

李炳炎：那解放后去的（是）哪个厂？

吴绍崇：解放后，1954 年潮安县成立了一个手工业科，在枫溪办了一个一社作试点，当时来了一个刘秋菊，还有一个林立珊，这个林立珊后来就在潮州河头的工艺厂。

李炳炎：嗯，那个是玉雕厂。

吴绍崇：她们两个人来试点，办了一社。

李炳炎：做陶瓷的吗？

吴绍崇：她们叫我去入社，做陶瓷。

李炳炎：您是 1952 年加入中国共产党的？

吴绍崇：我记得是 1952 年 6 月 28 日。

李炳炎：后来就在厂里开始做雕塑？

吴绍崇：我当时是做国产的，非常喜欢做雕塑，当时在鸿记割碗的时候，我利用工余时间，自己学着用土捏观音，捏来捏去总是觉得不像。

李炳炎：捏出来不知道像什么？

吴绍崇：怎么捏都不像样，那个雕像一直放在那里，便于工余时间拿，可惜老是捏得不像，感觉好辛苦。

李炳炎：没有找人教您吗？

吴绍崇：在那种情况下，也没有钱可以像现在这样去陶校学习，或者是报简单的学习班，以后就更不用说了，一天不做工就没饭吃了。

郑奕林：不做工就领不到两斤米。

李炳炎：不是有鸿禧伯这些人，您不能去他那里学吗？

吴绍崇：没有。

李炳炎：他们当时也是年轻人，二十岁出头。

吴绍崇：鸿禧本身也有个艺谱，他早期是在潮州做工的。

李炳炎：嗯。

吴绍崇：我刚才说的是有那种兴趣，根本不知道它今后的价值是怎样和社会的需要是怎样，没有想过这个问题。

李炳炎：就是做着玩的？

吴绍崇：嗯，一种爱好。思想的高度。而不是说老是拿一块土在这边转来转去（手拉坯）。

李炳炎：转做雕塑。

吴绍崇：嗯，就是想学多一点儿工艺。我在年底时经常帮人家割碗，这些碗是过节时用来盛汤圆的。

鸿记玩玉款枫溪窑五彩花卉纹双耳盖碗

李炳炎：那我们来谈一下雕塑的成型。解放前我们全部用的是压模，压模到什么时候就没有了？到什么时候开始用注模的？这个过程您跟我说一下，就是刚开始是怎么做的，后来又是怎么做的？还有压模之前是怎么做的？

吴绍崇：以前，有能力学到一门手艺然后做出产品，卖出钱的。当时除了我所知道的陶真玉之外（它的老板是我们老伯，是一个很厉害的人），还有一些是不错的，但是多数都是处在民间的水平。要懂得人体解剖学和人的比例在那种情况下是没有的。就只有弥勒佛比较容易卖出去，也很少会有人考究你这尊弥勒佛的人体比例是怎样的。这一尊要怎么做呢，就是用一些土，就一边模 50%，另一边模 50%，这样来校模的。

李炳炎：校模?

吴绍崇：嗯，一直等到金山中学来枫溪办陶瓷班，是 1920 年至 1923 年。

李炳炎：是 1931 年开始注模的吗?

吴绍崇：这个你要自己回家查一下。当时接受教育，开始会做这个石膏模，在那里学习之后，使用还是非常少，真正广泛使用不知道是 1951 年还是 1955 年，广州美术社的人来到这里，帮我们枫溪人做模之后。

李炳炎：1954 年吗?

吴绍崇：可能是 1955 年还是 1956 年。

李炳炎：没事，这个我自己能够查得到。就是以前金山中学的陶瓷班在枫溪吴氏宗祠开设之后，教我们用石膏模，但是没有真正应用起来?

吴绍崇：很少。最多就只会做几只马仔（小马）而已。

李炳炎：那其他的像观音什么的就没有，一直都是压模的?

吴绍崇：没有。还是继续压模，那时叫做土模。等到广州美术社的人来到枫溪，吴氏这些人才开始学会注模，不知是 1956 年还是 1955 年，这回大家就真的学会了。

李炳炎：这会就是真的懂得注模。

吴绍崇：注模解决了这种一边 50% 的极限，避免变形。

李炳炎：石膏模就是这个时候才有的。那解放前这些合模的像类，比如观音像，它的底是刨平的，有一些看得出来是压完之后两边合起来的，就像任合做的底全部是封平的。一些底下面还写着任合出品，有盖个章，这个有什么说法（含义）吗? 为什么有一些是封平的，有一些却留着一个大大的口?

吴绍崇：经营者认为这样处理比较美观，例如像这尊人物，下面开模之后会有一块裸露的，看起来不好看。任合号是这样处理的，两面弄好之后就用手一直拍，然后把土放到这尊像里面去。

李炳炎：实际上，面还是合在一起的?

吴绍崇：这样比较美观。之后再挖一个小孔，用来透气。

李炳炎：所以，就是说，解放前所有的塑像都不是用注模的?

吴绍崇：没有，至少应该是从金山中学这里才开始有。

李炳炎：您这样的解释是非常正确的。因为很多解放前的东西，看起来不是石膏模注的，而是合模的。当时注的那些合模都是我们潮州人自己起的模吗?

吴绍崇：土模吗?

李炳炎：嗯。

吴绍崇：都是财主自己做的。

李炳炎：财主自己会?

吴绍崇：会。

李炳炎：您能说下您 1954 年以后到的那个厂（吗）?

吴绍崇：当时枫溪的陶瓷公司成立了一个陶瓷手工业联社，属于集体经济的。大大小小总共 11 个社，组成陶瓷手工业联社，我刚才说的刘秋菊叫我到这个联社。

李炳炎：当什么职位?

吴绍崇：当主任。

李炳炎：是哪一年的事？

吴绍崇：1956 年。

李炳炎：那您之前做观音的功夫是什么时候学会的？

吴绍崇：做成这个观音是在 1998 年，但是在 1998 年之前我花了很多精神和时间去研究这个。

李炳炎：大概是什么时候呢？七〇年？

吴绍崇：差不多，零零碎碎的，有时候很集中做这个事。

李炳炎：那您具体是在什么时候做成这个观音像？

吴绍崇：是在 1998 年 6 月左右，印象非常深刻，因为是我做的第一尊观音。

李炳炎：紫砂陶的观音？

吴绍崇：紫砂观音，在未成功之前的那些都不敢说了。

李炳炎：不会，我看过您以前制作的观音，20 世纪 70 年代做的。

吴绍崇：70 年代的那一尊在家里不知道做了多久，花了很长时间。

李炳炎：有这么高，下面还有盖您的名字？

吴绍崇：是的，还要高一点儿。因为这些东西是来之不易的，虽然说不完美，但我还是很珍惜的。

李炳炎：那您当时做了多少？

吴绍崇：就这一尊，我当时是给了那些要生产的人，给人家拿去生产。是成批生产的，人家也很满意。

李炳炎：还有成批生产的？

吴绍崇：有，我这一尊观音完成之后，是我女婿奕群帮我修整的，因为我的水平还不怎样，做是在 1974 年，正式完成是在 1975 年。

李炳炎：我家里有一尊。

吴绍崇：你家里有一尊啊，这样做是觉得看着舒服，觉得自己的学习经验不完美，更应该珍惜，这样才能回顾。制作这一尊是非常辛苦的。我当时怕被一些观点影响，所以还是暗自做。跟附近的一个职工卢老火借了一间房来做，做完之后拿到长美去烧，结果还被人家拿去了。当时拿去长美寄烧，人家看着觉得合眼就将它拿走了。公社的一个文书人很好，他就帮我出面拿了回来。

李炳炎：是模还是做好的缶？

吴绍崇：是做好的缶。

李炳炎：已经烧好的？

吴绍崇：是烧成的，烧好拿去那边的。公社的那个文书叫做谢晋士，人很好，去帮我出面，将这尊缶拿回来。后来郑厝有一个叫郑阿如，问我这尊陶瓷能不能让他拿去生产，我做出来的目的就是要给人拿去生产的，人家不要是意料之中的，人家要的话我就很高兴了，于是让他拿去生产，还卖了很多。

李炳炎：他没有拿一些作为回报吗？

吴绍崇：没有，当时他逢年过节来我家，给我几百块钱，这样就算是了。当时我的经济观念也不是非常强烈。

李炳炎：您那些紫砂观音可以做几尊原作，捏完后再做成胎，更厚什么的。

吴绍崇：这个好。

李炳炎：不要全部都是薄胎的。

吴绍崇：不能弄太薄，要做的话就要重起炉灶，一共要用很多种料，一种料就需要盛一个缸。

李炳炎：那您全部做一种颜色就好了。

吴绍崇：按照这种料它是需要很多种的，单纯的颜色太困难了。

李炳炎：那我们说一下解放前这些陶土是从哪里来的？除了飞天燕之外，还有哪里的？有白水的吗？

吴绍崇：这些土料啊，正规的应该是在东边。

李炳炎：就是飞天燕。

吴绍崇：1961 年的时候，我有请两位前辈陪我去考察，对这个进行了一些了解。

李炳炎：1961 年？

吴绍崇：是，就从韩师（韩山师范学院，下同）出发到高陂，总共八天，按照实际的情况。

李炳炎：从韩师出发的？

吴绍崇：从韩江那边开始调查。

李炳炎：到高陂，先后用了八天的时间？

吴绍崇：嗯，就比如说今天是韩江这边，过两天就是韩江那边。

李炳炎：当时考察的对象主要是什么？是古窑址还是瓷土？

吴绍崇：都不是，而是，比如说我的祖先以前是从事这个的，我今后也是从事这个，我应该对哪个资源有所了解。在老一辈还在的情况下来帮个忙，今后了解起来才比较容易。

李炳炎：那当时有发现新的陶土吗？

吴绍崇：按照当时的情况，有真正的飞天燕，那和非真正的飞天燕有所不同。

李炳炎：你去过的这些路我都去过，我也是一直去到高陂，我发现了平原镇的陶土是一流的。平原镇，你有没有去过？平原镇就在高陂的隔壁。

吴绍崇：平原镇还没去过。

李炳炎：平原镇在韩江沿岸的两边，整个瓷土矿非常大。

［访谈后记］

吴绍崇先生的祖父吴继通创办了玩玉号。出生于 1930 年的吴绍崇先生从小就参与家族玩玉号陶瓷的生产与经营，对整个流程比较熟悉。1949 年后，他在潮安县政府组织的手工业科工作，曾任陶瓷手工业联社主任，对民国时期枫溪作坊的经营情况较为了解。他本人亦擅长观音像的制作，曾有创新性地采用紫泥料制作观音像系列。他是我通过多方打听寻找到的历史见证人之一，后蒙郑奕林先生牵线，于2006年3月24日赴枫溪许厝巷对他进行采访，初步了解枫溪近代瓷业的发展情况。2008年6月26日又约他到枫溪瓷兴路郑奕林先生家进行采访，补充了有关内容，并理清了玩玉号与任合号等的关系。

任合号是民国初期枫溪四大陶瓷作坊之一，由吴绍崇先生的伯祖父吴权记创办。其生产的观音像造型逼真，既有德化白瓷的特征，又结合枫溪釉上彩的工艺，形成了当时较为独特的新产品。民国期间，任合九长期往来于潮州与香港，直接接受海外订单，产销一体化，产品较为符合市场的需求，但对当时的经营情况，后人知之甚少。而吴绍崇先生的讲述在一定程度上弥补了这方面的不足。

通过对吴绍崇先生的采访，我们积累了一些口述历史的方法经验。就是对某一历史事件通过多人印证寻求客观的历史事实，另外，对某一口述者进行不同时间采访也能唤起他的回忆，不仅能更正他以前的一些不正确说法，还能弥补一些遗漏点。

谢福照、谢亦昭谈泰盛号

受访者：谢福照（1930 年生），男，枫溪泰盛号第三代后人；谢亦昭，男，谢福照之子。

时间：2008 年 3 月 10 日

地点：枫溪瓷兴路

采访者：李炳炎

录音整理：陈桦

文稿编辑：李炳炎、陈秀娜

采访谢福照先生（右）

李炳炎：当时产品的销售是怎样的？

谢福照：客户来接洽，谈拢了就买，不用讲价。

谢亦昭：头家（老板，下同）要买什么跟你说，然后你做给他。

谢福照：对，要他们拿一些钱给你做定金也可以，然后他们相信你，就这样而已。以前的人不像现在这么厉害，骗了人就走，不给钱。

李炳炎：那当时订单是以口头为主吗？口头来交代的？

谢福照：对，要买什么缶就一起来说，说要做什么样的，然后各自写张纸，像合同一样。

李炳炎：也是有合同?

谢福照：有，只是不用拿很多钱作定金。然后他们信任，钱来了就来载货。

李炳炎：哦，那还是要钱来了才能提货。

谢福照：那当然了，到了双方互相信任的时候，要怎样都可以，不然就是钱来缶去这样交易的。

李炳炎：当时枫溪的白缶也是什么器形都有吗?

谢福照：器形比现在的少很多。江西缶就非常漂亮。

李炳炎：那江西缶在民国时期有没有卖给我们?

谢福照：你要跟他们买就有，江西缶有啊。

李炳炎：那市场上人们在使用的都是我们枫溪的缶?

谢福照：对，枫溪的缶，要是你要买那种薄胎的，就得高陂才有，枫溪没法做。

李炳炎：高陂那些是高温的?

谢福照：那些是通透的。通透的，枫溪没办法做。等到后来解放了，就去弄那些石英，舂细之后加入搪釉来做，然后跟它们一样变得很通透。都是那些土。现在的那些白缶是非常漂亮的。

李炳炎：是，现在有骨瓷、钢化瓷。

谢福照：是，千百种啊，不比以前。

李炳炎：那当时的货是怎么运给我们的?又是怎么还给我们?用船载吗?

谢福照：都是船载，载到汕头的也有，都没有车的。

李炳炎：船怎样到我们枫溪?

谢福照：有枫溪条啊。

李炳炎：枫溪条的码头在哪?

谢福照：就在枫溪。

谢亦昭：不是，有码头，我小时候还记得在炮楼旁边有个码头。

谢福照：不是码头。

谢亦昭：他们说船可以到这里来。

谢福照：对，船可以来到这里。

谢亦昭：就说那些小船可以来到这儿。

谢福照：来这里驳过去就是了。

谢亦昭：对。

李炳炎：那宫前洋也可以下货吗?

谢福照：走泰合兴前面那条溪就可以来到这儿，然后拐到大姐宫那里，叫猪屎呜的，也可以到这里。

谢亦昭：泰合兴前面那条溪我也知道。

李炳炎：泰合兴不是做贸易的吗?

谢福照：不是。他们那座厝的名字叫泰合兴。

李炳炎：那他们是做什么的?

谢福照：他们在外面办缶（做陶瓷贸易）。

李炳炎：哦，做陶瓷贸易。

谢福照：他们是商人。

谢福照：就是富人、商人。在他们厝前面那条溪就流到这里，下货后驳到汕头再下大船。

谢亦昭：我小时候还可以在那里洗浴（游泳），船能来这里。

谢福照：遇到内涝时，池塘的水就排到这里。

李炳炎：那条溪的名字叫什么？泰合兴前面这条溪？

谢福照：叫做枫溪水，枫溪船。

李炳炎：不是，我是说，这条溪的名字是三利溪吗？

谢福照：不是，三利溪是从城内流下来的，那条不是三利溪，好像是叫做西溪。

李炳炎：西溪可以到揭阳那里？

谢福照：对，就是去揭阳的。

谢亦昭：那条溪流到揭阳那里，但是他的船可以行驶到第一个大的点。

李炳炎：那儿不就是徐厝桥再往下一些吗？

谢福照：对，徐厝桥再往下一点儿。

李炳炎：那泰合兴是在姐娘宫前附近吗？

谢福照：还要再往前一点儿。

李炳炎：未到姐娘宫？

谢亦昭：现在有一条溪是到长美去的，还有一条内流的，内流就通过泰合兴门前，拐角流到下面佘厝那里去。

李炳炎：就是说也要到宫前那里？

谢福照：对。

谢亦昭：就是宫前那里。

李炳炎：泰合兴那里就是宫前？

谢亦昭：是。

谢福照：那条溪原来叫做西溪，拐到长美那里。后来战争的时候就挖了这条溪用来拦水的。战斗时要过那条溪就没那么容易了，那条新挖的。

谢亦昭：它的那边就属于孚中了。

谢福照：不是，是长美。

谢亦昭：小时候泰合兴前那条溪，后来流到飞云桥。

谢福照：嗯，那条是三利溪流下去的。

谢亦昭：那时候那里有一个猪屠（猪屠宰场），水很深。再往上就在炮楼旁边，那里的水也很深。

谢福照：对，那儿叫猪屎呜。

谢亦昭：那时候猪屎呜有揭阳人来买猪屎。

谢福照：是，在那儿堆着然后有人（将那些猪屎）载到揭阳，这条溪可以到揭阳。

李炳炎：也可以到汕头？

谢福照：也可以到汕头。

谢亦昭：以前的水利反而更有趣。

谢福照：对。现在搞水利说是为了种田，结果是这些溪全被弄掉，做成一截一截的，成池塘了。

谢亦昭：我还记得小时候用筐去装缶，然后挑去落（装）船。

谢福照：就是啊。

李炳炎：挑一个双耳筐，大大个的？

谢福照：不是，大的有，小的也有，然后一筐一筐装进他们的船，运去汕头。到汕头再装进大船，然后到暹罗什么的都可以。

李炳炎：那当时我们泰盛有没有出口的？

谢福照：没有。

李炳炎：全部内销？

谢福照：是，内销。

李炳炎：那些大的商号就有做出口？

谢福照：对，那些是有的。

李炳炎：那他们做出口，订单要怎么得到？

谢福照：就是那里有人来买，他们来订这样。

李炳炎：到我们枫溪来找吗？

谢福照：是，就是找这些做缶的头家，然后相互协商，想要什么样的，多少钱，谈到双方同意就帮他们做，那时候就是这样的。没有像现在这样开个博览会什么的。

李炳炎：那当时这些陶瓷的来样，照他们的样子来做，还是说我们做什么他们就买什么？

谢福照：要做什么样的都能做，拿什么样品来，就做什么缶，他们的来样都能做。像现在一样，来什么样都做什么样的。

李炳炎：那外销的钱他们是怎么结算的？

谢福照：外销的？

李炳炎：对，像卖给泰国，那些钱怎么办？

谢福照：他们汇钱来，再把缶载走。

李炳炎：哦，钱要先到才能把货载走。

谢福照：对，要不然被别人拿走了，去找谁要钱啊？

谢亦昭：当时的层次还是这样的，一个老板顶着，他去外面接单，然后下放给一些人做，做完之后老板集中收回，再卖到外面。

谢福照：就是外边的大财主，他们有商行在外面，然后他们弄订单到家里放给别人做。

李炳炎：就是说，东西三个月后做好，钱就三个月后再汇过来，然后货就装船给他们。

谢福照：是的，他就来提货过去这样。

谢亦昭：听说那时候基本上都没问题的。

谢福照：是，都没什么问题的。

谢亦昭：是，都没骗人什么的。

李炳炎：那泰国那些人也是我们潮州人，是不是？

谢福照：有潮州人，泰国当地人也有。泰国的潮州人很多，泰国、越南这些都有人去，现在连美国都来订货，可见做得很厉害。

李炳炎：现在做缶的规模是有史以来最大的。

谢福照：是。确实是很厉害。

谢亦昭：登峰造极。

谢福照：现在江西也无法赢过这里的。

李炳炎：是。

谢福照：没赢过这里的，现在什么都会，要怎样都行，那些薄胎的他们都会，非常厉害。像通花瓷什么的，里面要多少套他们都会。像蟹篓，里面要多少只螃蟹他们也会。像菊花，才叫厉害，是拿块土来抽，抽到一丝一丝的，花蕊做好后再用胶来粘菊花，你看这个工夫是不是非常多。

李炳炎：是，瓷花。

谢福照：瓷花工夫非常多，他们现在都会了。至于蟹篓，里面是蟹，外面也是蟹。像大井缸，多少套他们都会，非常厉害。一些大井缸，比一个人还高那种，过去是没法做的。现在他们厉害到这样，在注模的时候在里面放一块木头去架着，然后去吊。注模到上面够坚硬，不然它会塌下去；也要做到下面能站得住，它又干了。

李炳炎：阿伯，刚才我们说窑在修理的时候，要是承包的话，承包人是不是很亏？

谢福照：不会，不会很亏，怎么会亏呢？每一窑都有扣钱在那里。

李炳炎：一窑一窑都有抽起一些出来？

谢福照：对，不然坍塌的话就惨了。他们按一目多少钱就来烧，烧完后财主就有得赚。

李炳炎：就是说平时每个窑都有留下一些修理费的？

谢福照：对，留下些可以用来修理的。

李炳炎：等到要维修的时候就把这些钱交给承包人，他就会拿着这些维修费，待修理后再来烧这条窑？

谢福照：我说给你听，财主跟我们一样，他的钱交在我这里，然后要是窑坏了你就要去修理。他有三合窑、缸窑脚，这些窑有好多就是了，如合窑什么的。给别人租的时候，他就抽钱在那里，能赚很多。都不会说做了就这样歇了，不会的。

李炳炎：现在还记不记得枫溪有多少条窑？

谢福照：几条窑？

李炳炎：是，慢慢想，从地域，上、下枫溪这样慢慢想，看看能想出多少条？

谢福照：我想想。

李炳炎：好，您想到什么就说什么。

谢福照：下枫溪就有缸窑脚一条。

李炳炎：缸窑脚？

谢福照：它叫缸窑脚，缸窑脚就是一条。

李炳炎：那缸窑脚这条的名字叫什么？

谢福照：就叫缸窑脚。

李炳炎：就叫缸窑脚？

谢福照：对。

谢亦昭：它的字号叫什么知道吗？

谢福照：是很多人的，怎么知道这么多人，要就去租。名字叫缸窑脚，然后是三合窑。

李炳炎：嗯。

谢福照：三合窑，然后我们是泰盛窑。三合窑隔壁还有一条窑，那条窑没有财主，不知道叫什么。

谢亦昭：如合？

谢福照：不是，如合是怎么来到这里的，叫什么我想不起来。

李炳炎：荣利？

谢福照：不是，荣利没有窑。

谢亦昭：成合？

谢福照：成合也没有窑。

谢亦昭：那这里怎么写有？

谢福照：没有窑，里面怎么写有窑？

谢亦昭：那您自己慢慢想。

谢福照：然后来到宫前这里的是溪底窑、卢厝窑。

谢亦昭：向北的？

谢福照：向北的有三条。

谢亦昭：是三个财主吗？

谢福照：没有三个财主。

谢亦昭：就是说有三条窑？

谢福照：是，三条窑而已。

谢亦昭：向北的窑有三条。

谢福照：是，然后是溪底窑。还有安头窑什么的，在文祠那边，那里还有一条窑呢。

谢亦昭：一条窑？

谢福照：是。

谢亦昭：文祠那里就是原来归入四社的那块。

谢福照：对，那里有一条窑。

谢亦昭：然后门厝前那里有一条。

谢福照：门厝前？门厝前没有。

谢亦昭：门厝前那座厝后面当时好像有一个宫，还有两三条窑。

谢福照：那里有四条窑呢。

谢亦昭：对，名字叫什么？

谢福照：四条窑尾。叫做四条窑尾，都不知道是谁的。
谢亦昭：就是从门厝前那儿往前去。
谢福照：那是司命君宫啊，那是司命君宫的窑。
谢亦昭：哦，那块叫司命君宫。
谢福照：对，那块叫司命君宫。四条窑尾那里是四条窑。
谢亦昭：那到徐厝桥这里有没有？
谢福照：很多啊，徐厝桥这里有四……五……六条窑，他们烧陶缸的，有好几条呢。
李炳炎：多少条窑？
谢福照：徐厝桥那里有四条窑。
李炳炎：徐厝桥？
谢福照：对，那里有四条窑。然后灶脚那里也有一两条窑。
谢亦昭：花园边这块就叫做灶脚。
谢福照：是，灶脚那里有一两条窑。
李炳炎：美术一厂还是美术二厂？
谢亦昭：美术一厂那里就叫做灶脚。
谢福照：美术二厂的窑是在厂里的。
李炳炎：灶脚这里一条窑而已？
谢亦昭：两条窑，一条窑在这边，一条窑在那边，我记得小时候是两条窑。
谢福照：两条窑。
李炳炎：三社那里呢？
谢亦昭：那个向北的，是向北窑。
谢福照：向北的，过去有三条呢。
李炳炎：刚我们说的这些都是上枫溪的，是吗？还是上、下枫溪的都有？徐厝桥这个就是上枫溪的。然后四厂这里也有几条窑。
谢亦昭：还有章厝埠。
谢福照：对，章厝埠。
谢亦昭：章厝埠有两条窑。
李炳炎：章厝埠，“章燕明”那个章。
谢福照：对。
李炳炎：章厝埠有几条窑啊？
谢福照：四厂，就是那时候的四厂。
李炳炎：瓷四厂，是吗？
谢福照：是，瓷四厂。当时在二姐宫那里。
李炳炎：章厝埠那里刚刚说有几条窑？
谢福照：至少有两条窑，我不太清楚，他们的厂非常大。
李炳炎：那姐娘宫呢？
谢福照：二姐宫那里有一条窑。
谢亦昭：姐宫窑。

谢福照：是，二姐宫，长美的就不说了。

谢亦昭：长美有很多条窑。

谢福照：长美光我们的就有四条窑，那边还有两条窑，加起来已经有六条窑了。

谢亦昭：你说的是解放后的。我们现在要说的是解放前的，在公私合营之前的。

谢福照：在公私合营之前，刚才说的窑有一些是没有的。

谢亦昭：哪些是没有的？

谢福照：四厂原先是没有窑的。

李炳炎：不是，我们全部都说解放前的。

谢亦昭：对。

谢福照：那刚才说的窑就没有那么多。

谢亦昭：重新说，您从解放前做财主这个时候开始说。

李炳炎：对。

谢亦昭：解放后的不要说。大概有几条窑这样。

谢福照：那很多都不是。

李炳炎：那重新说。

谢福照：下枫溪解放前的窑有泰盛窑、三合窑，和隔壁一条并在一起。三合自己就有两条窑。然后是一条缸窑脚。缸窑脚那里两条窑，是原先（之前）有的。再就是卢厝窑、溪底窑、安头窑也是有的。

李炳炎：安头吗？

谢福照：是，在宫前的安头窑。

谢亦昭：安是潮安的安。

李炳炎：哦，安头窑。

谢福照：溪底窑有记吗？

李炳炎：有，溪底窑、安头窑、卢厝窑。

谢福照：嗯，就这些。而三社的向北窑是先前（之前）有的。

李炳炎：向北窑有三条是吗？

谢福照：三条窑，原先是一条而已。后来三社的厂慢慢扩大就再建了。

谢亦昭：后做厝这里有一条窑吧？

谢福照：好几条窑呢。

谢亦昭：后做厝的窑是解放前的吗？

李炳炎：后做厝是什么地方？

谢亦昭：就是大宫后。

谢福照：大宫后，一条大牡缸窑，那条朝向这边的就是大牡缸窑，另外两条是朝向那边的，三条窑呢。

李炳炎：大宫后有三条窑？

谢福照：对。

谢亦昭：那里既叫做后做厝，也叫大宫后，对吗？

谢福照：是，大牡缸窑就是在那里的。

李炳炎：那泰盛这条窑的地址在现在的什么地方？

谢亦昭：枫溪石桥头。

谢福照：被拆掉了，现在没有了。

谢亦昭：当时我们那条窑很有名的。

谢福照：是，因为当时窑很少。

谢亦昭：那条是那个时代比较有名的。

谢福照：对，最先（最早）建的，垒坡来建窑的，你说是不是最先啊。

李炳炎：哦。

谢福照：有一个大的坡然后就跟他租一半，然后建窑、建做厝（作坊房）。建成五年后就同意他们升租。

李炳炎：那这样就是十二条窑而已？

谢福照：肯定不止。

李炳炎：有人统计是二十九条。

谢福照：加上这些后来建的就有二十九条，先前的就没有那么多。现在三社那里有三条窑了。

李炳炎：那我们刚说的长美的就是解放后的？

谢福照：对，是解放后的。

李炳炎：长美解放后的窑有哪些？

谢福照：要记吗？

李炳炎：要。

谢福照：炻瓷就有四条窑。

李炳炎：炻瓷？

谢福照：对，四条龙窑，还有一条圆窑。

谢亦昭：以前那时候叫做陶二厂。

谢福照：对，陶二厂。

谢亦昭：陶一厂就在长铺。

谢福照：长铺的就是陶一厂。

李炳炎：就是四条窑？

谢福照：对，四条龙窑。

李炳炎：炻瓷有四条窑？

谢福照：对，还有一条大轮窑。

谢亦昭：大轮窑是在研究所的。

李炳炎：那为什么要叫做轮窑呢？

谢亦昭：一直都在烧的，它被做成一个龟壳形，每天都有在烧。

谢福照：每天都有开窑。

谢亦昭：然后拆缶，拆了之后就葬缶（装缶入窑），葬（装）了之后再慢慢轮着烧。

谢福照：慢慢转，慢慢烧。

谢亦昭：烧的时候是不停火的，就叫做轮窑。

李炳炎：哦。

谢福照：陶三社的窑也是这样的，是轮窑。

谢亦昭：三社现在还有轮窑？

谢福照：现在没有了。现在那是隧道窑。

谢亦昭：轮窑是轮窑，那是两回事，一般人都不是很清楚。轮窑就像龙窑一样，它窑底里面是沙的，一目一目，利用空气和风的自然吸力上去的。轮窑是做一支大烟囱，吸里面的氧气上去，所以它在烧的时候要保持火力。那块没有烧的地方，空气就从那儿进去。它就是这样轮过来的，每天都能烧，里面从没有停。（编者按：轮窑为圆形法构，烟囱在窑中间，四周为窑床，有多个窑门，可连续烧制）

谢福照：三社现在的窑不也是这样？

谢亦昭：隧道窑是隧道窑。隧道窑是从中间烧火，车推到中间刚好是在临烧室让它烧，烧后推过去就熟了，然后在前面装窑。

李炳炎：那轮窑的烟囱在哪里？

谢福照：烟囱在中间，是在地下的。

李炳炎：是地下的？

谢福照：是，地下的烟囱。到上面就做支大烟囱。

李炳炎：再导上来？

谢福照：它就是从大烟囱出来的。所以窑身里是看不到烟囱的。

李炳炎：南国瓷厂里面是不是有条轮窑？

谢亦昭：是在哪的？

李炳炎：在您这里走过去一点儿，拐过去的地方。

谢亦昭：反正轮窑只有这一条而已，全陶瓷系统只有这一条轮窑。

李炳炎：南国瓷厂那条不是吗？

谢亦昭：那个不是，那个应该是属于隧道窑。

李炳炎：那条窑我有去拍照。

谢亦昭：它有一条属于进口的。大概也是轮窑。但是那时候的轮窑是烧大牡缸（大水缸）、耐酸瓮的，所以没办法用铁轨，还是照样用我们这种龙窑里面的沙地，然后葬缶，葬完之后就烧，烧熟了就过目，过目这块是属于冷却的。

谢福照：这目就可以开了。

谢亦昭：一段时间冷却后它就凉了，凉了之后就拆，再装缶。

谢福照：那条窑就是这样的。

谢亦昭：对。

谢福照：也是无车轨的。

谢亦昭：现在四厂是装车轨的。

李炳炎：是的。

谢亦昭：那个是装车轨的，就不一样了。

李炳炎：是的。

谢亦昭：以前的大轮窑不是用车轨的，是像龙窑一样的。

谢福照：就是这块烧，然后到那块烧时这块就慢慢冷却，再去烧那块，等这块开了又来葬缶，葬完之后慢慢转。

李炳炎：那这样说长美的窑也不多。

谢福照：就只有我们那个厂而已，被合并之后就剩那个厂了。

李炳炎：就是四条窑。

谢福照：对。

谢亦昭：不止，湖厦也有一条窑。

谢福照：是轮窑啊。

谢亦昭：鞍山也有两三条窑。

李炳炎：湖厦？

谢福照：湖厦有三四条窑。

李炳炎：湖厦也有很多条窑？

谢亦昭：至少三四条窑。

李炳炎：三四条窑。

谢亦昭：鞍山上也有几条窑。我们说的是解放后的。那窑就多了。烧萩草的时候窑相当多，因为那时已经是陶瓷盛世了。缶多得做不来，没有这些现代设备，就只能烧山草了。

李炳炎：现在湖厦是否属古巷的？

谢亦昭：嗯，它属古巷的。

谢福照：古巷的，就是潮安县的。

谢亦昭：凤塘在潮安是一个公社，古巷也是一个公社。

谢福照：那长美还是属于四管区的。

谢亦昭：现在龟山那里也有窑。

谢福照：很多，现在有很多。

李炳炎：龟山是哪个地方啊？

谢福照：北边山。

谢亦昭：龟山是在孚中，过去叫龟山。

谢福照：就是北边的那些山。

谢亦昭：对，北边的山。再过去的赤冈也有窑。

谢福照：对。

谢亦昭：当时一个生产队就有一条窑。

谢福照：现在登塘还有很多厂啊，那里的洁具厂非常多。

李炳炎：是。

谢亦昭：现在都是现代化的，跟过去的不一样。

李炳炎：龟山现在有几条窑？

谢亦昭：龟山可能就一条至两条窑。我们现在说的是龙窑。

李炳炎：现在都是煤气窑了。

谢亦昭：我们刚才说的是龙窑，当时是烧萩草的。

李炳炎：是指龙窑？

谢福照：对。

谢亦昭：当时大概一个生产队就有一条窑。为什么这样，我们也不清楚。

李炳炎：刚才我们说的那条轮窑是在长美的什么地方？

谢福照：湖厦。

谢亦昭：湖厦的陶三厂。

谢福照：湖厦陶三厂跟政府租一百亩田。

谢亦昭：当时陶瓷系统只有这条轮窑。

李炳炎：就在陶三厂？

谢亦昭：对，当时做这条轮窑是因为要做大牡缸、耐酸瓮。

谢福照：我们当时装氨水。

李炳炎：装硫酸，提耳有盖旋转的那些。

谢亦昭：当时那些很大，除了轮窑其他地方根本没别的办法烧，结果就是做了这条窑，日夜不停地烧。那时条件相对落后，只能用耐酸瓮来装氨水，还有些人拿去装硫酸，所以耐酸瓮裂的就不要了，如果被淋到就没命了，阿群的那两个孩子被溅到了，有一个当场被硫酸烧死了。

李炳炎：这个是装氨水的？

谢福照：装氨水的。

谢亦昭：他以为这个是耐酸性的，就拿去装硫酸，然后用这个去熔锡，他们不知道有裂缝，两个人抬着，结果被淋到了，在地上直打滚。

李炳炎：那个很厉害。

谢亦昭：一个当场死了，另一个不久也死了。

谢亦昭：我们彩瓷的时候里面要放这个酸，一般拿一杯在手上，不小心被溅到都疼得受不了，叫人赶快弄些水不停地浇洗，要不然这块就要坏掉了。

李炳炎：对。

谢亦昭：那个是酸性物质，被烧到都要坏掉。

谢亦昭：那个硫酸整罐掉下来，阿群的孩子被溅到，整个人摔在地上。

李炳炎：我们解放前的窑有二十九条，您说这有可能吗？

谢福照：还是有的，光私人的就有。就像胜记一样，他自己在外埕（外边的空地）可以做一条窑，十二三目的，一般的窑都是十八九目，长的就是二十一二目，他的十二三目就能做一条窑，一条小窑。有地方自己就可以做一条窑，不然跟别人租的话太贵了。

李炳炎：一般是十九目？

谢福照：是，一般是十九目。

李炳炎：那有多贵呢？当时去别人那里烧一条窑，一目要多少钱？几个龙银？

谢福照：这个没法说，应该说就像草一样，用多少草去折算成多少钱，得看要多少草料。

李炳炎：一目，一目就好，一般人都是包一目，是吗？

谢福照：对，两目也好，三目也好，缶多就可以租多一些。

李炳炎：那这样的话一目要多少钱?

谢福照：这个我真不太清楚，向他租就是了。

李炳炎：对。

谢福照：这个我不太清楚，说不上来。

李炳炎：要两三个龙银吗?

谢福照：不是用龙银的，是用当时国民党发行的货币，叫做使米。

李炳炎：你们那些萩草是跟人买来烧的，对吗?

谢福照：都是买的，枫溪有两个草场，他们去西浮山割的，放在家里晾干，晾干的就挑来卖。

李炳炎：两个草场叫什么?

谢福照：一个叫毛草场，一个叫宫前场，就这两个草场。

李炳炎：毛草场?

谢福照：是，在枫溪商城下面，有个很大的毛草场，私人的。他们挑到这里卖，我们要烧窑就去那里买，然后叫他们挑回来。

李炳炎：那一个叫毛草场，另一个叫什么?

谢福照：宫前场。

李炳炎：就是枫溪大宫前?

谢福照：是，很大的。

李炳炎：以前什么都在宫前，个个都说宫前的。

谢福照：是，因为地方非常大。

李炳炎：这两个地方专门卖草的?

谢福照：对，专门卖柴草。

李炳炎：那当时枫溪所有的窑号加起来一年的贸易额大吗?

谢福照：不大。

李炳炎：在最兴盛的时候呢?

谢福照：没有一个是真正赚到很富有的（指赚很多钱、变得很富有）。

李炳炎：包括如合、荣利这些?

谢福照：这些应该都是自己有窑的，他们是大财主，像这些小缶商都是只够过日子，没有谁赚得很富裕。我们多数是自己做，后来是我们父子做，过去曾雇了近十个人。

李炳炎：那没有雇工，做得来?

谢福照：雇工也只是雇一个来帮忙推车，一个半个这样。雇多了就是工商业，没雇工的就叫手工业，后来解放的时候手工业没事，不用被取缔。

李炳炎：手工业没雇工?

谢福照：对，没雇工。雇一个到两个人叫手工业，雇多个人的就叫工商业。

李炳炎：工商业是指请的人多？雇几个人算是工商业?

谢福照：五个人以上的就是工商业了。工商业被合营了，手工业的话就还会留几成给我们。

李炳炎：工商业变成以后的国营?

谢福照：是的。

李炳炎：这些手工业的就叫做合作？

谢福照：对，叫合作社。

李炳炎：就是变成合股的？

谢福照：对。然后发些钱，我算是技术人员，会做缶的，四级，发三十八元。

李炳炎：是在炽瓷厂？

谢福照：是。

李炳炎：那就是鸿禧伯儿子阿钊工作那里？

谢福照：鸿禧伯他不是在炽瓷厂。

李炳炎：不是，他的大儿子阿钊是炽瓷厂的厂长。

谢福照：不是炳顺的儿子吗？

李炳炎：不是。

谢亦昭：现在换人了。

李炳炎：没有。

谢福照：这个我就不知道了。

李炳炎：上枫溪解放前有窑吗？

谢福照：有，二姐宫那里有一条窑，在埠美二姐宫那里也有一条。徐厝桥算上枫溪吗？

谢亦昭：徐厝桥不算。

谢福照：徐厝桥那里至少两条窑。我也不太清楚，不过那里做瓮什么的，都很大。

李炳炎：这些属于上枫溪？

谢福照：对，像美术厂也是上枫溪。

李炳炎：这样说，上枫溪有三四条窑？

谢福照：对。灶脚窑也是上枫溪的。

谢亦昭：上枫溪实际不大的。

李炳炎：是啊，我后来经常去那边看，就觉得那里其实挺小的。

谢亦昭：对，我们小时候去那里玩耍，跑一圈就到头了。

李炳炎：我以为埠美是多远，原来只是在商贸城旁边，从宫前那里过去一点儿就是埠美，埠美是荣利比较大。

谢福照：现在他们那些田地都建成厝租给别人了，埠美也就剩下几亩田地而已。

李炳炎：陶玉峰当时算很大的是吧？

谢福照：也不是很大，陶玉峰一排厝，才七间而已。

谢亦昭：当时说是在辜厝那里？

谢福照：在卢厝池一旁上去那里。

李炳炎：章和合一直是做那些堆贴花的东西，是吧？

谢福照：章和合是在徐厝桥，还有做万字窗这些，做缸、瓮还是比较多，也是要做这些的。

李炳炎：徐厝桥这个章和合？

谢福照：是，都是缸、瓮这些兼有，他那里也有青釉的缶。

李炳炎：这么说解放前的产值没办法知道了？

谢亦昭：可以算下我们泰盛大概多少钱，然后把这若干家的产值加起来，估计也就差不多了，不用太准确。

李炳炎：那泰盛一年的结算用银圆还是……

谢福照：自己结，财主是我，我收了货款就是自己的。

李炳炎：那一年收入大概多少？赚多少，知道吗？

谢亦昭：就说我们一年做多少生意？

谢福照：你是说阿公那时候？

李炳炎：最兴盛的时候。

谢福照：这个没办法说，今天有人买，明天没人买，都没办法知道具体是多少，过一天是一天，一边做一边烧，烧了之后就堆在那里，有人来买就卖，仅够生活而已，既没能去买点田地，也没有登记，什么都没有，被称为“三无财主”。

李炳炎：这样说，规模是很小的。

谢福照：有生意就有钱买米、买柴，需要买土就买点土。明天如果没有人来买，就坐着没事了，有需要才做。

李炳炎：赚不到多少？

谢福照：就这样而已了。

谢亦昭：那时候地主也是很省的，赚到钱就拿去买田地。

李炳炎：可能如合比较大。

谢福照：也不是很大。

谢亦昭：才十几间做厝。

谢福照：当时没有像现在这样弄个工厂几百亩、几十亩，几间做厝就已经是极限了。

谢亦昭：可能他们的产量和产值比较大。

谢福照：对，比较大，而且他们外面还有生意。

李炳炎：它还有做一些白纱、抽纱之类。

谢亦昭：还有做贸易。

谢福照：买了之后转手卖出去，这些就赚钱。

谢亦昭：枫溪人自己都是用次的缶。

谢福照：以前有些出名的，他们烧坏的缶全部都砸掉。

谢亦昭：像成熙他们厂那样，没用的就砸掉。

李炳炎：那砸掉之后可以重新用来做原料吗？

谢福照：可以。

李炳炎：可以就不怕呀。

谢福照：不是，要粉碎，要把碗磨成粉末，然后掺入瓷土再做，工作量很大。

李炳炎：是，这样不划算。

谢福照：他们是为了赚名声。

谢亦昭：白瓷的才能循环再做，那些加色料的不可以。

谢福照：对，就没用了。

谢亦昭：瓷泥这个原材料要是里面沾有其他颜色就没用了。

谢福照：他们拿去粉碎后做成釉也是可以的。

李炳炎：做成黑釉？

谢福照：白釉。

李炳炎：当时解放前有一些贸易商，像八爷这些人的情况您知道吗？

谢福照：他们在外面有大生意。

谢亦昭：商铺在外面。

谢福照：他们的贸易行都在外面，在枫溪买什么缶就知道。他在汕头有两个行，再用大船载去外面。

李炳炎：就是八爷？

谢福照：八爷有，四爷也有，这些人都有。

李炳炎：那四爷是他弟还是他哥？

谢福照：都是他们家二房的，也不是他哥，他们是一个家族这样排的。

李炳炎：不是说四爷就是八爷的哥哥？

谢福照：不是，像埠美的七爷，他很出名，那个七爷非常凶狠，人家都说连鬼都怕他，更别说是人。

李炳炎：七爷做生意时比较横？

谢福照：做生意是，他是大乡绅。他当时在这里杀敌，他一出来连鬼都怕他，那时候是没有枪械的，他自己弄了十几只枪，来一个杀一个。

李炳炎：那他不是做陶瓷的吗？

谢福照：他有做缶，就是拿去外面卖的。

李炳炎：那八爷比较老实，没有弄这些枪。

谢福照：没有，当时杀敌是在保卫家乡。

李炳炎：那八爷的名字叫什么？知道吗？

谢福照：不知道。

李炳炎：四少奶呢？

谢福照：四少奶是柯厝的。

李炳炎：四少奶的厝到现在还很漂亮，那些石雕什么的都还很好。

谢亦昭：她墙上有一块碑，碑戒，你有看到吗？

李炳炎：有吗？我看不到这块碑，我只看到那些巷子。

谢亦昭：你去看那四条巷子，巷子的里面，她那座厝是四马拖车的格局，巷子里有一块碑，写这个是怎样来的。

李炳炎：这个我都不知道，就在未到崇礼中学这个地方，那几条巷子。

谢亦昭：外马路崇礼中学再过去一点儿的这座厝就是她的。

李炳炎：崇礼中学去长美那条路，有些巷子，窄窄的。

谢亦昭：是，那是四马拖车的格局。

李炳炎：我没有去巷子里。

谢亦昭：进去巷子里就能看到石碑。

李炳炎：这个要重新去记录下来。

谢亦昭：那块碑是埋在墙上的，应该是从清朝到现在。

李炳炎：他们说八爷的生意做得很大，除了陶瓷，还有别的。

谢福照：是，他做了之后，两个儿子接着做，有一个叫什么堂，在城里还开了金铺。

谢亦昭：大行铺。

谢福照：是，他是开大行铺的。

谢亦昭：就是说他国外也有大行铺。

李炳炎：新加坡、泰国。

谢福照：他好像哪里都有，巨丰华行。

李炳炎：他们说八爷很少在枫溪？

谢福照：几乎没来过。

李炳炎：他在香港。

谢福照：盖的房子几乎都没住过，建了几年，刚建好日本仔就来了，被日本人霸占了。

谢亦昭：日本仔就用作指挥部。

谢福照：是。

谢亦昭：原来那个是他的厝，就是谷仓那里。

谢福照：是啊，给日本人住了。日本人走了之后就解放了，变成解放军来住了。

谢亦昭：听说在那里住了很久，后来才变成谷仓。

谢福照：谷仓在后面那里，后面那个才建成谷仓，里面隔成一格一格的。

谢亦昭：是，隔了一块一块的床板。

李炳炎：那里面什么古董都没了？

谢福照：什么都没有了。

谢亦昭：读书那会儿去的时候，还有一口大牡缸。

李炳炎：日本人没有给砸掉？

谢亦昭：没有，那个大牡缸很漂亮，估计是解放前留下来的，用来种莲的。后来改成谷仓后就再也没见到了。

谢福照：大门的墙壁都被磨光了，那时候要把它磨光是很辛苦的，不像现在用机器磨的，一下子就好了，以前全是人工的，十分辛苦。

谢亦昭：他用两块石头，中间放上沙子，然后不停地磨。

谢福照：是，当时做起来十分辛苦，你看现在用机械，磨得很光滑。

谢亦昭：当时那些非常漂亮。

谢福照：八爷建了三次厝，尚德堂是第一个，然后是老梅里和新梅里，新梅里建了三年呢。

谢亦昭：那大夫第呢？

谢福照：大夫第是卢厝的。

李炳炎：这些人全是做缶的？包括卢厝的人？

谢福照：都是外面的大财主。

李炳炎：实际上要做大还是得出去外面。

谢亦昭：他在外面接生意，觉得不错就自己回来建个瓷厂，还是以贸易为主。

谢福照：你知道八爷有多少厝吗？他建这座厝就有四条花巷。

李炳炎：四条花巷就是四马拖车的格局？

谢福照：是，前面还挖了一个蟹池，旁边还有一大片做厝都是他的，后来解放后被没收了。

李炳炎：解放前的陶瓷还有什么可以说的吗？像规模这些，能不能想起来一些？

谢福照：我当时没读书，太老实，没有去外面闯，如果像那些顽皮的去外面闯就知道得多，我是老实人，只是每天跟着父亲做缶。

谢亦昭：像燕明的儿子，他就是到处闯。

谢福照：每天跟着我父亲，他做缶，我就弄家里的事，像釉、做缶、登缶和烧缶什么的，都是我在做的。我父亲是一直做缶，他做缶很厉害，我做的跟他做的没法比。

李炳炎：那您父亲什么时候去世？

谢福照：解放后，六十九岁就去世了。

谢亦昭：当时我们的做厝有没有剩下一些缶？

谢福照：哪里有那么多东西啊。

谢亦昭：就是说一边做一边卖，是吗？

谢福照：楼上最多可以放置六百头。

李炳炎：六百件？

谢福照：是六百筐，父子俩一直做，到年底就卖完，年底那会儿很多人来买，然后明年继续做。

谢亦昭：做红罐是燕明他们家祖传的吗？

谢福照：他们是一家，还有安顺一家，那些都是手工的。

李炳炎：燕明就是老安顺的。

谢福照：瑞全就是源兴的，源兴炳记。

谢亦昭：那我们做红罐是等到解放后？

谢福照：这个是入社后被要求去做的，我们都不会的，是被他们要求去做的，我父亲什么都会，就被他们叫去做。

李炳炎：做拉坯？

谢福照：他拉坯，我修坯，一天要求做三百支。

李炳炎：三百支，那是注模的吧？

谢福照：不是注模的，我是慢慢修的。

李炳炎：修坯三百支？

谢亦昭：我阿公手拉坯，晒干后就用竹签刮。

谢福照：我一天要修三百支。

李炳炎：是五几年？

谢福照：就是入社那会。

李炳炎：当时那些也做得很粗糙。

谢福照：有一些是注模的。

谢亦昭：后来那些是注模的，开头那些还是手拉坯的。

李炳炎：然后底部盖“枫溪”两个字是不是？

谢福照：盖几杯的字样，就不盖“孟臣”，孟臣是当时一个做壶很出名的人。盖到二十四杯。

谢亦昭：二十四杯就像现在燕明那些大壶一样。

李炳炎：就盖二十四杯？除了盖二十四杯还有什么？

谢福照：就盖二十四杯而已。

谢亦昭：一杯到二十四杯。

李炳炎：然后五杯、六杯、七杯、八杯这些都有？

谢福照：两杯两杯这样的，二杯、四杯、六杯这样，一杯的好像没有盖。

谢亦昭：一杯小小的，是做着玩的。

李炳炎：二十四杯就是最大的。

谢福照：红罐有很多种。

李炳炎：解放前有几家在做红罐？

谢福照：就他们两家而已。

李炳炎：当时不是还有一个叫阿缀的？

谢福照：阿缀也做红罐，跟他买只能买一支，他外出时他老婆卖了两支，结果他跑去拿回来。

谢亦昭：那是为什么？

谢福照：要出名嘛，不多卖。家里没米，没饭吃，他就拿到当铺去当，一件如果卖四块钱，他就当四块钱，当到当铺就行，卖就不行，他老婆卖多了就要被他打。

李炳炎：那您认识阿缀吗？

谢福照：不认识，他是很多年前的人。

李炳炎：清末的？

谢福照：是，很多年前的，因为他很有名，所以我才知道这些。

李炳炎：那他们这家人是不是源兴的祖先？

谢福照：据我所知不是。

李炳炎：解放前还是源兴和老安顺这两家最出名，其他人基本没怎么做。

谢福照：我没听过哪家做红罐，就这两家而已。

谢亦昭：那时候有人专门做壶，有人专门做胆。

谢福照：是啊，各做各的。

谢亦昭：有人做碗，有人做煎盘。

谢福照：也没有能力和技术去做其他的，就像有人就一辈子做煎盘，做钵就都是做钵，做盘就是做盘。那时候工艺很多样，不过我父亲是很厉害的，什么都会做，手拉坯、夜壶这些修壶口很难，他也会。像煎盘、钵、洗手钵、青茶钵这些，他样样都会。

谢亦昭：那时候最有趣的是，别人是坐着做缶的，我阿公是蹲着做缶的。

谢福照：做缶是蹲着的，全枫溪没人像他这样，一个师傅想学他这样做，做不到。

谢亦昭：全社会找不到一样的，他是蹲着做的。

李炳炎：蹲着拉坯的？

谢福照：他就是那样蹲着做的，他腰痛才要蹲着，要不是因为腰痛，他就坐着了。

谢亦昭：全枫溪都知道他做缶时是蹲着的，从来没坐过。

李炳炎：那这样子是好事还是坏事啊？

谢亦昭：职业造成他这样的。

谢福照：可是他厉害啊，他这样的做缶方式没人会，那些说得很厉害的都没法蹲着做缶。有人想学他一样蹲着做缶，没有一个做得成，蹲着做缶两只手是吊起来的，无论大小他都是吊起手做的，全枫溪没有人能做到。

李炳炎：哦，这样是很厉害。

谢福照：他是因为腰脊骨扭伤了。

谢亦昭：后来就习惯了。

谢福照：嗯，习惯了。

谢亦昭：我们那时候有一块泰盛的招牌？

谢福照：现在不知道哪里去了。

谢亦昭：那块招牌当时阿公总是拿来做枕头。

谢福照：挡在前面的那一块。

谢亦昭：很好看，雕刻得很好看，黑漆金字，还有盖年份，好像是光绪还是什么的？

李炳炎：这个很好。

谢福照：我不知道。

李炳炎：那现在记得这块写什么字吗？

谢亦昭：不记得了，如果那块招牌还在，那些字应该还好好的。

谢福照：不在了，有的话，我怎么会不知道。

李炳炎：想确认一下年份。

谢亦昭：我们有一些缶板有盖“泰盛”的。

李炳炎：知道招牌是什么时候做的，就相当于泰盛号是跟它差不多时间成立的。现在有个令人头疼的问题是，枫溪陶瓷业到底是什么时间创建的，好多人说是清末或者康熙、乾隆时，这些都没有依据，没有依据说康熙、乾隆时期是怎样做缶的，没有一个实证。

谢亦昭：反正我小时候就知道那块匾了。

谢福照：我也知道。

谢亦昭：两个字，写“泰盛”两个字。

谢福照：是，很久以前的。

谢亦昭：好像是光绪多少年来着。

李炳炎：光绪、咸丰这个是对的，差不多是这个时候，就您阿公的年龄推算应该是。

谢亦昭：我小时候印象最深的就是这块牌匾，阿公当时睡床板，靠着墙，就拿那块垫在那里，怕枕头掉下来，贴着墙的，印象很深，不知道现在会不会被人弄坏了。

李炳炎：这个肯定不会被人弄坏的。

谢福照：也没人卖。

谢亦昭：有可能是被人拿去劈了当柴火。

谢福照：也没有。

谢亦昭：没有的话，就应该扔在家里什么地方。

李炳炎：昭兄，您要是没事就去找一下。

谢亦昭：我猜可能是在下面那间房的楼顶。

李炳炎：如果能够找到这个就非常有说服力。

谢福照：对，非常有意义。

李炳炎：能拍张照就可以了。

谢亦昭：写书这个就是证据了。

李炳炎：是。

谢亦昭：其他的就什么都不用说了。

李炳炎：因为我写到最后没有一个实物能证明是从清朝开始的，全部是民间口述的。

谢亦昭：无法说明是清朝。

李炳炎：因为地方志里面全部写民国，实际上您父亲说的也确实是这样。

谢福照：清朝还是很前期的，不是后期的。

谢亦昭：从我老公开始。

谢福照：我父亲就是清朝人，更别说我阿公，我阿公是更久以前的。

谢亦昭：阿公的父亲也在做缶？

李炳炎：现在地方志说康熙年间潮州有三十一家瓷作坊。

谢福照：也是人家说的？

李炳炎：是鸿发号的维雄说的。

谢亦昭：吴维雄？

李炳炎：维雄说他小时候听老一辈人说的。

谢福照：维雄还在？

李炳炎：是。

谢亦昭：他今年几岁？

谢福照：大我几岁而已。

李炳炎：他说是小时候听人说的，到底是不是康熙，现在我们要写进书里就得谨慎。

谢亦昭：我父亲知道他父亲的父亲，如果老公的父亲还有在做缶，那就是清中期以上。

李炳炎：没有清中期以上，清中期而已。

谢福照：到嘉庆还是嘉道年间。

李炳炎：嗯，嘉庆。

谢福照：刘振中反潮就搬下来了。

李炳炎：刘振中反潮？

谢亦昭：刘振中反潮就是抗清啊。

谢福照：对啊。反潮，抗清，打着打着打到博罗去了，被清廷抓了。

谢亦昭：刘振中这支队伍好像是明朝的兵。

谢福照：明总兵。

李炳炎：所以你们是清初搬来的？

谢福照：对，那个时候就搬来了。

谢亦昭：明末清初搬来的。

谢福照：我们还有一幅画像，老爹公（祖先）还是清朝官呢。

李炳炎：你们是从南春路搬来的？

谢福照：我们是六房。

李炳炎：南春路是不是？

谢亦昭：不是，是叫南门谢。

谢福照：南门六丛，我们是六丛的。

谢亦昭：是不是七丛榕旁边？

谢福照：我不知道，没去过，阿公就去过，过去有七个祠堂，七房祠，再加上一个茶光祠，总共八个，都被人破坏了。

李炳炎：你们是明末清初搬来枫溪的。

谢福照：是。

李炳炎：那当时跟刘振中没关系吧？

谢福照：没有。他造反，我们就得跑，他们在战斗。

李炳炎：就是避战乱，明末清初避战乱来到这里创祖，然后跟着做缶，现在如果能说出是清代什么年份，就非常有说服力。

谢亦昭：那个牌看起来应该是老杉木，上漆的，黑漆。

谢福照：很重的，应该是柴的。

李炳炎：杉木的，招牌得用杉木才不会被虫蛀。它是什么漆？

谢福照：退缸乌漆，还有贴金。

李炳炎：那很了不起，如合的说是“文革”时被劈掉了。

谢亦昭：“文革”时我们生意还算不错。

李炳炎：就是没事？荣利的是日本人来时被烧掉的，大客厅挂着的那块牌匾被烧掉了，被日本人烧掉。

谢福照：陆荣利？

李炳炎：对，在埠美。

谢福照：日本人打到哪，火就烧到哪，不然怎么枫溪不让烧缶，都不知道怎么传递信号。去到哪就在哪放火烧，像以前某个朝代一样，弄一个个的火堆。

李炳炎：烽火台。

谢福照：只要（情况）凶险，那边放火然后这个着（火）那个也着（火）。

李炳炎：事实上跟我们龙窑的烟囱一样，浓烟一起，就知道哪里不对。

谢亦昭：就是传递信号。

谢福照：当时还没通电（电话），如果有电话就通电话，没电话就只能靠这个传递。

李炳炎：老安顺和源兴当时刻的印，除了孟臣之外，还盖了很多印。

谢亦昭：他当时是乱盖的。

李炳炎：都是仿那些名家的，还有一些什么松竹青雨。我现在收集有八十多把。

谢福照：八十多把这种壶？

李炳炎：是。

谢亦昭：也是朱泥的？

李炳炎：朱泥的，他就盖“孟臣”，把那里就写“英记”，瑞全就说那把是上好的。

谢福照：你反过来看。

李炳炎：是，三山齐。

谢福照：三山齐那就是很好的。

谢亦昭：滴水是怎样？

谢福照：要顺，要平，不能滴水。

李炳炎：知道，是水平的意思。

谢亦昭：三山齐，落水漂，我得记住这句话。

谢福照：落水漂现在很难做。

谢亦昭：是很难做，还要均衡。

谢福照：还有流要厚，流的接口也要正，稍微歪了就倒了，水就下去了。

李炳炎：这些很考验师傅功夫。

谢福照：是，不是那么容易的。

李炳炎：那水平也是这个意思吗？我们不是有些壶刻“水平”二字，盖子反过来里面刻“水平”二字？

谢福照：那是吹牛的。

谢亦昭：实际上就是用来鉴定这把壶是好壶还是坏壶。

李炳炎：就是盖商标？

谢福照：盖商标没有一把可以的，不是开玩笑的。

李炳炎：反正现在少了就是了。

谢福照：是，三山齐能做到。他这个不是三山齐，这里不齐，一个太短。

李炳炎：它高过外面的，不过也差不多了。

谢亦昭：也是会的，这把是上好的，贡局的。

李炳炎：这一把很光滑。

谢亦昭：这一把还算齐。

谢福照：基本是齐的，我刚看它垂垂的，以为不齐。

谢亦昭：那时候有很出名的贡局。

谢福照：我没怎么研究这些，每天混日子。

谢亦昭：那时候跟着我阿公。当时战乱，不让出来，没怎么去外面，每天跟着做缶。

谢福照：总共有好几个人，后来就只剩我一个了，其他几个都不在了。

李炳炎：您这样是享老福（老来的福气）。

谢亦昭：那时候生了九个，男的女的一起算。

谢福照：男的女的，三个男孩，头一个被大姐抱的时候不小心掉下去就夭折了。日本仔来的时候又生了一个，饿死了，最后三个男孩只剩我一个，女孩倒是很多，被抱养的也有。

谢亦昭：我听说当时近十人呢。

谢福照：被抱养的多，没办法啊。

李炳炎：那解放前的釉，釉搪这些您知道吗？

谢亦昭：他样样都知道。

谢福照：当然知道了。

李炳炎：那我们来谈一下釉搪的。当时青花、大窑彩和白釉三种里面，白釉是比较先有（早有）的是吗？

谢福照：黑搪（釉，下同）的这些先有。黑搪就是用烧风炉的草木灰，舂得细细的，然后用那些红色的山石，用机械也好，脚也好，掺水后舂得细细的，两者相配合，草木灰多施了后，烧出来呈黑色，如果红的山石较多，烧出来就呈黑色，配搪就是这样配的。青搪的就用铜青去舂，打得细细的，铜青也是加草木灰，铜青用得多就呈青色，草木灰和青搪这个容易配，要反复试，有时候需要一点点却要试一大缸，青釉是很难做的。

谢亦昭：当时的人没有这些知识，只能靠经验。

李炳炎：然后是白釉。

谢福照：我们那时候自己做是用白土，焚烧粗糠之后用白色的（渣）打得很细，然后用这些和白土配比，大概是 4∶6 的配比，就成了白釉。

李炳炎：那就是谷糠釉。刚才说的这三样我们都能做吗？白搪、青搪、黑搪，全是自己做的？

谢福照：都是自己做的。

李炳炎：各个作坊都是自己做的？

谢福照：是，都是自己做的，买不到的。

谢亦昭：这些问题你要跟他说清楚，根本没有什么配方，实际上这些东西都是原始的做法。

李炳炎：是。

谢亦昭：铜青搪可能也是用上面这样的方法配出来的。

谢福照：不是，是弄些铜，炼铜剩下的铜渣。

李炳炎：炼铜剩下的铜渣？

谢福照：对，这些他们没有用了，就可以拿来用。

谢亦昭：那些是氧化铜。

谢福照：跟他们买，买来之后就得舂，用臼来舂，然后和草木搪去配比。

谢亦昭：那这些红土是山上的？

谢福照：有石（风化石，下同）。

李炳炎：风化石是吧？

谢福照：对，有石，用脚踩碎。

李炳炎：红色的，是吗？

谢福照：红色的，有点棕色，用脚把它踩碎，然后加上草木灰。

谢亦昭：草木灰就是釉，也就是搪。

谢福照：对，也是用这些草木灰打得细细的来调配，白土的就要用粗糠焚烧，加上蚶壳灰。

李炳炎：贝壳？

谢福照：是，贝壳，蚶壳灰，然后去调配，这些我没办法跟你说是多少配多少。

李炳炎：没关系。

谢福照：反正就是用这几样去配，烧出来就是白色的，只要捣得够细，烧出来就很光滑。

谢亦昭：都是自己试出来的，没有所谓的配方。

李炳炎：是，那青花料呢？

谢亦昭：青花就是这些蓝搪，画蓝就叫做青花。

谢福照：画蓝，这个是色料的。

谢亦昭：是色料啊，那个时候我们能做吗？

谢福照：买的。

李炳炎：枫溪如合有做吗？

谢福照：有啊。

谢亦昭：但是他还是得去买钴料。

谢福照：钴料，都是用色料调配的。

李炳炎：那枫溪的这些蓝料，主要是如合在做？

谢福照：不是。

李炳炎：那还有谁？

谢福照：蓝料，这些别的地方也有。

李炳炎：就是说解放前枫溪的蓝料是从其他地方来的，像广州？

谢福照：是，从那里来的，这些拿来掺白釉，要浅色的就掺多点，要深色的就掺少点。

李炳炎：那如合九、如合六有做这些是吗？

谢福照：后来才有的，以前没有。

李炳炎：解放前？

谢福照：解放前不知道有没有做，这个我不清楚。

李炳炎：他说他 1935 年在陶瓷学校，就是在吴氏宗祠的那个陶艺坊学的。

谢福照：他如果有在那里学，那就是了。

李炳炎：如合六在那里学的。

谢福照：那个叫为谦的很厉害，他也是在那里学的。

李炳炎：如谦吗？

谢福照：为谦，他父亲是卖布料的，住在栏闸内那个。

李炳炎：他是做青花釉的吗？

谢福照：是，他配这些色料是最厉害的。化工厂做色料时，如果做得不对，都得叫他去帮忙。向南那边的一座小房子，就是他的，你可以过去慢慢问，他哥也是做色料的。他高中就在做色料，那时候武安也是陶瓷学校出来的。

谢亦昭：武安也会啊？

谢福照：他会烧窑。
李炳炎：为谦是姓吴的吗？应该像吴为明之类的，刚才说为谦的事是解放前的吗？
谢福照：是，陶瓷学校就是解放前的。
李炳炎；他也是读陶瓷学校的？
谢福照：是。
谢亦昭：当时枫溪就只有这一个学校啊？
谢福照：只有这个，注缶那时候还没发明。
李炳炎：也就是说，青花料是从外面买的，然后我们自己来调配。
谢福照：是，自己配的。
李炳炎：那我们的蓝彩和青花彩有什么规范吗？
谢福照：这个也是自己配的，当时都没人做化工的。
李炳炎：那我们这个是在青花上画，而不是在釉上画的，对吧？
谢福照：青花能画，釉上也可以。
谢亦昭：没有釉上的吧。
李炳炎：有啊，施釉后才画的青花。
谢亦昭：哦，还有这样的。
李炳炎：是。
谢亦昭：那它能粘得住啊？
李炳炎：它会沉下去的。
谢亦昭：我知道。
李炳炎：烧大窑的。
谢亦昭：烧完之后表面不是光滑的，怎么画这个青花？
李炳炎：不是，这个釉是在还没入窑之前画的。粗坯施了釉，晒干，然后画青花。
谢亦昭：是这样的，画在釉上的。
李炳炎：是，釉上画了才入窑烧。
谢亦昭：都是在釉上，这个我知道，那个花就是画的。
谢福照：我的祖炉（祭拜祖先的香炉）就是自己画的山水。
李炳炎：您会画呀？
谢福照：是，我自己画的。
李炳炎：画山水不容易吧？
谢福照：画山水才容易啊。
李炳炎：有分青花和蓝彩吗？
谢福照：有。
李炳炎：什么叫青花，什么叫蓝彩？
谢亦昭：实际上青花也叫蓝彩，蓝彩也叫青花。
李炳炎：他说彩料不一样。
谢亦昭：料不一样是指配釉不同。
李炳炎：对，没错。就是钴矿。

谢亦昭：当时来的这些料就叫做钴料，真正的蓝宝石怎么可能来到我们这里，这是不可能的。所以先购钴料，再看它如何结合这些釉来用，跟草木灰釉结合，才能烧成，粘贴在坯层的上面。

谢福照：这些红的，就像你们现在做的那些釉，配在釉里面，再来画。

李炳炎：所以是钴料加谷糠釉做成彩料？

谢福照：对，再靠我们自己的技术人员来调配。

李炳炎：那蓝彩是不是也要这样加谷糠釉？

谢福照：也需要。

李炳炎：那怎么是没有钴料的？

谢亦昭：谷糠釉的原理就是使它和这些釉可以溶合，如果单独先画泥彩料，它是无法溶合进去的，只能浮在上面。

李炳炎：那这样就无法确定这个是青花，那个是蓝彩了？

谢亦昭：基本上是同个系列的，无法分开。蓝彩就是青花，青花就是蓝彩，实际叫法是不一样的，景德镇叫青花，我们本土就叫蓝彩。

谢福照：是啊，蓝彩。

谢亦昭：我们都不叫青花的，景德镇一直延续下来叫青花。

谢福照：要画这些蓝的，要画得薄，就得掺搪，当时掺得太多，画出来就容易混一块了，不好看。

李炳炎：那彩料渗透的关键是什么？有些画出来不会混成一块，有些就会。

谢福照：不是这种原因，是厚与薄。

谢亦昭：这个是由于釉和钴料的配法不同，需要技术人员一直试验调配。你看我们这个釉得经过多少个日夜才能配好。必须用这些钴料来搭配谷糠釉，结合釉的表面层，关键就是在这个地方。

李炳炎：那烧出来色料渗透了，这是什么造成的？

谢亦昭：那证明这些彩料的火度比釉的猛，因而产生这种渗透的效果。如果釉调配得好就不会，色就着上了。

李炳炎：分散是因为什么？跟氧化钴料的调配没关系？

谢亦昭：没关系的，这些钴料是一种原始材料，至于为什么要掺一些草木灰釉下去，是为了让它熔合，烧成的时候可以结合分明。怎样使他们结合分明，那就是要研究的技术，如果太深，烧出来就不透亮了。

谢福照：就是烧太薄了。

谢亦昭：对，化开了，技术就体现在这个地方。

李炳炎：所以说，钴的含量大，烧出来颜色就呆板？

谢亦昭：是。掺稻谷釉是为了配合这个釉的表面，因为以前根本不懂得怎么检测温度，试了之后行，就是行。

李炳炎：烧出来颜色呆板是因为火温太高？

谢亦昭：是配在钴料里的釉温度太高，只有青花料和釉没有结合，或者不太结合，才会造成这样。

李炳炎：那我们这些钴料里面有分什么温度，是不是？

谢亦昭：一般没有，是在配谷糠釉的时候控制温度。

李炳炎：那刚才说的窑温欠（低）是指产品画好之后放进窑里烧的温度不够？

谢亦昭：欠就是烧不熟。

李炳炎：色料的耐火度欠和过（太高），导致它分散和呆板？

谢亦昭：对。你说色料就对了，说青花料可能不太准确，别人已经做好的才叫色料。

李炳炎：比如说我们现在要烧红釉，红釉本身要 1 300 度，但是这个缶拿去烧 1 280 度，这样烧出来那个红色就肯定不是很红。

谢亦昭：是。

谢福照：温度太过（高）它就跑，红色部分就跑了。

李炳炎：是，太过火，它就没有了。

谢亦昭：当时的红是最难烧的。

李炳炎：所以它本身的色料的火要跟将来窑炉的火一样才行，就跟我们烧色釉的道理一样。您的意思是蓝彩和青花是一回事，没有分这一件是青花，那一件是蓝彩。

谢亦昭：我的见解是这样，估计是在我们枫溪这里才叫蓝彩，没有人说青花，青花是景德镇以前的，从清朝以前或者清朝一直叫青花，他们那边没有叫蓝彩的。

李炳炎：解放前枫溪有烧胭脂红色的吗？

谢福照：红的吗？

李炳炎：对，胭脂红。

谢亦昭：胭脂红，大部分是进口的，我知道的都是进口的。

李炳炎：双马红？圆子红？

谢亦昭：圆子红叫锡红，这个我们解放前有做。如果是胭脂红就肯定没有，胭脂红一般都是 750 度到 850 度这个区间，胭脂红又叫玛瑙红、桃红。

谢福照：以前做香炉那种掺红搪的叫红色料。

谢亦昭：是枣红色的？

谢福照：不是。

谢亦昭：那它的颜色是怎样的？

谢福照：你去看一下香炉，香炉的那种。

谢亦昭：我看这些我们好像没有做过，只有一种褐釉，还有一种青蓝搪有做过。

谢福照：是，蓝彩和铜青。

李炳炎：香炉有那种蓝的。

谢福照：我们就是画蓝的啊。

谢亦昭：这些蓝料是在外面买来的？

谢福照：不是，这些蓝是自己掺的，掺色料后再来画。

李炳炎：那您香炉有做红色的吗？

谢福照：没有，那时候没有。

李炳炎：没做红色的？

谢福照：做白的，红的没有做。

李炳炎：如合就有做红色。

谢福照：他是大财主，我们是小作坊。

李炳炎：我们来谈一下整个枫溪当时的产品。

谢福照：他是大财主，里面有技术人员在做。

李炳炎：他当时也需要雇这样的人？

谢福照：当然要，不然他怎么懂，都是雇人做的。

谢亦昭：就是请师傅，请技师，请技术人员。

李炳炎：请来做雕塑、手拉坯这些？

谢亦昭：他自己不做的。

李炳炎：我采访过他（荣利号后人）两次。

谢亦昭：他有行铺。

谢福照：他自己不会做。

李炳炎：他会的话反而没法做大。

谢福照：所以像我们这些没能力的就只能做一些来养家。自己做就不富裕了。这么两三个人在做，做多少是固定的，要怎么富裕起来，雇的人多了就多做一点儿，然后能赚多一些。像松荣做红罐，就算他买了三四间厝，也就这样而已，要很富裕是没办法的。

谢亦昭：只能慢慢赚，慢慢积累这样。

谢福照：是，只能这样。

李炳炎：那我们枫溪当时的化工材料，张若眉也有在卖是吗？

谢亦昭：若眉是城内的？

李炳炎：是。

谢亦昭：你懂这些吗？

谢福照：不懂。

李炳炎：他主要卖到枫溪。

谢亦昭：没错，听说他也有商铺，是吧？

李炳炎：有。

谢亦昭：他是买回来之后，经过自己研究，一部分他自己做，后来公私合营了。

李炳炎：他说主要卖到枫溪。

谢亦昭：是，没错，还有高陂、大埔。他当时有商铺，是不是真正会做，我不太清楚。

李炳炎：他在上海学的化工。

谢亦昭：是，有请技术员。

李炳炎：他自己有读过这方面的书。他在上海读了这方面的书后回来的，后来七二四厂是在他的基础上来做的。

谢亦昭：他读过这方面的书，那就懂。

谢福照：不然怎么那么厉害，做色料非常厉害。

谢亦昭：为谦也读过这方面的书。

谢福照：陶瓷学校的也读这些，读色料的，要不然化工厂为什么一发现不对就马上叫为谦去。

李炳炎：解放后啊？

谢福照：是。为谦做色料很出名。

李炳炎：那他现在还在的话多少岁？

谢福照：比我大。

李炳炎：差不多一百岁？

谢福照：没有，比我大几岁而已。

李炳炎：八十多岁？

谢福照：是。

李炳炎：去世了？

谢福照：老了。

李炳炎：哪年去世的？

谢福照：这个不清楚。

李炳炎：那他应该和吴庆差不多大吧？

谢福照：应该是。吴庆很厉害，搪那些他也很厉害。

李炳炎：当时龙窑的温度是 1 200 多度，对吧？

谢福照：应该没有 1 200 多度。

李炳炎：1 100 多度呢？

谢亦昭：1 150 度到 1 250 度。

谢福照：现在最白的缶才 1 400 度。

李炳炎：龙窑 1 150 度，是吗？

谢亦昭：1 150 度到 1 250 度，后来 1 300 多度，已经到氧化阶段，都是还原焰。

李炳炎：都是还原焰？

谢福照：还原焰。

谢亦昭：开始是氧化焰，等到烟囱变小了才是还原焰。

谢福照：熟了之后要等还原还得把萩草一条条慢慢地丢进去。

谢亦昭：不能太旺也不能太慢，以前烧缶都是靠师傅，要一直试。

李炳炎：那您当时的产品才近千度而已？那些瓮和乌缶？

谢福照：我看最多近千度，800 多度也有。

谢亦昭：800 度到 1 100 度还是有的。

李炳炎：多数是青釉瓷，也就是花窗？

谢福照：陶的就是了，说陶器就对了。

李炳炎：哦，才 1 250 度。

谢亦昭：最高了，再高就塌了。

李炳炎：像如合那些上好的井缸，敲起来砰砰响的也才 1 250 度？

谢亦昭：那些是 1 250 度而已，因为红土不能烧太高的温度，烧太高会塌下去，塌下去就粘在一起了，粘在匣钵里。

谢福照：你看那些烧太熟的，是粘成一把，熔化了，像熔铁那样。

谢亦昭：釉就得熔了才好看。

谢福照：当时不能连缶也熔了。像煎盘什么的，它红红的就是熟了，以前的灶炉，有些灶炉是不用火烧的，放在窑尾，慢慢烘就熟了。

谢亦昭：烧火的那些，最多500度。

谢福照：是，蒸粿用的那些，放在最后面，不用烧的。

谢福照：有的用圆窑烧瓦片，有的用虎头窑做风炉，砌成那样然后把风炉放在里面烧就可以了。

李炳炎：红罐呢？

谢亦昭：红罐高于煎盘这一类的。

谢福照：要800到900度，也不能太熟，太熟会变黑。

李炳炎：跟煎盘一起烧？

谢亦昭：一起烧，还有一些炖钵，一窑可以烧很多种。

谢福照：它们温度差不多。

谢亦昭：基本上温度差不多，但是冲罐的温度相对较高，所以它在窑中间。

谢福照：它放在前面，煎盘放在后面这样。

李炳炎：红罐多少度？

谢亦昭：红罐应该是最多800度，现在有的烧到1 000度，我听说燕明现在烧到1 000度。

李炳炎：瑞全的烧到1 150度。

谢亦昭：他用电热的小窑。

李炳炎：那煎盘呢？

谢亦昭：炖钵就叫煎盘。

谢福照：外面没有施釉的。

谢亦昭：里面上釉，就是谷糠釉，对吧？

谢福照：这些不用谷糠釉，用柴灰而已。

李炳炎：陶的是多少度？

谢福照：也要800度以上。

李炳炎：那不是说要放在红罐后面？

谢福照：差不多的，和红罐差不多。

谢亦昭：红罐相对高一点儿。

李炳炎：那有700多度吗？

谢福照：应该还是要800度。

谢亦昭：那时候是用试搪勺的。

谢福照：那些厉害的人都不用，他拿支铁棒搅，如果搪闪亮闪亮的，就是熟了。

李炳炎：主要看搪？

谢福照：是，不熟的时候他就再丢几块木头下去。

谢亦昭：没有隧道窑之前都是用眼睛看的，有隧道窑后，才有测温仪，里面有两个电池，用它的光来对着这些光，较白的温度高，较红的就是温度低，光线（颜色）对上就是熟了，这个比较有科学依据，叫做测温仪。

谢福照：以前用眼睛看的，烧窑的那些师傅，老了之后大部分眼睛都瞎了，一直用眼睛日夜不停地看。

谢亦昭：到1 300度，火就闪亮了，眼睛看后基本上是看不到其他东西的。

李炳炎：他们不懂，所以一定要这样做。

谢福照：那时候都没有科学的仪器。

谢亦昭：没有仪器可以探测。

谢福照：这都不科学，用眼睛看。

李炳炎：还有一个匣钵。

谢福照：是，匣钵烧到闪闪的就是熟了。

李炳炎：匣钵里面的东西不是都看不到？

谢福照：看外面的这些火焰。

李炳炎：哦，看匣钵的火焰。

谢福照：是。

谢亦昭：以前的师傅就是看火焰，红就是温度没到，白就是温度相当高，只有温度相当高，火焰才变白色。

谢福照：如果熟了它就清亮了，如果没熟则看起来是浑浊的，他就再扔几块柴下去，过会儿就熟了。

谢亦昭：温度达不到就会这样，温度越高，火焰越白。

李炳炎：红红的是还没熟，是吧？

谢福照：红红的就是火候不到，白的就是熟了。

谢亦昭：烧窑师傅就看火焰。

谢福照：都没仪器啊，只能用目测。

李炳炎：有人说看匣钵的沙，沙全都白了也就是温度够了。

谢亦昭：也是火焰的问题。

李炳炎：就是每个人都有不同的方法。

谢福照：他的技术是专门看这一个，要是不懂的看了也不知道是什么。

李炳炎：是。

谢亦昭：我们做缶的土是越细越好，釉也是这样。

谢福照：釉也要细。

李炳炎：那就得陈泥了？

谢亦昭：对。

李炳炎：现在也很少人用陈泥，我看这些大工厂都没有。

谢亦昭：都不用陈泥了，现在的碾碎机太厉害了。

李炳炎：碾得非常碎？

谢亦昭：是，以前没办法才要洗泥。

谢福照：一定要洗细了，不细的话烧出来不好看。

李炳炎：很粗，然后有气泡？

谢福照：对，细的做出来很光滑，很漂亮。

谢福照：不然以前有一个烧安仔的，烧出来的安仔脸都有颗粒，花钱去找师傅。师傅说，烧多一两度，火自然就好了，温度达到就光滑了。

谢亦昭：釉还没熔合。

谢福照：安仔没釉的。

李炳炎：素烧的？

谢福照：不是，其他地方有釉。

谢亦昭：温度不够，没熟。

谢福照：是，温度不够就不光滑。

李炳炎：解放前这些全部都没有烧还原焰？

谢福照：没有。

李炳炎：直接烧氧化焰？

谢亦昭：是的，直接烧氧化焰。

谢福照：没有 1 400 度的。

谢亦昭：等到后来去唐山学习，去江西景德镇学习，才知道我们应该要烧细瓷。

谢福照：以前都说江西的缶好，宜兴的红罐好，现在都没法跟我们的比了。

[访谈后记]

通过对谢福照先生及其子谢亦昭先生的访谈，可以清晰了解到枫溪泰盛号的发展历程。两位先生一直从事陶瓷工作，对陶瓷的制作流程相当熟悉，尤其是谈到谷糠釉的制作以及谷糠釉与现代釉料的区别时。他们在访谈中还谈及龙窑、轮窑、圆窑及现代隧道窑在烧制方式上的区别，这些都是非常珍贵的资料。

采访过程中，口述者对自己作坊的经营情况进行了回忆。采访者还引导他们对同一历史时期、同一区域的同业者相关的生产经营情况进行回忆口述，一些与他本人看起来关系不密切的东西也尽量让他知道是什么，这样反而能够开阔我们的视野。

泰盛号创立于清末，创办人谢思明在枫溪佘厝尾石桥头租地自建龙窑一条，称泰盛窑，拥有十几间做厝，规模甚大。主要生产各类灯具、陶罐及花窗、垂帘等陶器。民国时期，泰盛号主要由谢福星的父亲及谢福照之父谢绵镇（1904—1973 年）负责经营。1946 年，泰盛由谢福星及谢福照协助经营，他们逐步熟悉产品制作、销售等事务，当时产品主要销往东南亚等地区，产品通过枫溪条运往揭阳、汕头等地出海。解放前夕，谢福星到泰国创陶瓷业，生产胶杯等。

邱玉明谈陶玉峰号

受访者：邱玉明（1932年生），男，枫溪陶玉峰号瓷坊创办人邱金璧之长子。
时间：2010年10月4日
地点：潮州市颐陶轩陶瓷文化艺术研究所（今颐陶轩潮州窑博物馆）
采访者：李炳炎
录音整理：陈巧花
文稿编辑：李炳炎、陈秀娜

李炳炎：玉明叔，刚才说枫溪做陶瓷最大的是陶真玉？不是荣利或者如合？

邱玉明：如合分老如合和新如合，新如合这些人我都不怎么认识，我只知道它的字号很大，其他那些就还不是很有名。

李炳炎：我们来谈谈你们自己的窑，当时陶玉峰的窑是不是1946年建的？

邱玉明：建窑这个我就不怎么清楚了。

李炳炎：您很小的时候这条窑就建好了？

邱玉明：是，已经建好。

李炳炎：就是陶玉峰窑？

邱玉明：是，以前烧窑都是跟那些富人租的。

李炳炎：你们没有自己的窑？

邱玉明：没有。等到差不多解放的时候，我们自己才有一条窑。

李炳炎：差不多解放？

邱玉明：是，跟人家买了田地之后才建的窑。

李炳炎：日本人走后才有窑？

邱玉明：是。

李炳炎：也就是抗日战争胜利之后。

邱玉明：没错，隔了很久才有的。

李炳炎：还隔了很久，那就大概是1948年？

邱玉明：这条窑我印象中是我们自己用了五六年后就解放了。

李炳炎：那这条窑当时是我们自己建了还是跟人买的？

邱玉明：跟人家买的田地，然后建了这条窑。在解放前，这条窑还没建好的时候是跟吴氏人租的窑。

李炳炎：吴氏的谁？

邱玉明：属于吴氏的。
李炳炎：吴氏的窑，它的窑名是什么？
邱玉明：那条窑不知道叫什么，好像有个泰字。
李炳炎：泰和窑？
邱玉明：不知道，不知道叫什么窑。
李炳炎：哦，只知道有个泰字。
邱玉明：以前烧的有两条窑，那两条窑都是跟他们租的，另外那条窑我反而有印象，叫溪底窑。
李炳炎：跟他们租窑烧缶？
邱玉明：是，租了两条窑。
李炳炎：日本人来之前你们家没有窑？
邱玉明：日本人来之前没有窑的，日本人来那时候很惨的。我三叔在枫溪弄了些粗缶，拿到客顶去卖，然后在那边遇到坏人，骗了他的钱，被骗之后他就在那里做乞丐，最后才回来的。日本人时期，家里还是很惨的。
李炳炎：那个时候谁都惨，是日本人走了之后才好起来的。
邱玉明：是。
李炳炎：那当时这些缶做好后怎么个卖法？你们的订单是怎么来的？
邱玉明：当时我们做的缶都是陶大跟我们买的。
李炳炎：陶大？
邱玉明：陶大就在八爷（的商号）旁边。
李炳炎：那八爷有跟你们买吗？
邱玉明：八爷不知道，不知道当时是不是他来买的。
李炳炎：不是，陶大是陶大，八爷的铺号是叫和祥。
邱玉明：和祥没听过，我当时经常去陶大那里拿钱。
李炳炎：这样子啊。您今年几岁？
邱玉明：今年七十九岁。
李炳炎：属什么的？
邱玉明：属猴的。
李炳炎：当时应该懂事了，大部分是卖给陶大，陶大是不是在香港有设行号？
邱玉明：很大，应该说，最开始是在这边的。
李炳炎：他在香港还有哪些地方？
邱玉明：他在香港有一个号非常大，然后其他地方还有两个，但是不知道是不是他们自己人的。
李炳炎：陶大老板的名字叫什么？
邱玉明：不知道。
李炳炎：你们卖给陶大的缶是送到他们在枫溪的仓库还是直接帮他们载到香港？
邱玉明：没有，他自己来这里拿，然后拿去他的缶栈，再去转。
李炳炎：是他上门来收货的？

邱玉明：是，他自己来拿。以前是两种客人，一种是自己来挑的，好的缶都被他挑走了，其他人就是有什么买什么。

李炳炎：那他就得自己来挑？

邱玉明：我们先帮他挑好，就是彼此信任。挑好之后，他拿回去还得重新分装。他叫师傅一个一个过手（逐个检查），看哪些歪的，哪些撞缺角的，反正次的他就拣出来，拣出来后跟我们换好的。

李炳炎：钱得上门去拿？

邱玉明：我们以前雇的人叫财付，一共雇了三个财付。

李炳炎：财付就是财务人员？

邱玉明：他们帮我们管理这些事，大大小小的事都是他们在管理。

李炳炎：财付是哪个付？

邱玉明：财付，以前的人都叫财付，应该是付出的付，财富的财。做最久的就是枫洋的苏锦春。

李炳炎：现在人还在吗？

邱玉明：不在了，去世几年了。以前健在时还曾经来我这里。

李炳炎：就是由这个人去跟对方结算收钱？

邱玉明：没有，拿钱大多是我去拿，他不用收钱的。

李炳炎：他只是负责结算？

邱玉明：他主要是写哪个字号多少钱，付货拿了多少钱这样子，还有欠多少钱这些简简单单的。

李炳炎：您去拿是拿现钱回来的，是吧？

邱玉明：是，都是拿现钱。

李炳炎：当时是拿龙银还是？

邱玉明：不是，都是纸字，我那个时候不是用龙银。在我那个时候，雇的头两个财付都做不久，第三个就是苏锦春。

李炳炎：您父亲不识字？

邱玉明：是，我父亲不识字，得请人来写。

李炳炎：你们当时这条窑建了多少目啊？

邱玉明：不知道，是最长的，不知道是二十七目还是二十八目。

李炳炎：应该是二十六目？

邱玉明：是枫溪最长的。以前租的那条窑我记得有个泰字，那条是老窑，后来发展壮大才能建这条这么长的窑。

李炳炎：是不是叫泰盛？

邱玉明：不知道，我没印象，等到解放后我们才有自己的一条窑。

李炳炎：还有一条窑叫万泰窑。

邱玉明：万泰窑，是，没错，就是万泰窑。

李炳炎：哦，是万泰窑。我记录了三十多条窑的窑名，你们是跟万泰窑租的？

邱玉明：是，万泰窑，属于吴厝的，那里没有一个人叫万泰，是这条窑叫万泰窑。我们给他们的租钱是给他们吴氏宗族的头人（宗族领导人）。

李炳炎：他们那条叫古祖窑，万泰是他们祖上的名字，由他的子孙在经营。

邱玉明：是，我们叫它万泰窑。我们家从我小的时候开始就在万泰窑那里烧了好多年，后来我们才发展壮大，自己另外建窑，人家出土地我们出工。那条窑叫做新窑，我们没有给它做名（取名，下同）。

李炳炎：没有做名？

邱玉明：有，只是不知道怎么个做法。

李炳炎：大牡缸窑、口窑、老大窑、新窑、向北窑、向北仔窑？

邱玉明：就叫新窑。

李炳炎：是，有一条新窑。

邱玉明：嗯，这条窑是新建的。

李炳炎：然后是和记窑、溪底窑、卢厝窑、日祖窑。

邱玉明：溪底窑这个没有。

李炳炎：日祖窑？

邱玉明：不是，有可能是叫做新窑，很有可能。

李炳炎：还有新大窑、新建窑、胜新窑，这些是下枫溪的。你们是下枫溪的吗？

邱玉明：不是。

李炳炎：你们是上枫溪的？

邱玉明：是。万泰窑这个可能就是，我印象深刻。

李炳炎：就是你们先跟他们租，后来才自己做。自己做的那条就叫陶玉峰窑还是？

邱玉明：不是，陶玉峰是我们的字号。

李炳炎：这条窑只是你们一户在烧而已？

邱玉明：不止，还有别人跟我们租，不曾自己烧整条窑。这窑不是说随便的缶都可以烧。这二十多目，最后那五六目，全部是烧煎盘、风炉、缸、瓮这些东西，都是一些粗缶。

李炳炎：后面的五六目是烧粗缶的。

邱玉明：最后面。前面这个地方，火候比较难掌握。前面的五六目大概烧杯仔、碟仔、碗仔。

李炳炎：杯仔？

邱玉明：就是我们那种小酒杯，然后是碟仔、碗仔这些小个儿的缶。

李炳炎：那么窑中间烧什么缶呢？

邱玉明：窑中间烧好的缶，像大水钵那些就是在十目到十六目。

李炳炎：大水钵？

邱玉明：是，大水钵、大餐盘。

李炳炎：就是大水架？

邱玉明：是，我们当时有做水架，很大的，我们还能加个芯。

李炳炎：这个芯是从哪里来的？

邱玉明：芯不知道是从哪里来的。

陶玉峰款青花柳马纹水钵

李炳炎：水钵上面画什么？有画东西吗？

邱玉明：画花鸟。

李炳炎：画青花？

邱玉明：蓝的有，彩色的也有。

李炳炎：彩色的画什么？也是画花鸟？

邱玉明：是，全都是画花鸟，没有别的。

李炳炎：刚才说的大水架、大餐盘得放在十五目起（之后）是不是？

邱玉明：差不多是十二目开始，超过十目就是了。

李炳炎：十目至十五目？

邱玉明：得到十六目或者十七目。

李炳炎：哦，这块（这个地方）是放最好的缶。

邱玉明：搪这方面我最有印象，因为基本上我就是做这些比较轻微的工作。认定一个箩筐，这个箩筐我不用拿去称就知道可以装五斗粟，非常大。把这个箩筐放在那里然后去量，忘了是量三下（次，下同）还是四下就把粗糠倒下去。之后在四个角放些秋草或者稻草并点燃，粗糠就放在那里焚烧，等到粗糠中间看起来开始变白，这个就叫白灰，旁边还有一些黑的。基本上这些粗糠焚透了，再放蚶壳灰，蚶壳灰在烧缶的时候是用那些槽去装的，把它放在缶的上面，烧了之后，开缶时把这些槽拿开，就剩下这些蚶壳灰。这些灰非常白，拿下来后就喷水，让它发，发后我们就用米筛来淘筛，筛完就拿个大缸来装。然后在焚烧这些粗糠的时候，不知道当时是放六斤还是六斤半的灰，就放在上面，在火差不多快烧完时放在那里焚烧，焚烧到它自然熄灭。等到手可以摸，又还有温度这个时候就基本好了。在这个焚烧的过程中，为了让它均匀，部分焚烧不到的地方，得翻过来，拿一支像船桨一样的东西来翻（搅拌，下同），翻均匀后使得粗糠各个地方都着火，这样基本上所有粗糠都能焚透。等到中间变成白灰，才放这些灰（蚶壳灰），这个灰不知道是五斤还是六斤，但是是固定的。大概是需要十个钟（小时，下同），下了灰后就不能去碰它，得超过十个钟才能翻，把热度散了。等到基本上有点烫手就拿到臼里舂，我忘了得舂多久。粗糠很容易出油，舂到这些都黑了，出油了，这下子就算好了。之后，装进大水缸，加上粗搪，然后拿一个像船桨的东西搅拌，搅拌到看起来很浑浊，就舀到另一个缸里面，舀到最后会剩一些土。剩下这些是没用的，这样不是说一次就好了，重复这样搅拌得做几次，至少三四次。

李炳炎：那这些红色是怎么配出来的？

邱玉明：这些红色是色料。

李炳炎：后面才加色料进去的？

邱玉明：是拿一个盘子来装色料，用牙刷来沾上，然后用筛网来筛，这样就做成色料。

李炳炎：就像喷彩一样？

邱玉明：是，这个要喷得比较用力。枫溪都没有其他人做。

李炳炎：玉明叔，刚才做大水缸的事您再说一遍。

邱玉明：是我们做的？

李炳炎：是，大概有几米高？一米高？

邱玉明：不知道怎么说。

李炳炎：大概是一米高的凉水罐，然后凉水罐上面画什么？

邱玉明：水淹金山寺。

李炳炎：水淹金山寺，当时是画什么色的？

邱玉明：当时很时兴（流行）这个。

李炳炎：就是青花？

邱玉明：是，就是这种蓝。

李炳炎：你们叫蓝彩。那是谁画的？

邱玉明：当时不知道是叫谁画的，不知道再笑会不会画。还有镜河，枫溪市的。那两个是比较会画画的。我们以前都叫凉水罐。

李炳炎：下面有落款吗？

邱玉明：没有。

李炳炎：盘碗有落款，这个反而没有落款？

邱玉明：不知道以前是怎么弄的。

李炳炎：这些凉水罐都没有落款？

邱玉明：我知道的是这样的。

李炳炎：那这些是日本前做的还是日本后做的？

邱玉明：可能不是日本前的，当时我们根本就没有名气。

李炳炎：那就是日本后做的？

邱玉明：解放时做的。反正我父亲不认识字，什么都不会，人家说怎样他就怎样做。

李炳炎：那当时陶真玉是不是也请了一个叫陈再笑的，揭阳人。

邱玉明：可能是同名。

李炳炎：他是姓陈的。

邱玉明：陶真玉在我们隔壁。

李炳炎：您知道吗？

邱玉明：我不知道。

李炳炎：没有请一个叫再笑的？

邱玉明：没有。我们请的那个是苏再笑。

李炳炎：你们请的这个是枫洋人，苏再笑。

邱玉明：不过，他的姓不是这样写的，一直都只是写再笑。我每次去枫洋我苏嫲那里，都得经过他家门口。

李炳炎：经过谁的门口？

邱玉明：再笑。

李炳炎：他姓苏？

邱玉明：这样子他就是姓苏，但他都不是写苏再笑。

李炳炎：您不确定他是姓苏的？

邱玉明：不知道。

李炳炎：有人说他姓陈。

邱玉明：他是枫洋人，住在枫洋。

李炳炎：你们做这个水淹金山寺（的凉水罐）是非常重要的，比做其他的都重要。

邱玉明：当时还有一个叫镜河的，也是很厉害。

李炳炎：吴镜河非常厉害，镜河画东西非常厉害。

邱玉明：这两个都是属于不固定的。吴镜河这个人是流动派的，可以在这里做，也可以在那里做。

李炳炎：那么锦松呢？

邱玉明：锦松师是帮我们做大个儿的缶的。

李炳炎：锦松师是画的吗？

邱玉明：不是，做缶的。

李炳炎：是手拉坯的？

邱玉明：是。

李炳炎：锦松师姓什么？

邱玉明：吴。

李炳炎：哦，吴锦松。

邱玉明：橄榄巷口那里的人。锦松师早上和下午来做工之前，一定要抽鸦片。他早上等到十点才来做，做到十点多就得请他吃饭，吃完饭喝完茶，等到下午一点钟左右，他就去下枫溪抽鸦片，抽到三点左右才来，然后做到下午五点多。

李炳炎：那他赚的钱不是都不够抽鸦片？

邱玉明：他抽鸦片抽到整个人很瘦，手都是黑的。大个儿的缶全枫溪就他一个人会做。

李炳炎：就是吴锦松，橄榄巷口人。

邱玉明：是，人叫锦松师。

李炳炎：这个非常难得，这些我都不知道。

邱玉明：他有一个儿子。

李炳炎：那他是什么时候去世的？

邱玉明：很久了，解放后的事。

李炳炎：六几年？

邱玉明：他什么时候老了，我不知道。

李炳炎：那应该是六几年或者七几年是吧？

邱玉明：这个不知道。

李炳炎：那解放初期他大概多少岁？您应该认识他，是吧？

邱玉明：认识。

李炳炎：那解放时他多少岁？

邱玉明：他来的时候都是我在接待他的，得给他好茶好酒。

李炳炎：他在你们这里做那时您几岁？

邱玉明：那个时候我应该是十五六岁。

李炳炎：那他几岁？您十五六岁时他几岁？

邱玉明：他将近五十岁。

李炳炎：这样我就知道了。

邱玉明：走路看起来都没力气。

李炳炎：那他拉坯的时候怎么那么有力气？

邱玉明：他是半站着的。

李炳炎：那这些凉水罐也是他拉坯的？刚才说的这些水淹金山寺凉水罐都是他拉坯的？

邱玉明：是。

陶玉峰款枫溪窑五彩花蝶纹盘

李炳炎：水果盘也是他拉坯的？

邱玉明：是，我记得他是做成两截后再来接的。

李炳炎：是，没错。这个非常好，刚才您谈的这些都非常重要。因为我一直在打听陶玉峰做什么是最厉害的，实际上就是做凉水罐最厉害，水果盘还是次要的。

邱玉明：差不多解放的时候，这个是最有名的，我们叫做水漏（凉水罐）、大餐盘、大花钵。

李炳炎：你们有做宝石蓝的花钵吗？

邱玉明：可能有，当时有一个叫做什么眉的。

李炳炎：张若眉。

邱玉明：是，我们那些蓝料就是从他那里来的，好像是从日本来的。

李炳炎：那您父亲会配蓝釉的搪吗？

邱玉明：全部都是他配的。

李炳炎：都是您父亲配的？

邱玉明：都是他配的，当时那些老工人都不会配。

李炳炎：当时就是他两个弟弟在他那里做工？

邱玉明：是啊，晚上都是一起吃饭的，一家人没有分的。

李炳炎：那有工资给他们吗？

邱玉明：工资就是一起赚的，都是有规定的。例如今年赚了十二万元，里面就有交代说交五万或者六万作生产资金，剩下的钱拿来买田、买金。

李炳炎：买这些两个弟弟也有份的，是吧？

邱玉明：有，都有份。每月都有规定的，他自己拿多少钱，我三叔和小叔不知道。我也是列在里面可以领钱的，当时一个月可以领很多钱的。

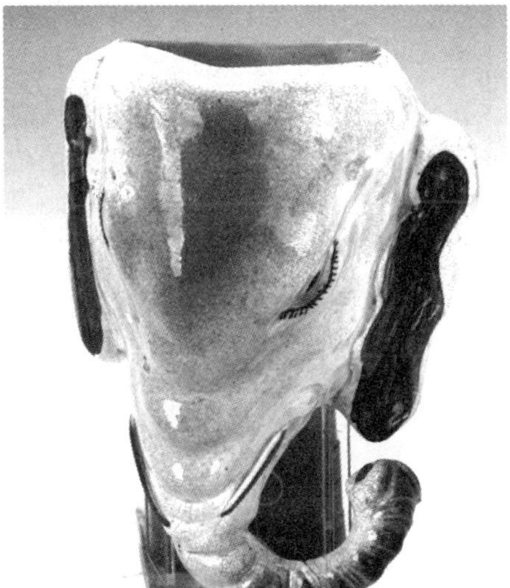

陶玉峰款五彩象形壁瓶

李炳炎：当时大概领多少钱？

邱玉明：我忘了是多少，反正我是领很多钱的，比我三叔和小叔少一些而已，可能他们每人三百元，我大概是两百元，这样的比例。当时我也是已经结婚的。

［访谈后记］

陶玉峰是近代枫溪窑业有代表性的瓷厂之一。邱玉明先生是陶玉峰创办人邱金璧的长子，他自小参与陶玉峰的生产和经营。通过对他的采访，可以非常清晰地了解到陶玉峰的生产规模以及产品的制作过程。

邱金璧（1902—1970 年）于 1936 年在枫溪卢厝池顶创办陶玉峰瓷坊。抗日战争之前，陶玉峰的产品主要有鹦鹉、鲤鱼、鲩鱼等壁瓶及枕头，烧窑主要租用吴氏族人经营的万泰窑；抗日战争胜利后，各地客户纷纷到枫溪订货。这时邱金璧在家庭作坊的基础上，应时发展，作坊扩充至十多间，自建龙窑长约二十六目，是当时枫溪最长的龙窑。龙窑除烧造自家产品外，也租给别人寄烧，产品主要有大水果盘、花钵、滤水器、汤窝和通花瓶，通过枫溪各大缶栈销往香港等地。

邱金璧虽未进学堂，但勤奋好学，与二弟邱金声、三弟邱金保共同参与产品的经营创作、管理，金璧主要负责捏塑工艺，金声主要负责手拉坯，金保主要负责烧窑及釉料制作，他们在生产实践中积累了不少经验，熟悉很多色釉的配方，能自制谷糠釉。他们出品的青花水淹金山寺凉水罐，器形高达 1 米，由吴锦松、蔡木千拉坯成形，吴镜河和苏再笑描绘，堪称佳作，成为一时佳话。

1948 年，邱玉明参与作坊的经营，当时产品大部分被陶大缶栈收购。他时常凭财务的单据到陶大的缶栈结算提款。新中国成立后，陶玉峰被作为公私合营的试点单位。1956 年 9 月，陶玉峰正式成为公私合营的工厂。

陶玉峰是抗日战争胜利后至公私合营业期间枫溪规模较大的陶瓷厂之一。采访中，邱玉明先生回忆其亲历的一些情景，由于年龄关系，其对抗战前的情形基本不了解。先生抱着较为谨慎的态度，提供其与陶玉峰相关的回忆，为了较为全面地了解陶玉峰的经营情况，之后我又寻找到其胞妹画家邱玉卿女士及堂弟邱培光先生等进行补充采访。为了弄清一个家族企业的经营，我们尽可能地寻找更多相关的亲历者进行采访，力求全面准确地还原历史。

邱培光谈陶玉峰号

受访者：邱培光（1945年生），男，陶玉峰号创办人邱金璧之侄，其父邱金保一直参与陶玉峰号的生产。

时间：2010年8月19日

地点：电话采访

采访者：李炳炎

录音整理：袁洁纯

文稿编辑：李炳炎、陈秀娜

李炳炎：请问您是培光先生吗？

邱培光：是。

李炳炎：是玉卿姐介绍我找您的，我叫李炳炎。我是想了解一下陶玉峰民国时期的一些事，想请您简单地讲一下。还想请您有空到我单位来，我这里收藏了一些陶玉峰的产品，想找您确认一下。

邱培光：我有拍了一个坛子的相片，它的盖子打烂不见了，坛子底下刻着陶玉峰，是画花鸟的。

李炳炎：是大窑彩的还是青花的？

邱培光：大窑彩的，我可以传给你看。

李炳炎：好。陶玉峰创办于哪个时间，您说得出来吗？

邱培光：我有去一些老人家那里问过，他们说是差不多在日本仔要来的那个时间。日本仔来的几年前，枫溪辜厝顶的树宽，他今年八十多岁，当时是我们的邻居，玉卿也有打电话去问他，他说我们陶玉峰厂是在日本仔没来之前就开始了，到了1946年就做得比较大，那个时候缶的生意比较好。一开始的生意并不是很大，枫溪做大个的缶是陶玉峰比较先做的，做花钵，做枕头，枕头现在也找不到。据我所知，当时我大伯就是捏这些猴子（瓷像），是挂在墙上的，还有一条鲤鱼和一条草鱼，他当时就是捏这些，这些全部是用土模印的。

李炳炎：这三种我全都有。

邱培光：全有，是吧？

李炳炎：是。

邱培光：这些就是我们做的。我今天问树宽了，他说还有些方形枕，陶瓷的，施色釉的。辜厝顶这几个老人家，他们都说这些当时都有做。今天我去我女儿家，她跟我说她家里有一件陶瓷是陶玉峰的，是一个坛子，不过盖子不见了。

李炳炎：那陶玉峰之前的地址是在辜厝顶吗？

邱培光：不是，当时的地址是在桥西。我们最先是在卢厝，差不多到我们厂那里，但又未到桥西的那个地方叫做卢厝池。那里原先叫做日祖窑和卢厝窑的两条窑就是我们的。

李炳炎：哦。

邱培光：最先我们铺前（作坊前）有一条窑，后来在卢厝建的窑就叫卢厝窑，是我们自己在烧的龙窑，这样就是两条窑。

李炳炎：那这个地址是卢厝池顶，是吧？

邱培光：是的，卢厝池顶是对的。

李炳炎：陶玉峰是不是1946年才自己建窑，以前是不是没有自己建窑？

邱培光：有，以前有。

李炳炎：日本人来之前就已经有窑？

邱培光：日本人来之前就建了这条卢厝窑啊。

李炳炎：不是，我是指陶玉峰自己的。

邱培光：陶玉峰建窑是在日本人来之前的，建好的两三年后日本人才来。我听辜厝顶的树宽说的，具体他比较熟，他八十多岁了，是我们的亲戚。

李炳炎：就是建窑的三年后日本人才来的？

邱培光：是，不过刚开始生意不怎么样。不知道是谁教我大伯做这几种色釉。辜厝顶那几个八十多岁的老人，是从小到我们厂做工的那些人，现在只有两个还在世，他们对这些情况比较清楚。而我当时还很小，解放时我才六岁，不过我小时候经常跟着我大姆（大伯母，下同，此处指邱金璧的妻子），看她印缶、印鲤鱼。

李炳炎：您父亲的大名是什么？

邱培光：金保。

李炳炎：他排行第三？

邱培光：是，第三的，名字叫邱金保。

李炳炎：是保护的保吗？

邱培光：是。他的本名叫朝镇，别人都称他为猪肚。

李炳炎：是。是朝镇还是朝州？

邱培光：朝州是我二伯，我父亲是朝镇。

李炳炎：镇是哪个镇？

邱培光：枫溪镇的镇。

李炳炎：好的。

邱培光：一般在厂时，他的名字就是金保，合厂的时候。我们是枫溪的第一家合厂。

李炳炎：那您大伯就是邱州，对吧？

邱培光：对，邱州。是枫溪第一家公私合营的，是最先的一家。那股证现在还在我家里，我父亲最后投股进去，就是拿这份去领钱的，到“革命”就没有了。

李炳炎：股权的名字是写陶玉峰，对吧？

邱培光：对，写陶玉峰。

李炳炎：那您问的结果是在日本仔的三年前时就已经有陶玉峰这个名字？

邱培光：嗯，日本前就有陶玉峰。

李炳炎：那就是日本前龙窑就已经建好了？

邱培光：建好了，有一条龙窑。

李炳炎：日本后生意比较旺？

邱培光：是，日本后生意就比较旺，那些老一辈的都知道。你有问过钦海吧，钦海他住在桥西，我们不太了解辜厝顶这些老人家，是我们的亲戚，他们了解的情况就更多。如果你哪天有空的话可以去辜厝顶，他八十多岁了，坐下来谈一谈，一些情况他都知道。还有两三个工人原来是从很小的时候就在陶玉峰做工，他们也知道。这些情况他们比较熟，我现在六十六岁，当时才六岁。

李炳炎：您是哪一年生的？您属什么的？

邱培光：属鸡。

李炳炎：您现在能找多一些陶玉峰的东西出来吗？

邱培光：我现在就只有一个壶，还有一个花盘。我问我儿子，他说陶瓷城那里还有一个过滤器，我们以前也叫滤水器、水架。

李炳炎：这个我知道。

邱培光：他说摆在陶瓷城玻璃橱里的，有几件是陶玉峰的。

李炳炎：有盖印的吗？

邱培光：他说可能有。

李炳炎：哦，得看里面有没有盖印。

邱培光：有，是盖在底下的，跟我家里这个壶一样。

李炳炎：陶玉峰的情况您大概知道，那么陶真玉的您应该也知道吧？

邱培光：陶真玉现在也有几个后代在，是他的同学。陶真玉当时在我们隔壁，他主要是做工艺的。从我懂事起就做工艺，像观音就是陶真玉做的，我们做的是日用瓷。我听老人说，我们最开始是做一种碗，碗是画兰花的，每个碗上面都有一个盖。

李炳炎：有，没错。

邱培光：有一个盖的，他说最先在日本仔前就是做这种碗，做到后来就做花钵，然后这些蓝彩、朱红他都会做。

李炳炎：我有这个碗啊。

邱培光：他们说这个就是最先的。

李炳炎：这个是日本前的产品？

邱培光：是，他说日本前是做碗。后来做花钵和水架，销（往）香港，那些坛子底下才有印英文，就是做了这个才旺起来。我听说是在溪边买了十多亩田。我听我父亲

陶玉峰款青花花卉纹高足盘

在世时说，溪边的生意比较好。当时枫溪有一条溪叫新溪，通往宫（三山国王宫）前的。我们厂离新溪边很近，就买了溪边那块地准备作码头。当时去香港的货全部要装竹框，塞稻草包，这样包装过去的，所以就想在溪边建个码头，让船可以从这边装货过去，就买了这十多亩地。当时买了这个田地之后还没建码头，仍然是帮人种田。还没来得及建码头，就解放了。解放后我们被评为工商业，房子什么的都被没收了，就剩下一厂的这个办公地还有那条日祖窑，说这条窑给陶玉峰投资，投资成国营。小时候我记得就在办公的地方上贴字，写着公私合营陶玉峰瓷厂，是枫溪第一家，投入国营。办公这块（这个地方）有六间厝和一个厅在做缶。以前我父亲负责窑脚（烧窑）和搪，我二伯就负责做缶（成形），我大伯就负责捏安仔，像捏猴子这些都是我大伯手捏之后再开模（制模）的。

李炳炎：他很厉害啊。

邱培光：他们三个人都要自己做的。

李炳炎：那第二的是负责做什么的？

邱培光：第二的是负责下车做缶，他最擅长做缶（拉坯成形）。

李炳炎：那第三的就是负责烧缶看火？

邱培光：我父亲负责看火，烧缶，过搪。搪全部都是我父亲负责的，施釉、烧缶也全是我父亲负责。

李炳炎：那你们当时总共雇了多少人？解放前的。

邱培光：解放前的我不知道，得问老一辈的才知道，那几个在那里做过的就知道，现在剩下三个人，三个人在厂里做过。

李炳炎：当时请的画花师傅是谁？

邱培光：画花的有镜河，还有一个叫再笑的。再笑在我们那里画花画了很久，镜河也画了很久。当时画花的有很多人，那些人很厉害，都是手绘的。

陶玉峰款珊瑚红釉通花瓶

李炳炎：维松有没有？

邱培光：维松可能没有，我不记得，这些画花的人现在年纪都很大了。还有一个叫做阿龟的，阿龟也是在我们厂画花画了很久的。

李炳炎：那锦松师呢？

邱培光：锦松师过世很久了，现在剩下他媳妇。锦松师住在七厂旁边。泽贤在枫溪下棋算是很厉害的，他的父亲就是锦松，下车拉坯很厉害。他说木千是后来来的，他是从电力还是哪儿回来之后才去我们那里做工的，比锦松师晚。

李炳炎：您大伯是不是曾经在陶真玉当过师傅？

邱培光：好像没有。

李炳炎：两间厂是连在一起的。那没建厂之前他是做什么的？

邱培光：没建厂之前的我不知道。

李炳炎：有人说他小时候是在陶真玉做工的，后来才创建了陶玉峰。

邱培光：这个我就不知道了。不过我知道后来在还没解放之前，我们的缶有卖往香港。陶真玉的陶安，他办缶（陶瓷贸易）办得好，在香港设点。我们的缶就托陶安他们卖，他名字就是陶安。我们自己没有设点，是托陶安拿去卖的。

李炳炎：当时附近有没有一家叫做陶真峰的？

邱培光：陶真峰没有。

李炳炎：我这里有一个缶，写的是陶真峰。

邱培光：陶真峰不认得，没有啊。

李炳炎：我就觉得陶真玉和陶玉峰都姓邱，应该是同一个乡的。

邱培光：没有，陶真峰这个我没听说过，从小就没听过。

［访谈后记］

邱培光先生自小常跟随大姆到作坊，观看她做缶，对作坊规模及生产流程非常熟悉，其伯父邱金璧是陶玉峰的创办人，其父邱金保也一直参与陶玉峰的生产。我通过邱玉明先生及邱培光先生的口述来互补互证，最终整理出陶玉峰整个发展历程。

陶玉峰由邱金璧于1936年创办，位于枫溪卢厝池顶。1956年9月，陶玉峰正式成为公私合营的工厂。邱培光先生至今还保留着当时其父邱金保入股的股证，这些是非常重要的历史资料。

吴振达谈锦合号

受访者：吴振达（1934 年生），男，1950—1955 年参与自家经营的锦合号生产工作，1956 年在枫溪美术瓷厂从事生产管理和业务工作至退休。

时间：2008 年 3 月 27 日

地点：枫溪西塘

采访者：李炳炎

在场人：吴振坤、吴淑贤

录音整理：刘映秀

文稿编辑：李炳炎、陈秀娜

采访吴振达先生（中）、吴振坤先生（左）

李炳炎：你们刚开始自己有窑吗？

吴振达：那个时候的窑是窑主的。那个时候都是公产，这些字号就去跟他们租。

李炳炎：是。

吴振达：租一年还是两年，多少人合租多少窑，多少个字号合租这条窑这样子。然后轮流，这一窑轮到你烧，下一窑就轮到那个字号烧。这一窑二十多目的缶，从头到尾多少个财主来烧。例如做白缶的，就在窑头烧，然后是蓝彩，接着是彩缶，最后是烧煎盘，就是这样合作的。没办法一条窑从头到尾都是自己烧。

李炳炎：那我们自己的呢？我们锦合的？

吴振达：那个时候我也是解放前来到橄榄巷，我们烧向北窑。现在那条窑不知道还在不在？叫做向北窑。

李炳炎：没有了。

吴振达：没有啦？

吴淑贤：现在建成写字楼了。

吴振达：是，是。烧向北窑，烧大牡缸窑，就这些邻近的。

吴淑贤：这个刚好在旁边？

吴振达：嗯，在旁边。

李炳炎：牡缸怎么写？

吴振达：你写补品的补吧，或者写牡也可以，大牡缸啊！

李炳炎：大牡缸窑？

吴淑贤：大牡缸窑在哪里？

吴振达：大牡缸窑在后做厝那里。刚好在向北窑的窑尾。

李炳炎：后做厝在哪里？

吴振达：后做厝就是什么字号。

李炳炎：七厂旁边吗？

吴振达：不是。七厂那边原来没有窑，是一个鱼池，还有一些田地。向北的那条路当时是厂房，路旁一条窑叫做向北窑。这些是溪下的公产。

李炳炎：大牡缸窑是在溪下，是吧？

吴振达：嗯，那大牡缸窑当时不知道是谁的。

吴淑贤：差不多在什么地方？

吴振坤：大牡缸窑就在向北窑的后面。

吴振达：在向北窑的后面。

吴淑贤：对。

吴振达：杨厝内，杨厝宫后那里。

吴振坤：是的，宫后那里。

吴振达：那里有好几条窑呢！宫后那里有四五条窑。

吴淑贤：这个我就不知道了。

吴振达：你肯定不知道。

吴淑贤：向北窑我知道，小时候经常去那里玩。

吴振达：北窑、口窑、圆窑。

吴振达：当时在灶脚那里的窑在哪里？

吴振坤：就是那个灶脚墩。

吴振达：灶脚墩那里有窑，是吧？

吴振坤：很多窑在那里。

吴振达：是，那里当时窑很多。那条窑是谁的啊？
吴振坤：灶脚墩那里的窑当时不知道是谁的。
吴淑贤：也是在旁边吗？灶脚墩就在码头旁边，是不是啊？
吴振达：就在美术厂的那一边啊。
吴振坤：是，就是徐厝桥。
吴振达：就是徐厝桥，当时有一个墩高高的。
吴振坤：是，一个墩高高的。
李炳炎：那您父亲是在香港，解放后就不做了？
吴振达：对，解放后他在香港，他八几年有回来过。
李炳炎：后来他干脆留在香港？
吴振达：对。
吴淑贤：香港那边有什么铺号吗？
吴振达：没有，到后期生意不好做，他就当先生（医生）了。
李炳炎：哦，那他怎么还会行医？
吴振达：他当时读书，读书之后就去学医。
李炳炎：哦。这个是您写的？
吴振达：不是，是白华那时候写的！
李炳炎：是白华画的？
吴振达：是。
李炳炎：这个是什么时候画的？
吴振达：这个八几年。他1982年过身了。
李炳炎：1982年！那是多少岁？
吴振达：六十八岁。
李炳炎：哦！六十八岁。那吴庆的一些事情你们知道的，就讲一下吧。
吴振达：好。
李炳炎：他基本上是学他父亲的功夫？
吴振达：是的。
李炳炎：您叫他叔叔？
吴振达：是的。我叫他阿叔，我父亲兄弟二人。
李炳炎：哦。在解放前他这些创作，什么都会？
吴振达：解放前他自己做陶瓷，捏来捏去。
李炳炎：是。
吴振达：就是自己捏来捏去，创作一些小物品。他基本上会下车，手拉坯也会。
李炳炎：他是哪年老的？
吴振达：他是七十四岁过身的。
吴淑贤：他属什么？
吴振达：他属猴，那一年老了刚好是七十四岁，他大我十四岁啊。他过身那一年好像是1992年还是1991年。

李炳炎：大您十四岁？

吴振达：是的。

李炳炎：那他很小的时候就懂这个？

吴振达：他从头到尾的工序都会，从做坯，到手坯脱印，再到葬缶、烧瓷、搪釉，他一条龙都会就是了。那时候当财主得自己会。

吴淑贤：生产就是靠自己而已。

吴振达：嗯。生产都是他自己来做。

李炳炎：那烧窑就不会吧？

吴振达：烧窑，他也烧窑啊。

李炳炎：不是，是烧窑，烧草窑啊？

吴振达：烧窑他也会，就是从头到尾都会。

吴淑贤：但不表示他样样都做，那些他都会的。

吴振达：大概当时都是自己做的。

吴淑贤：自己做的？

吴振达：是的，他自己做。那些打土的就没有，像那些关键的，比如说葬缶，他就会自己做。

李炳炎：那他最出名、最拿手的是什么？

吴振坤：通花、瓷花。

吴振达：通花，还有雕塑。

李炳炎：我们分成两段来讲吧：一段解放前的，一段解放后的。解放前他好像是负责生产管理，是吧？

吴振达：那个时候他自己做财主，负责生产管理。那些关键的工序他自己做。还有烧窑、装窑这些都是他自己做。平时在修缶，叫做修坯。

吴淑贤：有做一些雕塑吗？

吴振达：有，雕塑、起模，像那个通花瓶模，是他叫师傅过来做的，然后他自己来加工。那个时候通花瓶模的花纹大多是他起的。就像你那条花瓶的菊花大多是他起的。

吴淑贤：哦，边设计边创作就是了。

吴振坤：他就是设计、创作。

吴振达：花纹应该是当时洋行画图过来的，然后他按照那个图样来雕塑，他的工夫很全面。

吴淑贤：那他当时有没有一两件代表作，像鸿禧的八骏图？

吴振达：有。

吴振坤：有。怎么会没有呢？陶瓷陈列馆那里就有他的作品。

吴淑贤：不是，是解放前的。

吴振达：解放前就是通花瓷什么的。

吴振坤：这个就是他做的，因为通花他比较在行。

李炳炎：他当时塑人物比较少是吧？

吴振达：少。塑人物的基本没有。

李炳炎：那我们的瓷花不就是解放后才做的？

吴振坤：是的。

吴振达：解放前，我老公有做瓷花。当时做芍药，摆在那个铺橱里边，一块石头，几株盆栽。

吴淑贤：是您老公？

吴振达：是我老公。

李炳炎：就是松江？

吴振坤：嗯。

吴振达：然后传承下来，后来的就都会了。

李炳炎：松江也有做瓷花？

吴振达：当时他就做瓷花。

李炳炎：芍药啊？

吴振坤：嗯，芍药、梅，梅头钵。

吴振达：那个时候听我母亲说，那个玻璃房，排水的下水筒还是用牵梅（塑梅花的主体造型）。

吴振坤：老公的牵梅最出名。

吴振达：他做的梅姿势很好，他做成一钵一钵的，就牵在这个花钵。

吴淑贤：从老公开始做，这样说是很早的。

潮州府锦合造款蓝釉镂空花卉纹瓶

吴锦合款白釉梅花通花瓶

吴振坤：嗯。我老公发明瓷花。

吴淑贤：老公这是很早的。

吴振达：应该是属最先发明的。瓷花到后期是一瓣一瓣来插的，就是一瓣一瓣来画，画了之后烧，烧了之后再来插。以前是白坯的，这样做了之后一朵一朵地搬上那个盆景。

这个盆景是弄了一块石头，然后贴菊花上去，这些花就成一整钵，再拿去烧，后期的这个菊花是插的。

吴淑贤：是的，后期的花是插的。

吴振达：这个插出来的花以前的粗，比较厚。比如我们刚刚说的芍药，一钵就三四朵。

吴淑贤：芍药的花瓣比较粗?

吴振达：是，比较粗，以前的芍药叫做马耳，细细的瓣。

李炳炎：是啊，就像马耳一样。

吴振坤：是的，就像马耳一样，后来比较稀疏。

吴振达：当时做那钵梅花，那个梅花瓣，是他自己发明的。他用宣纸上土浆然后拿去烧。

李炳炎：吴庆做的?

吴振达：是，这个就是解放后的。

吴振坤：这是解放后的。从上面慢慢飘下来，不会碎掉，就是薄到这种程度。

吴振达：就是说拿这个梅花瓣，逐瓣逐瓣来脱印，脱完之后做得薄薄的。

吴淑贤：用梅花瓣来脱成印?

吴振达：是的。梅花瓣。

吴淑贤：就跟您刚才说的用一只蟹来脱成印一样?

吴振达：是的。

吴淑贤：这是创新。

吴振达：那这些花瓣怎么办呢?就是这两边的印。放张报纸之后给他刷，放在这个印里面，再刷两层土浆。

吴淑贤：刷两层?

吴振达：是的。那个印再压下去。一烧那个纸就没有了。

吴淑贤：变薄了，变得透亮了。

吴振达：变薄，这些又印一个花印，再来粘。

吴淑贤：生的就粘，还是烧熟了再粘?

吴振达：烧熟之后再粘。

李炳炎：烧熟才粘。

吴淑贤：就这样一瓣一瓣地粘上去。

李炳炎：哦，我知道。现在也是用纸?

吴振达：现在都没有用这样的。

吴振达：我小时候看他用大柑去起模，大柑弄出来之后，特别像。蟹篓，他就是用蟹去起模，做梅也是这样。

吴振坤：1959 年人大会议。

吴振达：1959 年，国庆十周年他不是去参加。1959 年，他去北京的中南海做菊花。

李炳炎：去中南海做菊花?

吴振达：是啊。

李炳炎：哪一年啊？

吴振达：1959 年。从家里带些菊花去到那边慢慢粘，去中南海。那个时候人大会议上的花盘，研究所那里可能还剩下几个，双套的、木雕的，非常漂亮。

吴振坤：当时参加国庆十周年的庆典。

吴振达：请他过去，他就带一些菊花去中南海那边做。

李炳炎：他用活蟹去翻模啊？

吴振坤：有，最先是做蟹篓。

吴振达：蟹篓是他最先做的。枫溪就是出（镂空瓷）蟹篓的，这也是他发明的。后来才有人去仿他的。像做菊花什么的，也是后来的人去仿的。

吴淑贤：他做的蟹形状很像（真的），非常生动，而且不用请师傅来雕塑的。

吴振达：我小时候就知道是这样的。

吴淑贤：那这个瓷花的生产是很早就有了，从你们老公那时候就有。

吴振达：嗯，从我老公那会儿。

吴淑贤：听说做通花是到您叔叔那个时候了。

吴振达：是的。

吴淑贤：那会儿是什么时候呢？能不能大概算一下年份？他应该是一二十岁那会儿做的？

吴振达：做通花的确是一二十岁的时候。

吴淑贤：那时候开始做通花，别人不是做这个吧？有可以参考的吗？

吴振坤：没有。那个时候市面上还没有。

吴振达：就是说，那个时候他到工厂，说弄一些做做看会是怎样，然后自己研究。弄出来之后，感觉还不错。一开始就做几件出来看看，然后传来传去。那个时候有通过缶栈还是其他的拿到别的地方去给人看。

吴淑贤：就像我们现在枫溪展示产品一样，拿到外面给人看。

锦合款白釉寿字通花大盘

吴锦合款青花牡凤纹撇口大瓶

吴振达：现在有像交易会一样的。做好的产品就拿去交易会摆，客户觉得合适，就来订。那个时候不一样，那时是靠那些固定的客户。

李炳炎：那些熟客。我现在家里有很多件你们锦合号的产品。

吴振坤：你现在有锦合号的收藏。

吴振达：应该说这个锦合号，我曾听我叔说，是来锦公创锦合号。来锦公是我祖先，他是来字辈，“来衍吾潮西”。我老公是西字辈的。

李炳炎：哦，“来衍吾潮西”。

吴振达：是的。我老公是西字辈的，往上是潮字辈的，吾字辈是老公的阿公，来字辈是老公的老公。（那这样，祖先是来字辈。）

李炳炎：来锦公？

吴淑贤：来锦公创锦合号。

吴振达：来锦公创锦合号，这样就是了。

李炳炎：这样就能够推算了。

吴振达：是的。我小时候听说来锦公创锦合号。

李炳炎：创锦合号。

吴振达：这是当时最早的。

李炳炎：这样跟荣利一样，他的名字叫其荣，商号就叫荣利号，用荣字。

吴振达：这个应该是在别人前面。

吴淑贤：没事，这个可以去查族谱。

李炳炎：刚才说的就是松江的父亲？

吴振达：不是啊，是松江的老公啊。

吴振坤：松江是吾字辈啊！

吴振达：是啊。

吴淑贤：没事，这个族谱有。

吴振坤：有啊，是一首诗。

吴振达：来衍吾潮西，世德维作裘。

吴淑贤：“来衍吾潮西”这样就清楚了。

吴振达：对啊，清早期啊。

吴振坤：清朝。

李炳炎：得到清早期啊？

吴淑贤：可能比我们之前说的咸丰还要早？

吴振坤：还要早。

吴振达：就这个家族来说，发展不快就是了，人丁单薄，像我们老公，兄弟三人，结果只剩他一人。等到我们这一辈就人丁比较多。以前我们老公兄弟三人，一个在番畔沉船死了，老二是生了一个女儿之后过世了，剩下老婆在守寡。就剩我们老公一人。

吴淑贤：但是，从那时候开始一直在做缶，对吧？

吴振达：老公的阿公已经发财了。当时很有钱，有座大祖坟在风大岭，那里就这一座最大，比一个人还要高。

吴淑贤：当时有钱，才能够把这个灶脚工厂的住家建得那么大。

吴振达：是的。佑光公就是那座大祖坟的，他应该是贻广公的孙子。来锦的孙子啊。这个“来”就相当于头辈，来是蓬长啊。在我们的外四诗和内四诗里，他的号是蓬长，沿这样分阶就是了。我们的族谱就是这样，从外四诗到内四诗。

李炳炎：来衍吾？

吴振达：然后是潮。

李炳炎：那这样就是四代？

吴振达：是的。

吴淑贤：这个怎么写？

李炳炎：这个我知道，您那本族谱里面有。

吴振达：老公的阿公已经发财了，这个你还不懂。

吴振坤：我不懂。

吴振达：大坟在大岭，与秋老叔、树泉叔等同一座祖坟。

李炳炎：听说康熙时期枫溪有三十一个作坊，但这些全部没有依据，只是说了这样的一句话而已。说康熙年间有，但是我现在不敢写，因为如果人家问我是怎么知道的，我没办法回答。

吴振达：我也听说来锦公创锦合号。

李炳炎：我听起来觉得是有道理的。

吴淑贤：我们后人创号的一般没有拿父亲、阿公的名字来做这个字号。

吴振达：有。

吴淑贤：起自己的比较多。

吴振达：是的。

李炳炎：这样就明白了。这个证明非常重要，因为假如我们现在要把枫溪陶瓷史推前，这是非常需要资料的，不能凭空捏造。

吴振达：这个不知道是在清朝哪个时期。

李炳炎：这样应该是康熙？

吴振坤：就是康熙，清朝前期。

李炳炎：康熙有三十一个作坊，已经有老人这样说，但是从来没人能说出为什么。

吴振达：这个也是没有记载的，就是当时来锦公创这个锦合。

李炳炎：那这样溯源就可以讲了。

吴淑贤：那您听您阿公说是来锦公创锦合号？

吴振达：是的。一向有这样听说。

李炳炎：而且您看所有的字号都没有一个用潮州府，只有锦合用“潮州府锦合造”。

吴振达：你找这些费了很大精力啊。

李炳炎：我几十个号的东西都有，当时枫溪不同的名号，我家里全部都有。

吴振达：如合、陶玉峰的有没有？

李炳炎：有。

吴振达：陶玉峰、陶真玉。

李炳炎：陶似玉。
吴振达：陶似玉。还有这个，后来并到潮瓷的。
李炳炎：潮瓷是临（将要）解放时的。
吴振坤：荣利。
李炳炎：荣利当时规模也大。
吴振达：荣利当时算是厉害的，在向南街的。
李炳炎：然后还有长胜。
吴振达：长胜。
李炳炎：长胜、永泉。
吴振达：你费了很大的工夫。
李炳炎：我整理好的话应该有六七十个。
吴振达：六七十个？
李炳炎：六七十家。
李炳炎：真正规模大的，我现在排了十家。
吴振达：那你是专门去搜集的？
李炳炎：这个最少用三四年来整理，要几年才能完成。
吴振达：就是得校对资料，再写出来。
李炳炎：写出来给人看一下。
吴振达：写出来之后，有些知道历史的，就可以来斟酌（确认）。
吴淑贤：是的。
李炳炎：权记无模白手捏。
吴振达：是的。
吴振坤：有很多这样的人。
吴振达：然后陶真玉，陶真玉也是出名的，是吧？
李炳炎：是。他们临解放时去了香港。
吴振达：是。
李炳炎：这么说当时有很多人去香港。
吴振达：任合也是去香港。
李炳炎：任合九？
吴振达：是。任合九。
李炳炎：那他的名字是什么？
吴振达：成贤。
李炳炎：哦，我的资料里面没有任合九的名字，我后来一直在询问，但是没人知道。
吴振达：都不知道啊。
李炳炎：任合九，他的父亲是？
吴振达：他的父亲就是权记。
吴振坤：任合九就是汉英。
吴振达：他们兄弟很多人，汉英、汉庭、汉钿……

吴振坤：汉英就是我同学。

吴振达：汉英应该是排行第五的。

李炳炎：他的名字是?

吴振达：吴成贤。

李炳炎：吴成贤。

吴振坤：现在好像在花都一家银行当行长。

吴振达：这么厉害啊。

李炳炎：吴成贤，听说这个人在香港相当聪明，那当时任合有没有聘请什么师傅?

吴振达：任合？这个我们就不太清楚了，应该有吧，现在这个阿二焦的父亲当时在那里。

李炳炎：那权记是他的名字?

吴振达：他的名字不知道叫什么，我们都叫他权记佬，就任合我不认识他。日本仔前邱进嘉的土名是“和尚”我就知道，是陶真玉的主人，和尚后来去了美术厂。去美术厂做罗汉像什么的，做得相当好看，就是这个和尚的功夫好。

吴淑贤：灶脚埠作坊的规模，到时这个可能写得再清楚一点儿。灶脚埠以前在现在美术厂这个地方。

吴振坤：不是在橄榄巷，最先是在灶脚埠。

吴振达：日本仔的时候被他们用飞机炸掉，后来就被拆掉了。

吴振坤：橄榄巷是沦陷后。

吴淑贤：这样听您说来，有展厅，应该是有一定的规模。

吴振坤：有展厅，在灶脚。

李炳炎：最大的还是如合展厅。

吴振达：如合展厅，还有荣利展厅。

李炳炎：荣利的展厅四周都是玻璃橱，中间一张桌球台，罩了一个大玻璃罩!

吴振达：荣利的那副对联，宝蓝的。

李炳炎：是的。

吴振达：写着“荣誉播五洲，竞说瓦缶胜金玉；利市占三倍……”

李炳炎：“只缘宾主尽东南”。

吴振达：是，“只缘宾主尽东南”。他那副对联就是这样。

李炳炎：“只缘”是吧?

吴振达：嗯，只缘宾主啊。

李炳炎：“只”是这个字吗?

吴振达：嗯，是。

李炳炎：“只缘”这个不知道是什么意思。

吴振达：“只缘”就是说缘遇嘛，“只有缘遇”的意思，是这个意思。

李炳炎：哦，是这个“只”。

吴振达：只有缘，“宾主尽东南之美”。

李炳炎：哦，《滕王阁序》。

吴振达：《滕王阁序》里面就有这一句，“宾主尽东南之美”。就像陶真玉的陶庐的对联是写“陶园种菊迎风月，庐舍藏书训子孙”。

李炳炎：陶真玉？

吴振达：是，陶真玉。

吴淑贤：他姓卢吗？

吴振达：不是，他姓邱。“庐”是那个时候的房屋字号，就像培庐啊，松里啊，松庐啊。

李炳炎：陶园种菊迎风月，庐舍藏书训子孙。

吴振达：是的。

吴振达：“锦里荷乡成骏业”。

李炳炎：您真厉害。

吴振达：锦里啊，锦合的锦。

李炳炎：还是您写吧。

吴振坤：锦合那时候专门管这些账和信文，当时叫做账房。

吴淑贤：嗯，叫做先生。

李炳炎：解放前啊？

吴振坤：是啊，那时候铺前就是由他来管账的。

吴振达：我现在老了。

李炳炎：不会啊。您今年几岁？

吴振达：七十五岁。

李炳炎：记忆力真好。

吴振达：还好。

李炳炎：七十五岁，属什么？

吴振达：属狗。

李炳炎：“锦里荷乡成骏业，合时应运起宏图”？

吴振达：是的。

李炳炎：当时老一辈的人在这方面的对联作得真好，如合有对联吗？

吴振达：如合的，不太记得了。我记得陶真玉的对联是在后来合营的时候，他当时的一幅挂镜搬到美术厂，挂在办公室，经常看到。

李炳炎：经常看到，现在没有了吧？

吴振达：没有了，有的话就是古董。

李炳炎：是。

吴振达：那个酸枝椅一整套的。那时候叫炕床，全是酸枝的，都是陶真玉的，那时候搬过来的。

吴淑贤：是合营的时候才搬来的？

吴振达：老合一直在那里睡觉，弄一个炕床。

李炳炎：您就是日本仔后来账房的？

吴振达：不是。解放后才管业务，解放前没几岁，还在读书。

李炳炎：是合营后的账房？

吴振达：是，合营后的。

吴振坤：合营前、合营后都有。

吴淑贤：合营前是自己的，合营后就不是了。

吴振坤：我小时候在铺前每人有一本寸楮。我记得当时有一些寸楮，一叠一叠的。

吴振达：是的，要拿钱看寸楮就一定知道，寸楮拿去你就知道了。

吴振坤：叫做寸楮，你还不认识。

吴振达：去做工，做多少工就拿多少钱，月间来结算就凭这个寸楮。

李炳炎：年末吧，年末来结一次。

吴振达：不是，逐月结算的也有。

李炳炎：那锦合的合字是不是代表着几个亲戚合作的？

吴振达：没有。当时就像如合、任合这些，都是自己的。

吴振坤：像我们，就是锦合三房。

吴振达：嗯，这个锦合一房。

吴振坤：锦合二房还是锦合三房？锦合二房？二叔才是锦合三房。

吴振达：他这个字号大概是说他这家是大房的人传承下去的。接下来的二房、三房再去做一些什么，用什么记来区别就是了。

吴振达：你看像如合煌记，他是如合大房。

吴淑贤：就是分支，是吧？

吴振达：嗯。他们如合二房后来改成新如合。

李炳炎：嗯。那是日本仔后的。

吴振达：是的。这个是日本仔后。如合的分支有陶轩、新如合、如合煌记。如合煌记是老如合。二房是新如合，三房就是陶轩和合祥。

李炳炎：他的字号有这么多啊？

吴振达：是啊。他们人多，如合，有三房人。就像树庆，他们三房人十二兄弟这样。

李炳炎：刚才说的如合大房叫什么？

吴振达：大房叫如合煌记，二房叫新如合。

李炳炎：这个都是说他们日本仔后的变化？

吴振达：应该日本仔前也是这样的。因为如合可能是日本仔前分家的。

李炳炎：那三房呢？

吴振达：三房，就是陶轩，如合陶轩。

李炳炎：这个我知道。就是这三个而已？

吴振达：嗯，就这三房，原来的如合分成这三个。

李炳炎：这个我听千祥叔说过，他现在过身了。

吴振达：千祥他原来是在陶二（陶瓷二厂）。

李炳炎：我几年前去问他，他说是日本仔后才拆成这三个的，日本仔前全部叫如合。

吴振达：也可能是这样。他是佘厝人，比较清楚。

李炳炎：是的，他更老，他八十多岁。

吴振达：八十多岁啊。

李炳炎：他当时就跟我说，有一个叫做合盛的，跟外姓人做白纱（抽纱）。

吴振达：他有一个做白纱，应该主要是二房的人做的。

李炳炎：二房的人做，新如合做的？

吴振达：嗯。

李炳炎：这些得多问些人。接来接去，就这段历史能够聊出来，也有一些说了，一些不记得了。

吴振达：是的。

李炳炎：如果可能的话就像开一个座谈会那样，大家一起聊，聊着聊着说不定就聊出来了。

吴振坤：这个相当重要。

吴振达：年长的差不多都不在了。枫溪剩下这些当时叫做经理的，那时候陶瓷叫做经理的，剩十二人。你知道吗？

吴淑贤：那个谁就是了，维雄舅就是经理，他就是。

吴振达：对啊，维雄原来是经理，那会儿政府还特别补贴多一点儿钱呢。就剩十二人，本来是有几十人的。

吴淑贤：是这些字号的什么人？

吴振达：是字号的财主。

李炳炎：十二人啊？

吴振达：是的，我听说剩十二人。

李炳炎：能念出来吗？

吴振达：我不知道有谁。我只知道一两个人而已。

李炳炎：有谁呢？

吴振达：维雄就是啊，还有杨秉如。

李炳炎：杨秉如？

吴振达：是的。杨秉如，他今年八十多岁了。

李炳炎：杨秉如现在的家在哪里？

吴振达：在杨厝内。

李炳炎：杨厝内。

吴淑贤：他是哪个字号？

吴振达：他那个叫做如峰，他的生意比较大。

吴振坤：壁城的父亲。

吴振达：不是，他是壁城的亲人，壁城的父亲叫做炳杰。

吴振坤：是，叫炳杰。

吴振达：他们是堂兄弟。壁城你知道吧？

吴振坤：壁城你不认识啊？

吴振达：李娜的丈夫啊。

李炳炎：秉如，还有谁啊？

吴振达：还有维雄，他那个就是鸿发号。然后还有谁，我还真的说不出来了。还有一个合记，合记的叫做……

李炳炎：佘合记。

吴振达：是啊，他叫做佘得坤。其他的我想不起来。

李炳炎：得坤？

吴振达：得坤，他也是在做日用瓷。

李炳炎：我家里有一对观音后面写吴合记。

吴振达：日本仔后，吴镇藩跟宫前黄成亮的母亲还有廖锐一起合伙，就叫做吴合记。

吴淑贤：不会啊，像我老嬷她也有。

李炳炎：跟人合的，不是家族的。

吴振达：他这个是合的。

李炳炎：就是说，跟黄成亮的母亲合作的？

吴振达：是的。他舅那个时候不知道有没有，也即是黄成亮母亲的兄弟，当时合记就是这些人合的，在黄厝前做观音娘。镇藩是大吴人，大吴做泥塑的，他的泥塑很出名。大吴是做泥塑的。

吴淑贤：大吴听起来很熟悉。

李炳炎：没错，您说的跟鸿禧伯一样，他说到最后吴合记做得很糟糕，输掉一头牛。

吴振达：当时合作的还很多。柯锦全就和当时土名叫石螺丁的人合作做观音，结果拆掉了。那时候的模印是，对合的，两边合起来的，没有整盒给其中一方。

吴振坤：我记得当时他们好像没做观音。

吴振达：有，当时镇藩还曾到我们这里做。

李炳炎：镇藩曾到您这里做？

吴淑贤：这是复员后的事？

吴振达：复员后他就开了合记。复员前、日本仔前他就在灶脚。

吴淑贤：哦，他曾来过这里做。

吴振达：当时他做人物，徒手捏土，然后把土掰成一块一块的，然后就贴上去。

吴振坤：贴塑啊？

吴振达：贴塑啊，贴这样。

吴淑贤：他有在枫溪别的地方做吗？

吴振达：解放前是在锦合做，日本仔后就到合记这边。

吴淑贤：跟他们合作当老板。

吴振达：是的，后来我在橄榄巷。

李炳炎：在锦合做观音啊？

吴振达：做人物。就是镇藩。

李炳炎：他那些就是贴塑的。

吴振达：贴塑的。

吴淑贤：没有起模的？

吴振达：没有，没起模的，我们当时做的叫做文身（潮州大吴泥塑塑造的戏曲中的文戏人物造型，下同）啊。

吴振达：叫做文身，他就是做这些戏出。

李炳炎：文就是我们文字的文？

吴振达：文字这个文。

李炳炎：叫做文身？身体的身？

吴振达：嗯，然后是一出戏一出戏的。

吴淑贤：这个还是跟他们大吴的泥塑。

李炳炎：同源。

锦合款枫溪窑五彩花蝶纹盘

吴锦合人物纹瓷砖

吴淑贤：是的。

吴振达：我们叫做文身，实际就是戏出。

李炳炎：戏剧人物？

吴振达：戏剧人物。

吴振坤：一出戏一出戏这样的。

李炳炎：我知道，这个现在非常难得。我舅舅也是枫溪人，花沟的，吴为奇，认识吗？

吴振坤：吴为奇？

吴振达：认识，花沟内。

吴淑贤：花沟内我认识。

吴振坤：花宫对面。

吴振达：花沟。

吴淑贤：花沟和那条可以通宫后（的路）那里对吗？

吴振达：那时候对面那个是你母亲？

李炳炎：我母亲是古巷的，是抱养的，我舅舅跟她是不同父母的。

吴振达：花宫就和花沟对面。当时有一个池，叫做花沟池。

李炳炎：他家里做贴塑人物。

吴振达：嗯，贴塑人物。

吴淑贤：这些是师傅在枫溪做的？会不会是大吴的？

吴振达：他这个是没有印的，要做多少个就做多少个。大吴泥塑的是不经过窑烧的，它这个是烘的。

李炳炎：它那个是土的。

吴振达：它那个是不用烧的。

李炳炎：我们是烧的。

吴振达：我们的安仔都是烧的。

吴振坤：他们大吴的安仔，是土做的。

吴振达：是。就像做安仔灯的猴面。

吴淑贤：您刚才说吴镇藩复员后你们在橄榄巷这里，他还来过这里做师傅？

吴振坤：有。复员后还有来锦合。

吴振达：等到解放了，差不多解放那会儿就输掉一头牛。

李炳炎：是的。

吴振达：大概是 1953 年、1954 年那个时间，当时还未合营，1956 年才合营。我 1953 年、1954 年刚好有一个客户要做观音，然后我去叫他回来，他就带了一帮人来。就在那个谁的母亲住的那里，阿源嫂住的那里。

李炳炎：1953 年、1954 年吗？

吴振达：嗯，1953 年、1954 年就来，来做观音，也有做一些文身。做文身是因为当时汕头在做暹罗生意，暹罗客要做一些戏出，就叫他来做，做了之后再叫他做观音。那会儿是汉章来做的，汉章也是做观音的。

吴淑贤：汉章也是在锦合做？

吴振达：汉章是买缶的，是枫溪人。

李炳炎：汕头什么行来订这些？

吴振坤：执信行。

吴振达：然后定了文身，我就叫他来做。当时做了很多出，有北五台、福禄寿、刘备招亲啊，一出一出的，有三身的、两身的。

李炳炎：然后用个玻璃罩罩下去？

吴振达：没有，我这个当时就拿去彩。

李炳炎：釉上彩。

吴振达：嗯，釉上彩。大吴人的工夫真的非常好，后来有一个去了研究所。

李炳炎：吴金福吗？

吴振达：他去研究所，他和镇藩是同一个年龄层的。

李炳炎：很多师傅自己去经营更好赚。

吴振达：是的，镇藩后来和他儿子一起过来。

吴淑贤：他五几年就带别人一起过来。那个时候也是没有起模的？

吴振达：没有，那个时候做观音了。

吴淑贤：塑了之后就来起模？

吴振达：嗯。塑后就来起模，不是做文身。

吴淑贤：那他那会儿那个文身是？

吴振达：他那会儿先做文身，做了之后有观音，我才去找他来。

吴淑贤：不是，您说做文身那会儿，五几年有做文身吗？

吴振达：有，就是五几年。文身做后就做观音。日本仔前做文身，做文身就是在灶脚，镇藩来做的。

吴淑贤：就是说，这些文身都是没有模印的。

吴振达：没有模的。

吴淑贤：文身就说是用土夹手捏的？

吴振坤：就是手捏的。

吴振达：用手捏的，这个的功力真的是好。

吴淑贤：他同时带他儿子和别人过来做。

吴振达：当时也是四五个人，四五个人来做观音。

李炳炎：那请师傅这一块非常重要，任合当时没有雇师傅？

吴振达：有，应该说当时这些都有雇师傅。

李炳炎：不知道师傅是谁？

吴振达：没办法知道那么详细。

李炳炎：像刚才和合也得雇师傅？

吴振达：是啊，和合做通花瓷，可能比我们晚。

李炳炎：他就在日本仔后做？还是日本仔前也有做？

吴振达：日本仔前。可能那个时候做上海的，他有做一些。

吴振坤：他的比我们晚。

吴淑贤：不是啊，做上海的客商就是说当时上海要做这些，你们做不出，就给他们做一些啊？

吴振达：还有没有别的字号去跟他买，这个我们就不知道了。我知道的是上海客来了。后来还有汕头的商埠，外国人来上海的多。

吴淑贤：那当时我们锦合号还有没有其他比较出名的师傅？刚才就说了镇藩。

吴振达：当时做缶，在做那个的叫做吴阿歪，你知道吗？

李炳炎：不知道。

吴振达：当时研究所一个女的写了一本书（指王惠写的《枫溪陶瓷简史》），不知道有没有提及，我知道的就这样而已。

李炳炎：吴阿歪？

吴振达：沦陷前他是做师傅的。

吴振达：日本仔前，他被飞机炸死。

李炳炎：他来我们锦合号做工？

吴振达：是的，在锦合号做。

李炳炎：那名字叫什么？

吴振达：吴阿歪，埠美人。

吴淑贤：他主要是拉坯还是？

吴振达：拉坯。那个时候通花瓷都要拉坯起来。

吴淑贤：刚才说的那个姓郑的就是画蓝彩的。

李炳炎：不是郑，是老程。老程他是詹云的学生，我回去查一下就知道了。当时就那样的观音一尊卖多少钱？

吴振达：现在不太记得了。

李炳炎：那文身有没有一屏一屏的？

吴振达：有，一屏一屏的。

李炳炎：一屏就是两尊，还有一个玻璃罩罩着。

吴振达：有的两尊，有的三尊。

李炳炎：然后加一个玻璃罩。

吴振达：是的。那个时候花塑，日本仔前的展览厅就有这个文身，那个时候镇藩做的。等到搬到巷口，还有几尊摆在里面，比如福禄寿，就不知道一出要多少钱。

李炳炎：我曾问过荣利的桂园伯，他说一尊要二十多个龙银。

吴振达：桂园？

李炳炎：嗯。

吴振达：桂园他不是在潮州住吗？

李炳炎：是的。八十八岁。

吴振达：我知道，他八十八岁啊，他住市内，他是陆荣利的人，做老师的，是不是？

李炳炎：嗯，做老师。

吴振达：桂堂、桂园我都认识。

李炳炎：那“四色仔”是谁？“四色仔”就说是如合的谁还有桂堂，枫溪“四色仔”？

吴振达：哦，四个色仔就是了。

李炳炎：知道吗？您应该知道的。他就说桂堂，还有如合六如合谁、任合九，他数漏一个人，他说这四人经营最厉害。

吴淑贤：就像前些年人们一直在说的意溪四小龙一样。有一定的规模，又很滑头，做生意经营方式好，就是这样。

吴振达：你还有去找桂园，他就是陆荣利的人，他后来好像没有从事陶瓷这行，他在潮州。

李炳炎：是。

吴振达：他老婆现在不知道还在不在？他老婆当时好像是哪个官的女儿，有一定的背景，国民党的时候。

李炳炎：他老婆是老师。

吴振达：是老师啊。后来去教书，她是有文化的人。枫溪你了解得很熟悉、很全面啊。

李炳炎：我到现在了解了三年。这个得真正找到这些字号他们的后人来问比较好。那我们锦合号没有再拆分号？

吴振坤：没有，没再分。

吴振达：以后子孙有聊到来锦公创锦合，但是接下来是有些人去做别的，做别的生意，传承这一块就不知道。

李炳炎：我们的历史有几百年，或许几十年连做缶都没有，后来再做也是有可能的。

吴振达：是的。

李炳炎：这些情况都非常真实，而且这些砖现在实物能看到。

吴振达：有啊！

李炳炎：这个花瓶，里面也印有“潮州府锦合造”，还有一个英文字母，中国的英文。

吴振达：那个时候这些都需要印上“中国制造”，Made in China。

吴振坤：我曾经听别人说过有一个外国商人拿着我们锦合的瓷砖，说要找这个字号。

吴振达：是，没错，最先来说（就之前我了解的来说），我小时候有听我叔、我父亲说过。来锦公，是老公的老公，他创办锦合，锦合这个字号传承下来就包括阿泉他们那些，那些原来都是，后来才分开的。我们这边的剩下我们老公。我们锦合在灶脚埠，那时最先就是来到灶脚埠这里，住家在这边，工厂也在这边。那个时候那里有一墩，叫灶脚墩，高高的，后来建美术厂的时候把它拆掉了。

李炳炎：吴先生您的大名是什么？

吴振达：我叫吴振达。

李炳炎：那吴松江是你们的什么人？

吴振达：吴松江是我们的老公。

李炳炎：那吴南鱼就是您阿公吗？

吴振达：就是我阿公。

李炳炎：哦，是您阿公。那您是吴成国的儿子？

吴振达：嗯。

李炳炎：我知道你们的关系，我已经做了两年的研究。

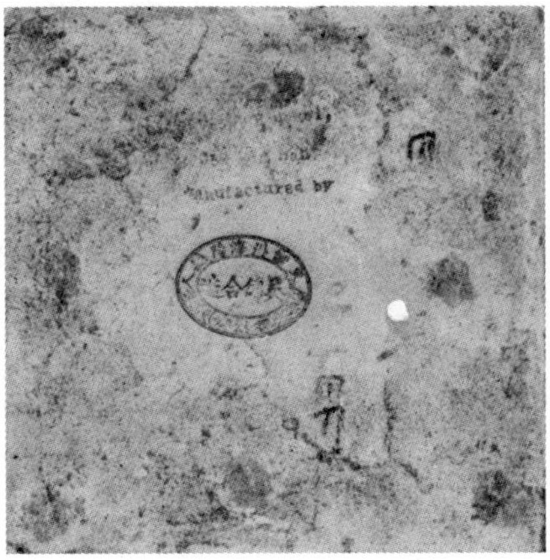

吴锦合瓷砖印款

吴振达：原来是这样。

李炳炎：基本情况我是知道的，只是没找到您。

吴振坤：我阿公是吴德明。

李炳炎：哦。

吴振坤：吴德明和他阿公是兄弟俩。

李炳炎：那吴德明和吴庆是什么关系？

吴振坤：吴德明是阿庆的叔父。我阿公就是阿庆的叔父。

吴振坤：吴松江的儿子。

吴振达：不是，里面还差一个。

李炳炎：那您的大名是？

吴振坤：我叫吴振坤。德明是我阿公，南鱼是吴庆的阿公。

李炳炎：吴松江就是您老公？

吴振坤：嗯，我叫他老公，我们同一个老公。

李炳炎：那南鱼是写哪个南？

吴振达：写东西南北的南就好。南鱼是土名。

吴振坤：他的土名叫南鱼。

李炳炎：那他正名是什么？

吴振达：他的正名是显炽，吴显炽，炽热的炽。

李炳炎：我知道了，载入史书还是要用正名。我一直听说南鱼伯。我采访过鸿禧伯，鸿禧婶（鸿禧的妻子）民国时是在那里做工？

吴振达：之前就是在我们这里。鸿禧在鸿发那里做，石姨（鸿禧的妻子）就在锦合做。那时候他家在枫洋，石姨就在那条橄榄巷那里住，全家人都住在那里。

吴振坤：那不是来到橄榄巷口这里？

吴振达：是啊，橄榄巷口。那时候在灶脚他还小。

李炳炎：那您祖上是怎样创业的？

吴振达：祖上一样的，同一个祖先，这个同样是我的祖先，他那个是大的，我们阿坤的阿公是排行第二的，叫做吴德明。

李炳炎：那名字没有一个相同的字作辈序吗？

吴振达：我们的有一个“显”字开头，显什么就不知道了。显力？

吴振坤：不是显力？

吴振达：显甲！

李炳炎：那您父亲呢？

吴振达：他父亲叫吴喜泰，欢喜的喜，泰山的泰。

吴振坤：这就是我父亲。

李炳炎：这样你们家族的脉络就比较清楚。

吴振达：去年我们吴氏的族谱里面写得清清楚楚。我们是同一个祖先，下来就分成这样。

李炳炎：那当时做厝有没有在橄榄巷？

吴振达：没有，做厝最先是在灶脚，就是在现在美术厂那边的灶脚埠里。

李炳炎：在美术一（厂）还是美术二（厂）？

吴振坤：美术二（厂）。

吴振达：美术一（厂）在外马路那边，你们刚从路边经过那里。

李炳炎：我问过很多人，依我的推测，锦合可能是近代枫溪最早创办瓷业的字号。

吴振达：是的，创办时在灶脚埠，确实是很早。

李炳炎：我采访了如合和荣利，虽然他们规模比较大，但是像良士这样的创办人，按实际年龄推算下去，民国时期他们只有二十多岁三十岁而已。我想如果他们老祖（祖先）没有做缶，那肯定没有你们早，就像您刚刚所说的阿公的阿公，这样追溯上去的话就差不多是清朝中后期。

吴振达：清朝，那个时间，就久了。

李炳炎：那是清朝的哪个时期、哪一代皇帝，您知道吗？

吴振达：这个我不清楚。

李炳炎：现在知道的是泰盛号最早，据说他们有个招牌，上面写“咸丰某年题写”

的。泰盛当时在做陶器，乌缶的。

吴振达：他的后人是谢亦昭。

李炳炎：是。

吴振达：他住厝内。

吴振坤：是啊，就是橄榄巷。这个你还是了解得很清楚。

李炳炎：明末清初的时候，泰盛为了避难从城内七丛榕搬来枫溪。

吴振达：橄榄巷的那个。

李炳炎：他是南门谢（氏）。

吴振达：南门谢（氏）。

吴振坤：那个时候搬来搬去，日本仔时我们灶脚全被炸平了，什么都没有了。

吴振达：日本仔那个时候，灶脚这块被他们炸掉，然后搬走，没有做厝，什么都没有了。

吴淑贤：那是靠近美术厂这个？还是原来靠近缶窑那个？抑或是原来建楼的那个？就是建楼那个。

吴振达：建楼这块原是工厂。

李炳炎：工厂吗？

吴淑贤：那个是做什么的？

吴振达：那个地方的厝，分到我这里来，我公嬷（爷爷奶奶）分这里给我，还有三间。

吴淑贤：那当时这块地是很大咯。

吴振达：大。我那个时候还稍微懂事，他们就还不懂事。

李炳炎：是，据我推算，那个时候，实际是清末枫溪瓷业开始发展，比较成规模的时候。

吴振坤：我说的当时这些，现在都没有。

吴振达：我们当时曾在巷口拿一幅画的，你记得吗？那个关公大盆。

李炳炎：您还记得这个产品的名称啊？

吴振达：有，这个是解放前的。

李炳炎：蓝色的吗？

吴振达：是，蓝色的。

吴淑贤：这是你们的吗？

吴振达：这个吗？当时去彩烧窑，这就叫半雕通，然后加这个花。这个当时是做给汕头中华洋行的。阿宣说要找锦合号的缶，家里有一个这种盘，叫人找一个这样的盘。

吴淑贤：炳炎兄是市收藏家协会的副会长，阿宣后来很忙，我想让他们认识。

李炳炎：“潮州府锦合造”。

吴振达：当时的瓷砖的印就是这样的。

李炳炎：椭圆的，有两圈字。

吴振达：对，还有英文，那个就写海阳县。

李炳炎：是，“潮州府海阳县枫溪乡锦合号造”。

吴振达：对。

李炳炎：这个我看过。

吴振达：是椭圆形的。

李炳炎：还有两个五角星在旁边。

吴振达：对，没错没错，椭圆形的，每块砖后面都刻有字。那个时候我老公松江做的就是这个。

李炳炎：我们现在先从您老公的事情讲起，一直谈到解放，解放后的就不谈了。这样我记录起来比较好。

吴振达：我老公如果还在，今年有一百多岁。

李炳炎：有一百五十岁吗？

吴振坤：有，应该有。他八十五岁过身。

吴振坤：他的胡子留到这里来。

李炳炎：那他是光绪年间的人？

吴振达：是的，清朝光绪。现在无法去查具体时间。

李炳炎：嗯，这样我们就能算出来。那他多小就开始做缶？

吴振达：他最起码是从他父母或者公嬷就已经传承下来。我老公他们兄弟三个人，结果只剩他一人，有的过番，去到番畔。

李炳炎：您老公的父母已经在做缶？

吴振达：那个时候做什么缶就不知道了。

吴锦合动物纹瓷砖

李炳炎：那你怎么知道他的阿公已经在做缶？

吴振达：因为我老公他做的那些传承下来，做这个花缸、花钵，他手把手做梅头（梅头指装饰于花瓶的贴塑花卉纹）。到后期做瓷砖、四方砖，这些就是当时我祖先传给我阿公的。

李炳炎：那这个瓷砖就应该是？

吴振达：对，应该是他那个时间的。

李炳炎：就是您阿公做的？

吴振达：我老公到我阿公，他们是做这些陶的。

吴振坤：对，下来那些就做陶的。

吴振达：下一代人就做陶的。

李炳炎：当时这些有出口，是不是？

吴振达：有，出口外国的。

李炳炎：那是哪些国家，知道吗？

吴振达：知道，出口英国。当时那些陶上面画英国人，还有一些色釉的条砖。

吴振坤：这些事我也不知道多久前在哪个场合听人说过。说有一个外国人，英国的还是其他国家的，拿一块当时锦合生产的瓷砖来打听锦合号还在不在。

吴振达：还有两个番仔（指外国人），两个肚子满是胸毛的人，那个时候来买瓷砖。解放前后我们还有，一个小小的挂镜，上面有两个番仔，那个时候就来跟我老公买瓷砖。

李炳炎：你们当时出名的是花钵还有条砖，条砖是瓷的还是陶的？

吴振达：是瓷的，那个时候还有色釉做的砖大盘，做大盘的是我阿公。他自己会落车，钱葱（马蹄）盘一块是一尺八、两尺多的，当时的叫法是两尺六两尺八。（锦合款青花团凤纹盘）

锦合款青花团凤纹盘

李炳炎：那通花瓷是什么时候生产的？

吴振达：通花就是我阿公和阿叔（爸爸），这个就是日本仔前生产的。

吴振坤：我曾听我母亲说当时灶脚这里还有样品房，有玻璃层架的样品房。

吴振达：有，这个叫做玻璃厅。一间是你们的，你母亲住的；一间是我叔的，共两间。这两间我小时候门顶就挂有两个像，一个是老婶嬷的，一个是老嬷的。老婶嬷是龅牙，我小时候从那里经过都不敢看她，眯着眼睛跑过去。

吴振达：老婶嫲就是我老公的弟媳，她之前结婚后生了一个女儿，之后丈夫过世了。这位老婶嫲就是佘厝月彬的姑姑，她守寡没有再嫁，养大这个女儿，就是我们叫老姑那位。

吴振坤：那个时候陶瓷样品都在玻璃展厅。厝顶下来有做这个梅头。

吴振达：那个时候就做缶盘、厝顶瓦、井缸、土灰缸，图案是雕空的，雕起来感觉还不错。做灯罩用的，里面有灯泡，通花就是下面弄一个洞，灯泡套进去，然后电线牵在下面这样，摆设用的，当时生产这个非常费时。

吴振坤：全部手工的。

吴振达：先是贴，然后雕。可能当时一个人一天做不了两三条，就这样雕空。最先的通花瓶是上海来订货的。

吴振坤：那时通花全部是用手工的。雕竹叶呀或者是花啊。

李炳炎：到上海后再出口？

吴振达：是由上海去出口。当时上海是大商埠，比汕头还发达，而且外国人上落（来往）多，所以先销到上海。

李炳炎：那我们的船先载这些东西去上海啊？

吴振达：当时那个运输我还不是很懂，应该当时是从汕头载去上海。上海当时有两个字号，一个叫做义顺祥，一个叫做秦长兴，当时"上海猴"常来。

李炳炎："上海猴"？

吴振达：那时我们这里叫上海来的人作"上海猴"。

吴淑贤：那这时候您是多大？

吴振达：我是日本仔前1934年出生的。我日本仔前差不多是四五岁的年龄，我小的时候他们就来这里了。我记得后来听我叔叔和我父亲这些老一辈说过，那个时候他们经常来这边办货。

李炳炎：到家里？

吴振达：到我们工厂。

吴振坤：到我们家里。

吴振达：我们住家和厂是在一起的。

吴淑贤：现在美术厂那里？

吴振坤：就现在美术厂那里。

吴振达：然后，那个时候经常来这边。老嫲老去，我才刚刚出生，那个时候上海人就已经来了，1934年就来，上海人来这里买通花瓶。他在这里住，早上就去看。我小时候，我父母、阿公他们都有谈到。

吴淑贤：1934年？老嫲老去那一年就是？

吴振达：是，当时我出生就已经有跟上海那边做生意。大概等到抗战前差不多是1935年，还是1936年，就跟汕头那边做生意。

李炳炎：老嫲是松江的？

吴振达：松江的夫人。

吴淑贤：就是说，上海的客商来这里做生意。

吴振达：是的，是的。

吴淑贤：这个就是一个佐证。

吴振达：是啊。

吴淑贤：那就是还有一个确切的年份，1934 年？

吴振达：我是 1934 年出生的，出生几个月老嫲就老去。

吴振坤：我父亲是很小的时候就被抱养的，我阿嫲没有生孩子。

李炳炎：那南鱼伯是几岁老去？

吴振达：六十多岁，好像是六十五。刚好是我儿子上学后隔了两年。

吴淑贤：您阿公和他阿公，兄弟俩？

吴振坤：是的，是的。

吴淑贤：那是谁大？

吴振坤：他阿公大，我阿公排行第二。

李炳炎：就上海义顺祥和泰长兴的事再说一下。他们那个时候怎样来这边订货、看样的？

吴振达：那个时候做的这些产品就是冬瓜煲、冬瓜罐，还有花瓶。

李炳炎：冬瓜罐？

吴振达：嗯，冬瓜煲和冬瓜罐。

吴淑贤：那个时候就已经有做雕通的？

吴振达：有，上海那两家人就是来买通花的。

李炳炎：冬瓜罐还有什么？

吴振达：冬瓜罐，还有嵌瓷盘、井缸。

吴振坤：这个就没有雕空。

吴振达：这个是雕空的，这些都一样，他的产品都是雕通的，主要是出口的。那个时候不知道是欧洲的还是欧美的，好像是欧美的。

吴振坤：那刚才那张照片是哪个年代的？

吴振达：那张是抗日战争后的，你那个花瓶就是半通的。1934 年至 1936 年日本仔前那几年就跟汕头的一家洋行做生意。那家洋行是英国人开的叫做中华洋行。

李炳炎：这是 1935 年的？日本仔还没来？

吴振达：1936 年、1937 年那会儿，日本仔还没来的时间。

吴淑贤：那一年 1934 年上海就来的那个，隔两三年了。

吴振达：对啊。上海就是 1934 年、1935 年，到 1936 年、1937 年这个时间就跟汕头的做生意。这个是因为他在上海，当时是我父亲去上海，就知道那是外国人在卖，才到汕头去找抽纱商人。他那个是在做抽纱的商人，中华洋行是做抽纱生意，他也有买这些。他几年前还有来过。汕头大学的副校长杨航是他的兄长，他叫杨道成。

李炳炎：哦，杨道成。

吴振达：杨道成“土改”的时候被人当作洋买办，中华洋行，里通外国，去内蒙古“劳改”。还很长命，前几年还特意来枫溪找我们。

吴淑贤：那他现在还在世？

吴振达：没有了。他跟我父亲一样有八九十岁。那时候来八十多岁，差不多十年前，我承包这个的时候他有来过。

吴淑贤：那么后来就搬去汕头出口？

吴振达：是的，搬去汕头出口。当时就在这里，钉那些木盒，里面装柴皮抽（刨花，下同），就这样一盒一盒运去汕头，再装进大箱出口。那个时候汕头除了这家中华洋行之外，还有两三家洋行来做。那时候还有一家叫做波士顺的。

李炳炎：现在先这样吧，日本仔前这段说再详细一点儿，因为日本仔前这段还是比较重要的。

吴振达：日本仔前这块啊？

李炳炎：嗯。刚才谈到把通花瓷卖给中华洋行是在日本前。这位洋买办杨道成，是中华洋行的经理，对吧？

吴振达：对的，在那个时期，也大概只有这家洋行在做而已。等到日本仔投降后，就多了一两家洋行来做，具体名称我不记得，不过中华洋行我连他的地址都还记得。

李炳炎：地址在哪里？

吴振达：在汕头崎碌双纲路。

李炳炎：崎碌？

吴振达：崎碌，山字旁崎字，石字旁碌字，那时候叫崎碌办。

李炳炎：崎碌什么路？

吴振达：崎碌双纲路。纲是三纲五常的纲。

吴淑贤：大纲的纲。

吴振达：就是这个纲字，双纲路，几号就记不起来。

吴淑贤：记得这个洋行在汕头也有做手工。

李炳炎：这些缶垫柴皮抽装木箱里就载到汕头给他？

吴振达：那个时期咱们这些装进柴盒的东西，还有柴皮抽，一盒一盒载去汕头，他们再装进大木箱。

吴振坤：那当时我们这里载货去汕头用什么？

吴振达：船。

吴振坤：哦，也是用船去。

吴振达：缶载到姐宫溪，然后用木船载去。

吴淑贤：哦，姐宫溪这里载过去的。

吴振达：那时候船可以来到大神前（祭拜神明的地方），然后到新溪边。

吴淑贤：来到这里？

吴振达：是，来到这里。

吴淑贤：那船就是从现在三利溪这条溪进来的对吧？

吴振达：先去长巷仔，然后过长美桥，到长美桥后经过浮岗出去揭阳，接着直落到汕头。这个地方叫做西溪，需要花两三天的时间才到汕头。如果你赶时间，就去城里行东溪，上韩江火船。

李炳炎：当时松江是怎样经营的，您小时候有听过吗？怎样的卖法？就像您刚才说的卖给什么洋行，能多想出来一些么？

吴振达：那个时候这些砖大概就是卖汕头。那个时候好像领事馆一样，礐石那个地方都有番人（外国人）来买。

李炳炎：卖给汕头领事馆？

吴振达：是的，实际就是卖给外国，那个时候家里还挂有几幅外国人的画，胡须长长的外国人。

李炳炎：就我看，通花瓷应该是日本仔前的东西。它的蓝彩属于大窑蓝彩，不是釉上的。

吴振达：这个产品，就我所知道是日本仔后才有做的。他们拿图纸过来，我们就帮他们做。这个贴花，叫做半雕，不是竹叶。

李炳炎：您说竹叶反而早，是吧？

吴振达：竹叶早，竹叶就是较早。以前的通花瓷贴竹叶、古钱、八仙和菊花还有牵梅头。

李炳炎：这些就是日本仔前的？

吴振达：日本仔前的，日本仔后，也有做这些。后来产品慢慢地改进，就做一些半通的。半通下面有浮人仔，这些就是后来再做的。贴这些图案这些花，贴下去，然后雕里面这些东西，就只剩下这边了。

吴振坤：就像现在绑藤一样，我小时候也是这样。

吴振达：这个是繁复，梅花也是这样贴下去，什么都有贴，全部都贴下去。后来合营了，才有改进做法，这样生产速度就快。

李炳炎：那当时的蓝釉瓶，您有印象吗？

吴振达：应该这一条，花卉的。在我老公那个基础，菊花、梅头，这些都是我老公那个时候做的，后来我阿叔（爸爸）也有做，我在美术也有做过梅花。

李炳炎：日本仔后，这胎还是这么好？

吴振达：也有很好？会皱（开片）吗？

李炳炎：不会。

吴振达：一些日本仔后做的，一些卖给中华洋行的，烧得不是很熟，叫做米色，烧了之后微微泛红。

李炳炎：中温的吗？

吴振达：那个时候还没有中温的。

吴振坤：就是烧不够火候。

吴淑贤：专要这样？

吴振达：是，专要这样的。

李炳炎：卖给中华洋行是在日本仔前吧？

吴振达：这个日本仔前已经有做，做了卖给洋行。1945 年日本投降，1946 年就做通花瓶，然后一直做到解放，做到公私合营，就这样一直下来。

李炳炎：您是哪年生的？

吴振坤：1948 年生的。我哥今年七十五岁，他是 1934 年出生的。

吴振坤：早前的事我母亲可能知道一些，她九十一岁。

吴淑贤：那等过几天她在您这边，再来问她。

李炳炎：好的。

吴淑贤：我与炳炎兄在谈摄影时得知他对这方面有兴趣，在做研究；而我们也有在研究这些事情，这几年都在做这个专题。

李炳炎：你们做通花瓷，当时在产品创作过程中，是不是外国人拿样品来给我们做?

吴振达：不是。当时是这样的，是我阿叔和阿公试着做，然后雕通。自己想了之后就做成这样，我不太清楚做好了之后怎样拿去外面，大概是那些出口商传来传去的。外面的商家看合眼，出口到那里是做灯罩的，然后才做成台灯这样。

李炳炎：我听过一个说法，是说外面的人拿来样本给他们看，然后通花瓷，是借鉴抽纱一个孔一个孔的，造型做出来的，你们以前这一辈人是不是这样做的。

吴振达：其实近代的造型，例如蟹篓，最先岂不是自己创作出来的?

李炳炎：蟹篓是吗?

吴振坤：嗯，他就是自己创作的，这是近代的，我们都知道。应该那个时候我听他说，别人卖的木雕，我阿公自己做成缶的，自己手拉胚，然后雕空，雕了之后觉得还不错，就那样做，那个时候其他地方都没有。那个时候雕通就是这样做起来的，通花瓷是锦合最先做的，解放前另有一家叫做和合。他是西塘人，在枫溪浮洲园，这个就是跟如合、任合。

李炳炎：任合也是很早。

吴振达：任合也是很早的一家，那个时候枫溪这些做缶的老板，本身也是徒弟，在池头，或者是祖传，家里传下来的。就拿任合的权记来说，听说他无模白手捏，工夫非常好，就是说你只要拿个像在这里，他就能帮你捏出来。他还曾经去跟人斗艺。然后陶真玉你也有了解到吧?

李炳炎：和尚伯。

吴振达：他功夫也是非常好，当时鸿禧还得佩服他。他土名叫和尚，正名叫做进嘉，他就是陶真玉。

李炳炎：他后来去了香港。

吴振达：没有。

李炳炎：不对，是他的儿子才是。

吴振达：他儿子叫陶安，邱陶安才去的香港。接下来是晓明，那个就是和尚伯的儿子。

李炳炎：那在您的印象中，这些产品有做过施色釉的吗?

吴振达：我做这个的时候还没有。那个时候我记得是有一些色釉的，要去到埠美华艺彩瓷。他们埠美人，用喷釉，那个时候很落后，还是用口吹，叫吹釉。不是大窑的，时间久了都会剥落，喷了太厚或者是这些系数不一样，不容易融合，一些彩了之后有裂纹。那个时候还是色土，没有做色釉。

李炳炎：我们这个是白坯素烧而已。

吴振达：不是，有釉。

李炳炎：有釉后再喷？

吴振达：喷了之后烧窑，去烤彩就是。

吴淑贤：就是像我们现在的小窑彩这样，喷这个釉后再去多烧一遍。

吴振达：嗯，这个是喷漆下去，我们是后来才有釉下彩，这个是洗不掉的，那个是洗得掉的。

吴淑贤：釉下彩比较难褪色？釉上彩的就容易褪色。

李炳炎：埠美那家彩庄叫什么？

吴振达：叫华艺，它就在这个大祠堂走出去一点儿。是做彩缶的。

吴淑贤：那这个差不多是哪个年份？

吴振达：这是日本仔后的时间，即是1945年、1946年到解放前。

李炳炎：那就是说，这个花瓶有可能是那个时候的？

吴振达：你说是釉的就是。

李炳炎：这个还是下面白胎的。这下面就白釉，正面是蓝色。

吴振坤：蓝色，那也有可能是这个时间的。

吴振达：这个相片上的产品，就是在1946年到1949年出的。

李炳炎：那当时这个产品盖什么印您有印象吗？

吴振达：有，就是盖一个印。

李炳炎：如合、锦合盖两个字而已。

吴振达：这锦合两个字，还拿一些标来贴，要包装的时候得拿一些标来贴。

李炳炎：这个标是写什么？

吴振达：这个标就是写“中国制造”，叫做 Made In China 。

李炳炎：对，贴多一张纸。

吴振达：纸会掉，所以用不干胶贴，那时候洋行拿来的。我小时候去帮忙贴，在巷口那里，我们的缶都是翻过来就贴，就这样。

李炳炎：洋行拿来的？

吴振达：是洋行。给他们洋行做的。

李炳炎：那个就有他们洋行的商标？不只是“中国制造”？

吴振坤：没有，没有。

吴淑贤：只有“中国制造”而已。

吴振坤：现在一些香港代理商什么的，底标也是“中国制造”，没有厂名。

吴振达：就像现在那些贴一个金色的一样。当时复员后，英国人开的中华洋行，一年来一两次订货。洋行的人来的时候，就喝牛奶、吃鸡蛋，一年来吃一次就是了，然后下单，就这样。

李炳炎：就是英国人？

吴振达：嗯，英国人。他姓卜，萝卜的卜。

李炳炎：就这个姓？

吴振达：是。

吴振达：是，鼻子高高的，小时候他来，我就总是跑去看他。他给工厂供应洋油（煤油），如果生产需要，他就从汕头的公司拿来。

李炳炎：那当时日本仔后还是卖通花瓶给他们？

吴振达：日本仔后，刚开始我们主要是做杯，还没有做通花瓶，那个时候中断了，后来做通花瓶，之后就一直是做通花瓶。整个厂都做通花，那个时候厂里有二三十人。

吴振坤：那个时候我阿公还做陶的建筑材料。

吴振达：垂帘、纱窗，那个应该是日本仔前做的。

吴振坤：日本仔前做的，那就是说我们日本仔前不止做瓷砖咯。

李炳炎：这位英国先生住在汕头，是吗？

吴振达：他在做抽纱生意，也经常来中华洋行这里。

吴淑贤：相当于说这个英国人是中华洋行的老板，而那个姓杨的就是他的买办，帮他代理的，代理就常驻这里。

吴振达：这个英国人在汕头开铺，一年来几次，公司有什么事就处理。

吴淑贤：就跟现在这些公司一样，没有经常来。那这一支花瓶的蓝釉如果是淋上的，是不是容易脱落？

李炳炎：不会，它已经熔进去了。

吴振坤：就当是如果烧得好，它是不会这样的。

李炳炎：这一个花瓶我看，应该不是小窑的。

吴振达：其实这一个花瓶的由来我也不清楚。解放后，家里剩下的缶，次的之类的，家里的工人没事做就曾拿去到浮桥顶（广济桥）的东门头卖。那时候还做过瓷珠。

吴淑贤：应该是从您较小的时候开始，解放后还是解放前？

吴振达：是解放后，工人没事做就拿这个去卖，卖的钱可以做生活费。不知道会不会是那个时候卖出去的。这个产品我就清楚，这个是1946年到1949年做的。

吴振坤：也就是说那时候不止这个。

吴振达：还有一些跟奖杯一样的，也是这样带通花；梅花也都是这个时间做的。

吴振坤：解放前我阿公在做的时候还有建筑瓷。

吴振达：当时还有做建筑瓷呢。

吴振坤：瓷砖、建筑瓷都有做，垂帘、纱窗也都有做。

吴振达：像瓦。

吴振坤：这个叫垂帘。

五彩彩绘通花瓶

吴振达：还有纱窗、青栏杆，这些是建筑瓷。后来这个拿去灶脚埠垫铜线，垫了很多。

李炳炎：这些没有盖字号的？

吴振达：没有，这个没有，这个是当地产品。

李炳炎：这个是指您老公那个时候的？

吴振达：嗯，老公和我阿公还有阿坤阿公，那个时候老公有三个儿子。

李炳炎：哦，就还有做建筑瓷。

吴振达：建筑瓷、花瓶、花缸。

李炳炎：那我们这些产品中很多是盖“锦合”两个字，一些就盖“吴锦合”。还有一些就盖我刚才说的“锦合号”“锦合造”。这些有怎样区分吗？要出口的才盖英文，还是不出口就没盖英文？

吴振达：通花瓷大多是出口的。

李炳炎：是不是有一些没盖印的？还是都有盖印？

吴振达：那个时候，大多数都是有盖印的。

李炳炎：我现在有一些没有盖印的。

吴振达：做胚时就盖印。有一些没盖印的，就是要出口贴商标的。有一些要求不要你的中文商标。那些没盖的就是客户要求不要中文商标的。

李炳炎：有一些客户要求不要中文商标，那这个盖有椭圆形“海阳县”字印的产品，后来就没有再卖？

吴振达：没有，后来换印章，很大个儿的。

李炳炎：我知道，那盖这个可以代表是清朝的，可以吗？

吴振达：这个大概是。

李炳炎：那个是大窑彩，是三国人物。

吴振达：穿青衫啊。

李炳炎：反正那些全是大窑彩。

吴振达：当时枫溪有一个叫做阿城，就老城，是做彩瓷的，我不认识他，他当时在做食（做工）的时候我可能还未出生。

李炳炎：好，那我们现在来谈一下这些产品的制作过程。刚才您提到的那个阿城是为我们锦合号彩瓷的？

吴振达：彩瓷，他那个时候很大个儿。

李炳炎：叫做阿城吗？

吴振达：老城，人叫老城，不知道是不是城里人。彩缶，在彩这些三国人物。这是大窑彩啊，那时候有见过几块。

李炳炎：那你后来为什么没有留起来？

吴振坤：这个看来还是不错的。

吴振坤：知多（多了解）一些事，潮州的事，广济桥啊，佃介眉啊……

李炳炎：除了老城，还有谁？

吴振达：我所知的，就他一个。

李炳炎：就老城而已。一些人画青花，那山水这些谁在画？

吴振达：这些没印象。

吴振坤：我们那时还没有画山水。

吴振达：有。

李炳炎：青花山水？

吴振达：那些角瓦画山水啊，瓷砖也有。

李炳炎：那些亭台楼榭还有画孩童牵牛。

吴振达：还有画撑船，就阿城这些很多人在画，那时候手工画啊，不止一人。

李炳炎：我有一个这样的花瓶。

吴振达：有一个这样的花瓶？

李炳炎：是啊。

吴振达：那个可有盖“锦合”？

李炳炎：嗯。

吴振达：那可能是，这些我就没印象。

李炳炎：老城就画大窑彩、三国人物？

吴振达：那你这个花瓶可能不是大窑彩。

李炳炎：不是，是大窑，但是，是大窑蓝彩。

吴振坤：像这个蓝冰梅、蓝山水，那时候就是大窑。

李炳炎：像这个青花，他也有画的？

吴振坤：有，应该他们那些师傅里，他就画人物、山水、花鸟。

李炳炎：他们那些人多少岁？哪里人？

吴振达：可能是潮州人，如果还在都有一百多岁，是我爷爷那辈人，比我父亲、叔伯大。

李炳炎：老城。那我们有做观音这一类吗？

吴振达：观音，那时候灶脚做得比较少。

李炳炎：灶脚后就搬来向南街这里，是不是？

吴振达：不是。

吴振坤：灶脚全部被日本仔拆掉了，连厝连工厂全部拆掉了，停业了。然后他阿公跑到番畔，他父亲也去番畔。

吴振达：那会儿就中断了。

李炳炎：沦陷后怎么样了？

吴振达：我去枫洋避难，回来后就做饭碗、饭钵。然后做乌缶，那时候没有白土，就用乌土施白浆，做内销。

李炳炎：那就没在刚才说的那个地方咯。

吴振达：没有，没有在灶脚，是在橄榄巷口。

吴淑贤：就是在橄榄巷口，橄榄巷口原来也有你们的祖业。

吴振达：不是，这个原来是我们的祠堂公家的做厝，是祠堂的公产。

吴淑贤：就是现在您二弟住的那个地方？

吴振坤：嗯，他住的地方的前面，那个当时叫做铺前，就在路的那边。

吴淑贤：在橄榄巷的路对面那块？

吴振达：不是，对面那个是工厂，做工是在对面那块。

吴振坤：是！

吴淑贤：那这样可以算橄榄巷口。

吴振达：是，橄榄巷口啊。

吴淑贤：你们当时的厝就是这间俱乐部？

吴振达：我们的。那个是公厅（祠堂，下同）。

吴淑贤：公厅那个是俱乐部，非常新式。

吴振坤：那个是1958年设立的。

吴振达：大约1959年。

李炳炎：在橄榄巷那块，您比较清楚，那块是怎样的，我们来谈一下橄榄巷后，是有在做半通。

吴振达：这个就是通花瓷，日本仔投降后，就做一些日用瓷、花盘。花盘后就到这个洋行，开始有做通瓷，做通花瓷这些半通，就是你刚才说的，那些产品的所指，然后有一些其他的工艺品。那时候做观音散花、仙女散花，多做这种产品，那个时间主要是汕头中华洋行来买，还有一两家洋行来买。那个时间也有一些自己去香港直接卖。

李炳炎：怎样的直接法呢？

吴振达：那个时候自己要想出路，就我父亲比较有文化，加上经常在外，他就去香港，拿自己的产品过去那边展销。

[访谈后记]

吴振达先生是枫溪锦合号的第五代后人，对家族历史脉络了解清晰，也对制瓷流程非常熟悉，从他的口述中可以窥见整个锦合号的发展历程，以及枫溪瓷业的变化发展。

锦合号由吴来锦创于清代，后由吴松江（1868—1952年）负责经营，作坊位于枫溪灶脚埠（今枫溪外马路美术一厂），主要生产瓷花盆景、瓷砖、通花瓶、大盘等瓷器。清末民初，锦合号由吴显炽（1885—1947年）接手经营，德明协助。20世纪30年代是锦合号经营最为兴盛的时期，其大门对联“锦里荷乡成骏业，合时应运起宏图”，意思是主人把握时局，于乡间发展大事业。锦合号生产的彩绘大盘、鱼盘、花瓶、通花瓶和天字罐等销往国内外，其中通花瓶主要销往上海的义顺祥、秦祥兴两个商号，还有汕头英商的中华洋行，有的产品的底部还贴有“Made in China”的标志。

1939年12月，锦合大屋被日军轰炸，人员流离失所。日本军队进入枫溪后，占领锦合号，锦合停产歇业。抗日战争胜利后，锦合号由吴振达的叔父吴庆（1920—1992年）接手经营，父亲吴成国协助，重建作坊于橄榄巷口，生产观音像、天女散花及镂空花瓶（半通花）等产品，销往汕头、香港等地。吴成国（1915—1982年）每年到香港各洋行一两次，接收订单，产品生产后直接从汕头发运至香港洋行，或送往香港的潮人行铺代销。随着香港的生意逐步兴旺，吴成国最后定居香港。1954年，锦合、潮瓷、陶真玉、德全兴、松记、陶祥、松兴、合记等作坊公私合营组成美术一厂，吴振达也因此成为美术一厂员工。

在采访众多近代枫溪窑陶瓷业亲历者中，吴振达先生给我的印象最深。他长期从事财务工作，记忆力好，文化素养高，他口述的内容有很强的条理性和逻辑性。民国后期，锦合由吴庆接手经营，他是一位朴实的经营者和技术创新者。他创作了大量的新品种，如通花瓷中的贴塑及半镂空的装饰形式以及新中国成立后创作的瓷菊花，这些大胆的产品创新为20世纪六七十年代枫溪瓷产区发展通花瓷及瓷花的产业奠定了基础。吴庆先生的“资本家成分”和学术权威使他在20世纪五六十年代之后的历次阶级斗争运动中受到冲击，其作品及许多相关资料被毁灭，锦合的经营及他的艺术创作被人们所淡忘。难能可贵的是，通过吴振达先生们的口述使鲜活的历史得到还原，这也是口述历史的意义所在，它弥补了历史的缺漏，为我们了解近现代枫溪陶瓷业提供了重要佐证。

章镇光谈和合号

受访者：章镇光（1939年生），男，枫溪和合号第三代后人。1963年在潮安瓷器收购站工作，负责陶瓷质检工作，2000年退休。

时间：2008年3月12日

地点：枫溪西塘

采访者：李炳炎

在场人：吴淑贤、章镇光妻子

录音整理：陈丹漩

文稿编辑：李炳炎、陈秀娜

采访章镇光先生（右）

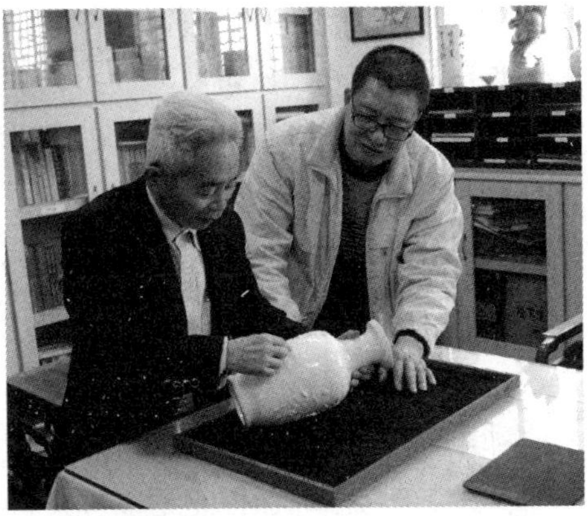

章镇光先生（左）手里拿着通花瓶讲解其成形工艺

李炳炎：我今天来就是想了解你们和合号的历史。我有章和合印款的瓷器，这些当时是不是出口到欧洲各个地方以及香港？

章镇光：主要出口到香港。

李炳炎：我对枫溪缶的研究到现在已很多年了，很多铺号的历史基本知道。我今天想问的是和合号的起源，是从哪个时间开始的？

章镇光：具体的时间，我不太肯定。原先只知道从我阿公带起来的。他当时为了抚养孩子，孩子大了之后，才开创的这个陶瓷。

李炳炎：您的名字是什么？

章镇光：我的名字是章镇光。

李炳炎：那你父亲叫什么？

章镇光：父亲是在兄弟中排行第五，人们多数叫他老五，正名是章锡龙。

李炳炎：那您阿公？

章镇光：我阿公叫章裕通。他有六个儿子和四个女儿。

李炳炎：您阿公之前的情况您了解吗？

章镇光：不是很清楚。

李炳炎：那你们家里阿公以前就做缶？

章镇光：这个不太清楚，等我问清楚再告诉你。

李炳炎：也就是说从您懂事开始家里已经在做缶？

章镇光：是，我懂事时家里已经在做缶。

李炳炎：那您今年几岁？

章镇光：虚岁七十。

李炳炎：属什么？

章镇光：属兔。

李炳炎：您父亲兄弟几人？

章镇光：好多人，我父亲这些兄弟，大的叫锡兴。在当时的情况下，兄弟多，父母虽没能力，但决定要送一个去读书，最后送了大伯锡兴去读书。

李炳炎：锡兴之后是谁？

章镇光：锡兴之后是锡盛。

李炳炎：然后是谁？

章镇光：锡盛之后是锡乾。

李炳炎：乾隆的乾？

章镇光：然后是锡坤、锡龙、锡彰。

李炳炎：这样就有六个人？

章镇光：六个人，六兄弟。

李炳炎：您刚才那样念是按从大到小的顺序，是不是？

章镇光：是，他们就是兴、盛、乾、坤、龙、彰这样。锡兴排行老大，我叫他大伯。他有文化，而且求学懂求胜、会变通，所以跟着时势四处奔走，去广州、上海、福建，跟客户接洽，拉生意。

李炳炎：他做陶瓷生意？

章镇光：是，锡兴。

李炳炎：大伯？

章镇光：是，我叫他大伯。

李炳炎：二伯呢？

章镇光：他很早就过世了。

李炳炎：那锡乾呢？

章镇光：在失陷（1939 年）前，锡乾觉得在这边无法发展，过番了。没跟家里父母和叔父说，只跟兄弟说了，兄弟们想着这么多个兄弟，不如让他外出谋生，就凑钱买点吃的给他，然后送他下船。

李炳炎：那后来有帮家里做陶瓷生意吗？

章镇光：没有，他出去外面也没能发迹。

李炳炎：那锡坤呢？

章镇光：锡坤是四伯，他当时在这里负责烧缶，处理工艺上的事，表面上要涂什么花纹，或贴什么花，乃至像当时这个手工的梅头。手拉胚做起这个花瓶后，晾到差不多，就得修（修坯）。

李炳炎：我们先讲作坊的大致情况，再讲工艺。也就是说，他管工艺？

章镇光：他这个人是专门牵（贴塑）梅头，这些梅全是他一人牵的，别人没法牵。梅头安下去后，再做其他工序。我父亲排行第五，家庭经济困难，他没办法去读书，就跟别人入做厝做工。他（做缶）很厉害，八岁就会手拉坯，个子小小却能做整个花瓶，到十一岁就能像大人一样做缶和烧缶。在以后发展的较大型手拉坯工艺，枫溪有两个人，一个是木千，另一个是我父亲章锡龙，他也很有名，他当时做缶的功夫跟木千一模一样，木千的个子比较大。

李炳炎：这是什么时候的事？

章镇光：他四十多岁时的事，但他十几岁就已经非常熟悉这些缶。我父亲历来心细，会技术，会功夫，他不想跟别人说什么。

李炳炎：他一辈子都是做这个成形？

章和合款白釉通花瓶Ⅰ

章和合款白釉通花瓶Ⅱ

章镇光：是，八岁到做厝，十一岁会做缶，之后在好多家作坊当手拉坯成形师傅，如任合、陶真玉等。公私合营之后并入到美术一厂继续制作手拉坯通花瓷，后来改进用石膏模注浆成形，我父亲开始调入创作组。这段时间我父亲创作了不少新图案的通花样品，在汕头地区的展览活动获得多个奖项。

李炳炎：那细叔呢？

章镇光：细叔为人很老实，被别人叫做“白仁六”，叫他做什么就做什么。像我们做缶都是手头加工，泥料用手搓，搓完之后就贴。他当时就专门印梅花、贴梅花、搓梅粒、贴梅粒。之后要贴网地形的叶子，专工贴四叶的有大姑、二姑、细姑（小姑），还有我老细叔（父亲的小叔）的女儿“灯香姑”。老细叔先过身，那些亲戚都过来跟我们这房人上落（联系），这些人都在做厝，做印梅、贴梅或贴竹叶等。

李炳炎：这三个阿姑同父母的吗？

章镇光：是，同父母，大姑、二姑、细姑。“灯香姑”是老细叔的女儿，是堂的。

李炳炎：大姑叫什么名字？

章镇光：大姑叫婵娥，二姑叫什么不记得了。

李炳炎：那三姑呢？

章镇光：三姑比较早过去（过世），细姑叫婵巾。

李炳炎：那就是四个姑姑？

章镇光：是，其中一个是堂的姑姑。

吴淑贤：兄弟姐妹十人。

李炳炎：这些姑姑都来做缶？

章镇光：她们都来做厝。她们未嫁之前就在家里帮忙贴缶、雕缶。到她们嫁了，还是来这个做厝做缶。其实章和合，基本上老板、技师、工人是一家人聘请的记数（负责记账的人）。那个时候枫溪的作坊都请一个来记数（记录数）、算数。家里还请一个女人来打土（搅拌），这些瓷土先要舂，舂锤，舂完就踩。基本靠这些人，兄弟姐妹，乃至阿表（表亲）。当时他们专门负责雕缶。

李炳炎：舂臼是脚踏的还是手锤？

章镇光：脚踏的。大概一个臼或者两个臼，土买回来之后，就放一块一块，像舂米一样。

李炳炎：这都是中年妇女来做的？

章镇光：是啊。

李炳炎：当时为什么做这些通花瓷的造型？这些通花和堆贴，是洋人拿造型来我们做，还是？

章镇光：听说是他们香港订货方那边的一些造型，有什么造型做什么。上雕空下雕空，实际上是按照他们的要求，去做这些台灯形。

李炳炎：是香港人拿来的？

章镇光：是。后来就说单纯这样子，比较普通的物件，怎样设置，给它加什么工艺，或做个梅头，或做个石榴，或做颗桃，或雕个什么花来花形，如果没法纯粹做立体，就做半浮面。我外婆是古巷的，以前古巷、枫洋特殊的情况就是每年迎神赛会。

李炳炎：正月十九？

章镇光：是，古巷、枫洋劳热（游神会）的时候，大家都来看神前的斋碗。斋碗就是用碗，大的碗，装饰得非常漂亮，上面用木耳或者其他东西装饰。这个碗也展示制作人的工艺，他们用粟（未脱壳的稻谷，下同）、糯糊去粘两个角，像这个一样，六角形，以前古巷、枫洋迎神前常有人惊叹“哇！那个碗是用粟叠砌的”。我父亲就去看，受到启发，觉得缶也可以这样叠砌，就是这种网地形，所以当时就用缶来做砌粟碗（用未脱壳的稻谷做的各式用于装饰神台的斋碗，下同），人们看后赞不绝口，说非常好看。于是，我们想是不是把缶也做成类似这样的砌粟碗，开始是用雕空的，搓一粒粒贴成这样，贴了之后做一支竹削，竹削一边尖一边斜，这个贴好之后，就拿一根竿来夹出中间一道痕，像粟那个形状。单纯这样又不好看，就想中间要加入什么图案，用什么浮花，或者空地加丛梅，贴一些梅花，或设计缶什么如意的各种各样的工艺。但是单纯贴下去还不漂亮，他们那时能镂空，更厉害，然后想办法用雕刀来把孔雕通。好像外边说如果你能雕通，生意就好做。这个是过去的台灯，建楼用的工艺装饰物。

吴淑贤：是栏杆，像我们现在这些栏杆。

章镇光：是，那些有钱的人就有用，以前套什么竹灯之类的，就很气派。

吴淑贤：主要是香港那边的，是吧？

章镇光：所以说如果能雕通，可以拿来这样用。那香港做各种形状的通花瓷怎么样，一些去做台灯，一些他们拿去砌楼，一些单纯作摆设用。父亲很聪明，善于模仿，这个就是当时他们摆在神前的（东西）。解放前他年轻那时，人家摆神前，就用木耳、菇类，用糊来砌成假山，砌成假山后做一大堆安仔。他夜间下班来宫前的玻璃顶看，看这些东西，然后晚上回家就用这些来仿做，那一套是很厉害。

（章镇光带李炳炎到室内观看家藏的几件自家作品）

章和合款白釉通花筒瓶

章和合款大窑五彩山水纹双耳火锅炉

李炳炎：他这个也有做成壁筒是吗？

章镇光：没有。我们这些是人家要去神前摆的缶。

李炳炎：就是给人家神前去摆？

章镇光：专门摆神前的。

李炳炎：用瓷做的吗？

章镇光：用瓷做的，那些假山就用窑里烧剩的一块一块的窑渣来做，最初是用木耳、菇类。用木耳做个非常大的木耳假山，然后摆置瓷制的“刘海戏蟾蜍”或“老渔翁过桥”，也有制双方军队在对战的。神前粟碗启发创制通花网地花瓶，后再加贴梅花、如意、蕉叶等。为灵活变通，又将网地叶改为竹叶，开创陶瓷的砌粟碗，刻碗就是网地通花，后加工这丛梅花之后，在这些网地上太难连起来，就自由一点儿，灵活一点儿，开创出竹叶的通花。我们那些三叶、四叶的竹叶，非常自由，也就是说可以灵活点。思考这个通花要怎么布局较灵活后，就增加了这些。

李炳炎：那当时摆神前有没有带一点儿斗艺比赛的性质？比如某某号做什么，我们做什么。

章镇光：没有。

李炳炎：就我们一家做这个？

章镇光：做这些东西没人去比。

李炳炎：那当时是摆在古巷还是摆在其他地方？

章镇光：摆在古巷。那时失陷之后大人住在古巷，因为家里的西塘祖厝被日军烧毁，所以去外婆家附近将就住着，我小时候也跟在那边。摆神前很热闹，人们摆大桌子，还有竹竿。

吴淑贤：那当时开始做这些通花的时候，街市（社会上）还没别人做这个？

章镇光：没有。以后客户需要，产量多了，就像橄榄巷的锦合那样自然也做了。

李炳炎：那通花的历史，您认为锦合比我们先做还是什么？

章镇光：我无法确定，那不是真正看得到的事实，我们也不能乱说。只知道枫溪没粟碗这样的东西。通花粟碗都是供在神前，拿来摆着玩的。我们把砌粟碗做成缶，同样是这个道理，试试看。

李炳炎：那这样看就是，沦陷后的生意比较好还是沦陷前的生意比较好？

章镇光：沦陷前生意好。沦陷前我家的厝有大客厅，两边没有房，然后是脚包、前房、门楼，从这里到那里是外埕，然后是厝亭巷。

李炳炎：这时有几间做厝？

章镇光：几间做厝现在还在浮洲园。

李炳炎：浮洲园那里的不是铺吗？

章镇光：叫做厝，无铺。我们那时没有铺的，后来搬到亭脚也没铺，我们都是叫做厝，里面专门做缶、晾缶、放缶。就算客户来，也是弄个小地方坐下来谈，没有专门一间房作摆缶架、放缶板、放缶坯专用。

李炳炎：那沦陷前的生意好到什么程度？

章镇光：同一年建了大厝，两座落、阔外埕，还有埕头厝、房和厅。而且家里一年娶了两个媳妇，我父亲跟我四伯同一年结婚，结婚当时是一九三几年。

吴淑贤：然后生活怎样？

章镇光：家内全部建新厝，建了一整落。假如和合的事业不发达，一年怎能建整座厝和建埕头厝，还娶了两个媳妇。

李炳炎：那您父亲结婚是哪年？

章镇光：是1937年。

李炳炎：您排第几？

章镇光：我是大的。

李炳炎：是大儿子。

章镇光：这样应该是1936年还是1937年。

李炳炎：沦陷前的订单怎样收？

章镇光：这个我没法说。我阿公先过身，然后大伯也过身，到沦陷之后，那些人都没在了。大伯和他的家人去了南洋，后来他死在南洋。日本仔来那时，家里很多人死了，就剩下四伯和六叔，还有三个（叔伯）在番畔。

李炳炎：那沦陷前生意怎么样，这一块当时大人有说起吗？到您懂事的时候，你们的缶做后怎样发运？沦陷后你们的生意算好吗？

章镇光：那一段时间，通花类有做，但大人觉得当时（沦陷后）一度像迷途羔羊一样，因而多开拓一个观音娘的品种，做观音。

李炳炎：那有一个名叫曹明銮的师傅，您认识吗？

章镇光：不认识。沦陷时期，家里没有厝可住，所以父亲就去逃难，到揭阳，到横溪，后来较稳定，定居在古巷。因此父亲之后每日步行到枫溪，回枫溪做缶，夜晚下班拿了雨伞就走回家（古巷）。我小时候住在古巷，没有接触这里的做厝，只是听他说而已。

李炳炎：也就是说，您做缶的时间很短，是解放后才做的？

章镇光：做缶，我是在改革开放后了，这边全乡里都在做缶，做乌缶、红罐、假古董，当时福建人整队整队地来买。我说我不做这种事，要做就做真的，这时就开始制作工艺瓷，但还没合作，我父亲在枫溪当师傅打土，住在古巷。到“土改”时，政府号召原来出去的人回来分田，我父亲才回家乡。1950年5月，我十一岁，老二是藏在箩底担过来的。来了之后才去做厝，刚开始就是了解做厝是个什么样而已。

李炳炎：现在时间比较紧，我提几个问题，过几天没事您就想，然后我们另外约一个时间，我再来请教您。您是否知道经营上的事，例如我们拿到外洋的订单后经过哪个缶栈、行号。是他们放给我们，还是我们派谁去接？还有就是沦陷前生意好能否知道一个程度，例如，好到什么程度？跟哪个商号差不多？比如说可能跟锦合差不多还是与陶玉峰、陶真玉这些能有一个比较，就像现在一些老人就说这几摊（家）差不多大，那这几摊差不多大，是有多大，他也没法说得准，我们现在是要排规模的大小。关于瓷花和堆塑的技艺，这件事能不能再说清楚一点儿，像橄榄巷锦合的吴南鱼，清末就做，那些产品上盖有“潮州府海阳县枫溪乡吴锦合造”，有通花的，也有瓷砖等，而且他的瓷砖是销往欧洲的。

章镇光：这是几时什么时候的事？

李炳炎：民国以前的事。他家里现在还有那些东西，都是通花的，而且不止一种白釉，还有蓝彩。

章镇光：新厝建后，日本仔来，新厝全部烧塌，剩一个破客厅和一个南北厅，其他全部烧掉，我这个楼和后面这块地都是当时烧掉的厝地（宅基地）。原来那些破房子都囤有缶。这巷前不管有用没用，客厅、天井都囤有缶。后代不重视这些，剩下的缶还拿去建猪圈，建这建那，甚至还拿去补那些破的墙缝、做窗。

章和合款白釉通花瓶Ⅲ

李炳炎：我们这里做的多数是白釉的，对吧？色釉的有见过吗？

章镇光：家里基本很少看到这色釉的东西。

（章镇光带我们看住房内的家藏陈列作品）

李炳炎：那时候那些小小的五価是你们家做的吗？

章镇光：我父亲亲手做的。他十几岁就做五価。

李炳炎：那些有盖印款吗？

章镇光：可能有吧。这个双层彩色通花瓶也是我父亲亲手做的，专门做一对双套的做留念。这些他年轻时就自己做，双层里面手拉，然后套在它们里面。

吴淑贤：上面那个佛像是谁做的？还是后来做的？

章镇光：我不知道。

李炳炎：您阿公过身的时候是何时？

章镇光：1939 年，我父亲是 1996 年去世。

李炳炎：您父亲什么时候生的？

章镇光：他是 1910 年生的。

李炳炎：他几岁，他当时老的时候几岁？

章镇光：八十六。

李炳炎：属什么的？

章镇光：属狗。

李炳炎：这样说就最准。能找其他老人吗？

章镇光：现在这些上辈都没了（去世了）。枫洋我一个细姑还在。那些姑姑、叔伯都过身了。当时情况就是这样。

吴淑贤：那个细姑的事，您知道吗？

章镇光：她当时也有去贴竹叶，做通花的下手工，要说具体也不一定能。

李炳炎：问这些老人，问他们几岁老去、属什么（生肖），我们就能够算出他们的年龄。因为要知道各个发展期的生意有多大，经营者的年龄非常关键。

章镇光妻子：你刚才问的这个，看你下次有没时间，问下面的二叔，以前他都跟阿公住在一起，比较清楚。

章镇光：我那时刚开始读书，住在潮州，星期天才回家住，也没谈到这些。

章镇光妻子：爷爷好像是七十七岁，就是沦陷期间，他跑在（逃亡）横溪那里去世的。

[访谈后记]

章镇光先生是枫溪和合号创办人章裕通的孙子，他从小便在家庭作坊中看着长辈们做缶，对于字号的经营和家族的一些情况比较熟悉。

和合号瓷作坊创办人章裕通生于清同治初年，和合号位于枫溪西塘，主要生产网地通花瓶罐及白釉观音像等。抗战前，和合号主要生产通花产品，抗战后，以生产观音像等为主。通花瓶主要为外国人配套台灯之用，一般是香港来样生产。当时作坊只有记账先生和打土工外聘，其余由家族众人协力经营，章裕通的长子锡兴主管销售，四子锡坤、六子锡彰主管生产工艺。锡坤最擅长捏塑花瓶的梅花耳，锡彰则擅长捏塑、堆塑成形，五子锡龙八岁已学会手拉坯，十一岁便可当师傅。

章镇光先生幼时在作坊生活，后到城内寄宿读书，周末便回枫溪住家帮忙。

从章镇光先生的口述内容可窥见和合号通花瓷的创作过程，为枫溪通花瓷的由来提供重要的参考线索。

佘树进谈如合号

受访者：佘树进（1948年生），男，枫溪如合号创办人佘木荣之孙。1954—1960年就读于枫溪小学；1960—1966年就读于潮州市华侨中学；1968—1972年到古巷公所横溪大队工作；1972—1984年到广东省英红华侨茶场中学教书；1984年与家中兄弟四人一起创办潮安县嘉美工艺品有限公司。

时间：2012年1月13日

地点：潮州南国明珠花园

采访者：李炳炎

录音整理：刘映秀

文稿编辑：李炳炎、陈秀娜

李炳炎：我想问你们如合号做陶瓷的简单历史，请您谈一下。

佘树进：最初就我所知，应该是我阿公。我阿公一共三兄弟，叫木财、森财、木荣。我阿公还有个名字叫克养。至于老公就不曾听人说过，我阿公开始是在宫前大榕树下开铺，这个地方你知道吗？

采访佘树进先生（中）

李炳炎：宫前大榕树我知道。

佘树进：旁边的这个瓷厂叫荣利还是什么来着，我记得我阿公好像是在大榕树下那里做学徒，学会了雕塑和色釉。

李炳炎：就是在宫前。

佘树进：在宫前大榕树下那里。

李炳炎：那里的作坊？

佘树进：作坊。然后我阿公除了来做学徒之外，还利用工余时间帮别人挖乌土。乌土你知道吗？

李炳炎：知道，做陶的。

佘树进：我阿公工余的时间就去挖土，在田野里挖田格土。当时没有煤气炉，都是风炉（一种烧木炭的陶质炉子），挖土回来的时候他就顺便拿一些土回来，业余打风炉窗（风炉中间用于隔断木炭和炭灰的网状结构）拿去卖。等到他打工赚到钱之后，才创办了如合号。如合的旧址，现在面目全非，你知道吗？

李炳炎：我去过，还能看到外墙、客厅。

佘树进：我阿公创办如合之后（我阿公排行老三），就叫他大哥、二哥来帮忙，一个管账房，一个管生产，工作大体就是这样分配的。

李炳炎：刚才说您阿公就是克养，是吗？

佘树进：嗯，养字好像有个“广”字旁，具体没什么印象。

李炳炎：培养的养吗？

佘树进：可能是这个字。

李炳炎：这个字还是写老写（繁体）的。

佘树进：如合枫溪的新址去过吗？

李炳炎：有，我也有去过。

佘树进：那个就叫养德里，如合上面那个匾就写养德里。

李炳炎：养德里，那个对联记得吗？大门的？

如合号佘氏养德里大门（2012 年 12 月摄）

佘树进：应该是……

李炳炎：以前没照相？

佘树进：没有，“土改”后就被没收了。等到改革开放前落实政策才部分归还，现在是我排第九的阿叔那部分。

李炳炎：你们排行八，就是如合八？

佘树进：是的，我们是如合八。第九的，第十二的，我们二房的产业有得到落实，大房和三房的都没有得到落实。

李炳炎：你们兄弟目前都有做陶瓷？

佘树进：有。

李炳炎：就是你们厂？

佘树进：就是嘉美工艺品这个厂，还有佘树新、佘树中，我们兄弟的名字是“进庆立新中国”，佘树国就是第六的，他贸易的就没有参加。

李炳炎：就现在这个厂是五个人办的？

佘树进：五个人。

李炳炎：就刚才这五个人（树进、树庆、树立、树新、树中）？

佘树进：五个人。我们六兄弟生的时候就这样排的。

李炳炎：那当时如合号创立之后，生意是怎么做起来的？

佘树进：产品主要远销国外，像销东南亚那些国家。曾听我父亲说，当时如合生产那些东西，主要是挑到长美桥那里下船驳运出去的。

李炳炎：从三利溪转去汕头。

佘树进：从长美桥的码头转去汕头。

李炳炎：从三利溪去汕头，可以在揭阳万里桥转。一条转去揭阳榕江，另一条就转去梅溪桥出汕头的西港。

佘树进：主要是靠水运的，销东南亚一带。

李炳炎：那你们现在有编写这个家史，是吧？

佘树进：有族谱。

李炳炎：族谱里面没有说到如合的经营过程，是吧？

佘树进：没有，本来这个应该写的。

李炳炎：如合之所以会出名，是因为如合的产品。那么如合的产品从生产到雇师傅，到外销，再到与外国人打交道是怎样的？

佘树进：其中雇的彩绘师傅有一个叫鬆发郑。

李炳炎：还有叠珠郑。

佘树进：这个你都知道，看来你比我还清楚，这两个师傅彩缶比较厉害。

李炳炎：鬆发郑不就是江西人？

佘树进：具体是哪里人，我不太清楚。记得以前我爸跟我说过鬆发郑，他应该是画孔明空城计、风尘三侠、三国演义，还有梁山泊。你这样跟个记者一样。

李炳炎：我不是记者，这是业余爱好，是业余的研究者。那当时这些产品到底有多少种，您知道吗？

佘树进：主要是花瓶、烟灰缸、瓷砖，我基本就知道这些，你说那个什么筒来的？

如合款枫溪窑五彩花卉纹长颈柿饼瓶

李炳炎：帽筒。

佘树进：嗯，帽筒。我后来去一个亲戚家，他家里有两条这个。他说，本来这个是你们如合的产品，几经周转到他手里，现在物归原主。

李炳炎：你们做的花瓶非常漂亮，色釉瓷也是。

如合款绿釉小瓶

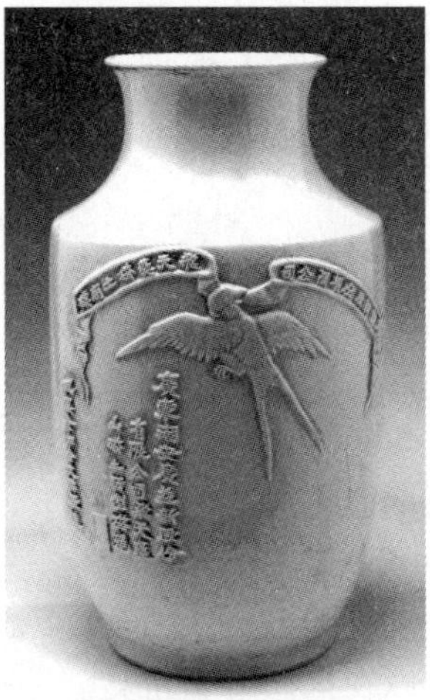

如合飞天燕瓷土矿纪念款白釉撇口瓶

如合款朱砂釉小瓶

余树进：后来的《陶瓷志》里面说，雕塑和色釉应该是如合首创的。其实不对，雕塑不能算，色釉才是。

李炳炎：我们的雕塑从宋代就有了。

余树进：这样啊。

李炳炎：你们家当时雇了一个叫做吴阿才的大吴泥塑师傅，塑观音，所以当时别人说你们的观音做得好，是这位阿才做的。您阿公自己也会塑，乡里的老爷像曾是他做的。

余树进：当时枫溪大宫里面的老爷像就是我阿公塑的。

李炳炎：这是民国初期的事？

余树进：好像是这个时候，我都没怎么研究这个。

李炳炎：大宫是明嘉靖年间建的，复员后有个公司出钱重建，公司的名字叫中缅，您认识吗？

余树进：不认识。

李炳炎：应该是复员后至 1948 年的事。那个时候就有大量新的雕塑、新的老爷像重新做，因为日本仔来的时候被他们炸掉了。

余树进：那个当时是我父亲做的。

李炳炎：这样说大老爷宫的老爷（神明），应该是复员后重新建大老爷宫的时候他来做的。

余树进：那个大老爷宫现在还在宫前市场对面。

李炳炎：三山国王宫，这个是吴殿邦题字的。

如合款白釉持如意观音立像

如合款青花博古纹滤水罐

如合款青花双龙纹提梁壶

佘树进：吴殿邦是枫溪吴厝人。他在潮州后八贤中应该有吧。我听说当时潮州八贤，七贤要写牌匾的时候，写着写着就写到吴殿邦，七贤没有一个会写字。他就说，如果写潮州八贤，我就帮你们写，结果就写潮州八贤，挂了一幅像在那里。

李炳炎：这个塑老爷像也有人说，但是那人不知道是什么时候的事。

佘树进：估计是日本仔来前那个时候。

［访谈后记］

如合号是近现代枫溪瓷业代表性的瓷厂之一。1903年，佘木荣和两位兄长木财、森财在枫溪后宫仔创办如合号，住家位于石桥头的养德里，他们在生产泥风炉、陶花钵的基础上发展，制作精细瓷。20世纪30年代，如合大瓷厂拥有工人近百人，是枫溪较大的瓷厂，每四天能装烧一条龙窑，产品品种有提梁壶、广口罐、乌碟、骨灰罐、大花瓶、八骏马、观音、弥勒佛等，是近现代枫溪陶瓷生产品种最为齐全的大瓷厂之一，类型有青花、瓷塑、彩瓷和色釉。当时如合号自产自销，也有一些订单委托其他作坊生产，后盖上“如合督造”印记，还采购其他作坊的产品直接出口。民国初期，欧、日陶瓷的倾销，迫使枫溪陶瓷业提高产品的质量档次，枫溪佘如合大瓷厂最先引进飞天燕的优质瓷土进行生产。佘树进先生是枫溪如合号创办人之一佘木荣之孙，通过对他的采访及综合其他枫溪陶瓷亲历者所述，可以得知当时如合号在枫溪的生产规模及销售都是名列前茅的。如合作坊中设有产品展厅，四周装玻璃柜，陈列生产样品，方便客户订货。如合号与外埠商号通过录音唱片记录订单，成为佳话。后来为拓展海外市场，佘木荣派人到南洋经营陶瓷，直接参与市场竞争，提高枫溪陶瓷的知名度，在近代枫溪瓷业的发展史中有着举足轻重的地位。

从佘树进先生的口述内容可整理出如合号一部分重要人员的资料，也可窥见如合号生产及运销的一些情况。

吴树秋谈合成号

受访者：吴树秋（1950 年生），男，吴金国之次子，枫溪合成号第四代后人。
时间：2010 年 12 月 8 日
地点：枫溪银槐路
采访者：李炳炎
录音整理：陈丹漩
文稿编辑：李炳炎、陈俊华

李炳炎：合成是什么时候建立的？
吴树秋：合成应该是日本仔来前建立的，从我老公那时候。
李炳炎：合成号是您老公建立的，那您老公的名字您现在记得吗？
吴树秋：记得，他叫做吴潮荣。
李炳炎：潮州的潮？
吴树秋：土名叫应合。如果按辈序就是潮荣，一般人叫他应合。
李炳炎：叫做应合。然后传给您爸，是不是？
吴树秋：不是，应该是我阿公和我老伯（父亲的伯父，下同）。我阿公先过身。

采访吴树秋先生（右）

李炳炎：您阿公的名字是什么？我把这个世系顺便给记下来。

吴树秋：我阿公是……老伯是长鳌。

李炳炎：那您阿公呢？

吴树秋：这个我现在一时想不起来。

李炳炎：再传给您父亲，是吧？

吴树秋：是。我父亲是（合成）国记。我老伯传给他儿子的就是（合成）清记。

李炳炎：合成号就是您老公在日本仔来前创建的，等于说是民国初期。这个族谱有记载这些吗？

吴树秋：没有。

李炳炎：我昨天才收购到成合的日用瓷，就是那些大碗，都有写"成合"两个字。

吴树秋：成合是成合，我们是合成，不一样。

李炳炎：我知道，你们合成主要做安仔。

吴树秋：主要做观音。

合成款白釉戏剧人物云座立像

合成国记款白釉观音坐像

合成款五彩塑童子坐像

李炳炎：您知道些许（成合）的情况吧？

吴树秋：我不太知道，他是佘厝的。

李炳炎：佘厝的不是如合吗？

吴树秋：如合和成合。

李炳炎：成合是佘厝的，那这样成合不知道找谁去了解。

吴树秋：成合的不知道，我帮你问问看。

李炳炎：您帮我联系。我看它做的东西也很多，器形有高脚碗、高脚盘等。

吴树秋：成合，好像有六七十岁的后人在。

李炳炎：那就劳烦您了，有空帮我问成合的后人是谁，然后我去找他。到时帮你们把合成号的历史写出来。当时合成作坊是在枫溪哪个地方？

吴树秋：在向南街尾，和陆荣利刚好是隔壁。

李炳炎：哦，就是在向南街尾。那当时您阿公传给您父亲，有没有？

吴树秋：是我父亲直接从我老公那里传来的，我阿公先过身了。

李炳炎：那合成国记是什么时候创建的？

吴树秋：合成国记是 1945 年后才有的。

李炳炎：哦，在抗战胜利后才创立的。那您父亲的名字是什么？

吴树秋：金国，黄金的金，国家的国。合营后，我父亲到美术一厂当资方管理人员。

李炳炎：当时您阿伯的铺号为何会叫清记？

吴树秋：因为他的名字叫金清。

李炳炎：是长鳌的儿子？

吴树秋：长鳌是我老伯，是他的父亲。

李炳炎：那金清就是第三辈的？

吴树秋：长鳌是第二辈的。

李炳炎：那您就叫金清阿叔（此处指叔叔）咯？

吴树秋：阿伯（伯父，下同）。

李炳炎：哦，阿伯，合成号大房传给金清。这样我就明白了，劳驾了。

合成款青花山水纹壶

合成款青花人物纹折沿花钵

［访谈后记］

合成号创办于清末民初，创办人吴潮荣，作坊位于枫溪向南街。20 世纪 30 年代，吴潮荣带着自己创作的 30 寸观音立像，专程从汕头乘火轮至上海参加展览会，被英国商人用 50 银圆买走，成为一时佳话。后作坊发展壮大，在枫溪建厝，成为枫溪较大型的工艺陶瓷作坊之一。合成号的产品有观音像、仕女、仙女散花及香炉等，主要销往香港。抗日战争胜利后，合成号大房由吴金清继承改为合成清记，二房由吴金国（即吴树秋父亲）继承改为合成国记。

吴瑞全谈源兴号

受访者：吴瑞全（1954 年生），男，枫溪源兴号第四代后人。1973—1977 年在枫溪瓷四厂工作；1977—1986 年跟随其父亲学习手拉壶制作；1986 年至今从事手拉壶制作。

时间：2009 年 2 月 28 日

地点：枫溪外马路

采访者：李炳炎

录音整理：刘映秀

文稿编辑：李炳炎、陈秀娜

李炳炎：全兄，我今晚想请您说一下有关潮州窑工夫茶具的事。潮州窑工夫茶具的种类有陶和瓷，陶类的就是我们所说的红罐。这一部分先请谈谈源兴号的历史，再谈谈枫溪比较有名的壶作坊及其产品的成形工艺、特色，包括销售方面的一些事情，您想到什么就说什么。

采访吴瑞全先生（左二）

吴瑞全：清末民初，就得谈到我阿公和父亲那个时候了。我阿公和我父亲的铺号在我们潮州市枫溪大路顶的红罐铺内，名叫源兴号，做壶的历史相当悠久。你今晚要谈的是清末民国时期的东西，但我们的祖先做壶已经有三百多年历史了，到了清末民初做的壶才是最好的。工夫茶具作坊生产的主要特点，在于在香菇车的手拉坯里面去发挥，去做壶，是纯手工制作的，历史相当悠久。白缶之后的手拉坯车转化为做红陶罐，是从这个时候开始的，是模仿宜兴而来的，我们比宜兴是晚了。我们家族生产的孟臣，人们叫做吴孟臣的壶，是非常出名的，名气甚至传到东南亚一带。还有香港、台湾，喜欢工夫茶具的人都闻名而来，来找这把孟臣壶。

李炳炎：香港、台湾？

吴瑞全：香港和台湾，还有东南亚一带的潮人，他们喝茶用的，所以这些人经常来定做壶。汕头、江苏、福建这些地方的工夫茶也很闻名，特别是福建，它的工夫茶具跟我们潮州的工夫茶具是相同的。

源兴炳记款红陶提梁刻诗文茶壶

李炳炎：那老祖做壶的一些情况，您能谈谈吗？

吴瑞全：老祖在雍正年间开始做壶。

李炳炎：说是雍正年间，有什么证据吗？

吴瑞全：证据就是我们现在保存的壶，还有考古发现、书籍记载及博物馆陈列的一系列的壶，就有一些是我们源兴的东西。

李炳炎：实物？

吴瑞全：就是以实物为证据。为什么说从雍正年间开始就有做壶呢？那个时候壶的印款流行“雍正年制”“乾隆年制”，所以一般没有署名，连这件井缸也不知道是谁彩的和谁拉坯的。到了道光年间，英武创立了自己的品牌，他做茶壶底部就印有源兴、源兴号和源兴厂制。为什么说厂制呢？主要是因为一些茶铺的名字叫厂制，所以就以源兴两个字再加上厂制。

李炳炎：当时为什么用源兴这两个字呢？

吴瑞全：源兴的字号是老祖取的，源、兴是生意的好意头。

李炳炎：源头。

吴瑞全：嗯，源头。它适合茶，源就是水，就是工夫茶的意思；兴，是兴旺发达的意思，我们这个字号就是这个解释，所以叫源兴号。还有源兴炳记，这是我们老祖吴英武的儿子，也是我的老公办的，他的印款就有源兴炳记，还有萼圃。这些往往可以从朱泥壶中看到，特别是孟臣、孟臣罐，外面的商人他们就用孟臣这个印。这个印是从宜兴来的，人们叫他吴孟臣。茶壶往往是盖孟臣制，在我们家族孟臣壶是最出名的。

李炳炎：当时是用什么料？

吴瑞全：用料采用我们这边的青毛山石和田土，两者混合在一起用来做缶。

李炳炎：青毛山的石？

吴瑞全：青毛山石，它也叫红石，像鸡血石一样。

李炳炎：含铁的？

吴瑞全：含铁量12%左右，做起来滑润漂亮，也有商人从宜兴直接运来的。

李炳炎：您刚才说的是用青毛山石加上本地的田土？

吴瑞全：嗯，加上本地的田土，所以做出来的东西比较好，一般都没有加化工原料，化工的用来泡茶一般不好喝，都不用。我们的先人说原坯土做出来的茶壶就比较好，在当今来说就是比较环保，环保壶。那土含三氧化二铁，对人体有一定的好处。

李炳炎：含三氧化二铁比较高，是吧？

吴瑞全：是的，比较高。我们潮州的茶壶都比较红，一般用绿泥、黑泥做的壶有毒，而红的比较适用于食物，也能结合茶性，冲茶的话比较滑、润，而且有包浆，受到人们的喜好，红如胭脂，犹如我们的嘴唇一样。按照习俗，我们潮汕人都钟情于红色，以红色为主，其他的颜色基本没有做。

李炳炎：当时您老公那些料也是采用青毛山石和当地田土？

吴瑞全：也有商人直接从宜兴进料来做的。

李炳炎：民国时期？

吴瑞全：民国时期有，在此之前也有。因为它通过漳州、厦门那一带海运过来，所以人家也叫朱缥。朱缥的一些土就是从那里来的，这些土和宜兴的土相连，是他们商人提供的，特别是那些茶铺和古董商，他们就提供那些土来做。为什么提供来我们这边呢？因为这是来料加工，我们手拉坯的速度比宜兴快。可以说我们两天就可以做成一个茶壶，而他们宜兴有时一个星期甚至是半个月才做一个茶壶。另一方面，是特别适合我们的香菇车，手拉坯的制作特点和他们宜兴的拍泥板身筒（壶腹，下同）不一样。

李炳炎：镶身筒？

吴瑞全：镶就是铁啊，像我们焊铁桶的那种镶身筒。宜兴的，手拉坯的壶，里边是手拉坯，外边是朱泥的，那些朱泥相当漂亮。2007年在漳浦博物馆里面收藏的百分之六十的茶壶是我们源兴做出来的。漳浦人过世后会把那些茶壶全部放在墓里，茶壶能够代表每一个人的身份，如果发掘出来的茶壶很漂亮，就说明当时喝茶的那个人是比较有钱的。我们潮州的壶没有陪葬，而是流落民间，所以祖先过世后留下来的茶壶，还会继续使用，一代传一代，这说明我们潮州人对茶壶还是相当喜好的。

李炳炎：这些做法能否比较详细地介绍一下？

吴瑞全：可以。一般我们最好的茶壶是紫砂壶和朱泥壶。

李炳炎：我们枫溪的？

吴瑞全：嗯，我们枫溪最好的茶壶就是紫砂壶和朱泥壶，通过每一个做缶人的精心制作，使它的调料达到可以用来冲茶的目的，一种是没有上釉的，这个很特别。另一种用料是加田土和青毛山石，由这种用料做成的壶，它的外表一般被叫做化妆土，用这种土套在茶壶的表面上，以达到朱泥的效果，这在古董叫做漆罐。我们潮州最喜欢小壶，这一般是60毫升、80毫升容量的壶，那是一个人饮用的；也有50毫升的，但做起来的难度是比较大的。

李炳炎：漆罐是用田土做了之后调砂的？

吴瑞全：不是，俗称是化妆土，因为较早前的茶壶是不施釉的。

李炳炎：化妆土实际上也是土泥？

吴瑞全：是土泥，也不施釉，施釉的茶壶是不可取的，古代人就已经知道。

李炳炎：也就是说，在民国时期就有漆罐？

吴瑞全：是的，那时就有漆罐。漆罐这个名字是从古董商那里来的，因为包浆（很光亮），所以叫漆罐。

李炳炎：漆在表面，用水磨出来的？

吴瑞全：不是。我们的茶壶是不用磨的，而是通过日常喝茶，它越养越漂亮。因为这些包浆，人们才叫它漆罐，它是一层一层的，有和茶油的作用。我们潮州所做的手拉坯，特别是我们这个家族所做的壶，最有名的就是梨形壶和柿饼壶，一般是80毫升到120毫升的最出名，适用于两至三人。

李炳炎：梨形壶？

吴瑞全：梨形壶、柿饼壶和思亭，这些最出名，落款用孟臣。

李炳炎：这些有多少毫升？

吴瑞全：60毫升、80～120毫升，150毫升、180毫升的也有。

李炳炎：60毫升的俗称几杯？

吴瑞全：60毫升一般称为一杯。

李炳炎：一杯而已？

吴瑞全：是啊，因为还要放茶叶哩。

李炳炎：80毫升就是两杯？

吴瑞全：80毫升就是两杯。

李炳炎：120毫升呢？

吴瑞全：120毫升一般是冲三杯，三个杯子就是比较大的。

吴瑞全作品红陶扁梨壶

李炳炎：那150毫升呢？就是四杯？

吴瑞全：150毫升一般是四杯。我们的潮州壶一般是200毫升以内的比较多，即60～200毫升的茶壶比较多。

李炳炎：那200毫升就是六杯咯？

吴瑞全：差不多可以冲六杯。一般在清末民初生产的这种茶壶，适用于工夫茶，以前的都是大壶，在雍正年间所做的壶已经是500毫升了。

公私合营元（源）兴号股票
（吴瑞全先生提供）

源兴河记款红陶茶壶

［访谈后记］

源兴号是近代枫溪红陶茶具的代表性作坊之一。通过潮州枫溪源兴号第四代后人吴瑞全先生的口述，我基本可以了解源兴号的创立历程，了解到枫溪红陶茶壶的生产历史、制作工艺以及销售模式。

源兴号创于清道光二十七年（1847），至今已有160多年的历史。源兴号创立时作坊位于枫溪大路顶红罐铺内，创办人吴英武生产的产品主要为仿孟臣款工夫茶壶，以手拉坯成形，工艺精湛；原料使用青毛山红石（含铁12%）加当地田土，产品烧成后胎体颜色红如膏脂；产品烧成后用谷壳焚烧成灰后泡水进行磨光，使胎体表面光亮平滑。造型款式有梨形、柿饼形、思亭等；容量一般为一杯、两杯、三杯、四杯、六杯；款识以源兴号居多，也有源兴号加孟臣，再加茶叶款。1951年，吴锦荣经营源兴昌记，吴锦永经营源兴炳记，吴锦河经营源兴。

源兴号后人吴瑞全先生为潮州民间手拉壶大师，是当代枫溪手拉壶的代表者之一。他的作品造型变化万千，其泥料选材以大红泥为主，坯体坚致，在继承传统上又略有创新。在用泥及造型上，吴瑞全先生的手拉壶有着独特的艺术风格，开创了手拉壶艺术的新天地。

姚名耀谈中缅号

受访者：姚名耀（1957 年生），男，枫溪中缅瓷厂第三代后人。1975 年至今一直在美术瓷厂工作。

时间：2011 年 2 月 25 日

地点：潮州市颐陶轩陶瓷文化艺术研究所（今颐陶轩潮州窑博物馆）

采访者：李炳炎

录音整理：沈少侨

文稿编辑：李炳炎、陈俊华

李炳炎：您的姓名是？

姚名耀：我姓姚，叫姚名耀。

李炳炎：您是属什么的？

姚名耀：属鸡的。

李炳炎：您今年多大？

姚名耀：五十五岁。

李炳炎：请就您知道的民国时期的中缅号来谈一下。

姚名耀：中缅号好像不是民国时期的。

李炳炎：是民国时期的。

姚名耀：这个时间我不太清楚。

李炳炎：那您说说您知道的事。

姚名耀：从我阿公那辈就去缅甸了。

李炳炎：您阿公的名字是什么？

姚名耀：姚立章。

李炳炎：文章的章？

姚名耀：是。

李炳炎：他从小就去缅甸？

姚名耀：他从小就去的，跟他几个兄弟一起，也就是我的老伯、老叔。

李炳炎：老叔、老伯一起去的。那您阿公排行第几？

姚名耀：我阿公排行第四。

李炳炎：那他们的名字您能够念出来吗？

姚名耀：可以，大的叫逢掌。

李炳炎：立章怎么变成逢掌？

姚名耀：立章是过房（抱养）的。

李炳炎：是宝盖头的宏吗？

姚名耀：走之旁的逢。第二的是逢章，第三的是逢得，第四的就是我阿公。

李炳炎：第四的就是立章？

姚名耀：好像是叫逢木，但一般都是叫立章这个名。

李炳炎：那您老公叫什么知道吗？

姚名耀：姚荣植。

李炳炎：光荣的荣？

姚名耀：嗯。植物的植。

李炳炎：大的是逢掌，第二的是逢章，第三的是逢得，第四的就是立章。

姚名耀：还有一个逢良，第五的。

李炳炎：那是几个兄弟去的缅甸？

姚名耀：第三、第四、第五去的缅甸。

李炳炎：是哪年去的？差不多是哪年？

姚名耀：这个就不知道了，从他们小的时候就去的，去了很久。

李炳炎：那您阿公立章，现在还在世吗？

姚名耀：不在了。

李炳炎：他哪一年出生的，或者是他属什么生肖的知道吗？

姚名耀：如果还在的话接近百岁了。

李炳炎：他属什么的？

姚名耀：不知道。

李炳炎：那他是哪一年去世的？

姚名耀：七几年，大洪水那年。

李炳炎：那他去世的时候多少岁？

姚名耀：大概七十多八十岁，七十多岁肯定是有的。

李炳炎：那老叔、老伯也都去世了？

姚名耀：嗯。

李炳炎：他们三个人都是在缅甸去世的吗？

姚名耀：是。

李炳炎：那时候他们去缅甸就是做缶？

姚名耀：做生意，那时候是去做生意的。

李炳炎：做缶的生意？

姚名耀：缶的生意可能是后来才做的。一开始是做其他生意，他们是办了个什么厂，这个不太清楚，反正应该不是做缶的，做缶是比较晚的，那边的字号叫陶再兴。

李炳炎：哦，在那边创办陶再兴。

姚名耀：陶再兴，后来好像改为陶再盛。

李炳炎：陶再兴是经营什么的？

姚名耀：陶瓷。

李炳炎：陶再兴是经营陶瓷的，后来再改为陶再盛，是吗？

姚名耀：陶再兴生意不好，就歇了一段时间，后来想重新做，好像也没做成。

李炳炎：那陶再盛是怎么来的？

姚名耀：是打算要重新做，另外换个字号，我知道是陶再兴改为陶再盛，但是后期有没有做我就不清楚了。

李炳炎：中途有回来枫溪吗？

姚名耀：有，五几年有回来。50 年代那会儿缅甸有代表团来北京。

李炳炎：是华侨的代表团还是他们那边的贸易团？

姚名耀：大概是属于做生意的，不是政治的。

李炳炎：哦，做生意的。那这个陶再兴是三个人合伙的吗？

姚名耀：是。

李炳炎：那您怎么会在这边？

姚名耀：我父亲没去啊。

李炳炎：这样您阿公的孩子在这边出生后他才去的。

姚名耀：我阿公在这边有三个孩子。

李炳炎：生了三个孩子才去的，那应该很大了，估计是三四十岁才去的。

姚名耀：当时他没有三四十岁，以前的人很早就结婚生子。

李炳炎：你们是枫溪哪个地方的？

姚名耀：姚厝，我们是枫溪姚厝的。

李炳炎：我知道，姚是（枫溪的）大姓，俗语有说到。

姚名耀：“未有枫溪乡，先有柯姚章”，祖先是非常富有的。然后就是“金柯银姚富贵章”。

李炳炎：三个（孩子）都是男的吗？

姚名耀：留在家里的（孩子）？

李炳炎：嗯，家里的这三个（孩子）。

姚名耀：我父亲、一个阿伯、一个阿叔，三个都去世了。

李炳炎：那您叔伯的子孙有在家乡吗？

姚名耀：一个在汕头，我细叔在汕头。

李炳炎：您阿公立章就生了三个儿子，是吗？

姚名耀：不是，在那边（缅甸）还有。

李炳炎：我们先谈枫溪这边的。枫溪有谁？您阿伯的名字是什么？

姚名耀：幸谦，幸福的幸。

李炳炎：谦虚的谦？

姚名耀：嗯，谦、让、守。

李炳炎：那接下来就是幸让、幸守吗？

姚名耀：是，守旧的守。

李炳炎：知道了。在缅甸的是？

姚名耀：在缅甸的是侨、阁、存、载、威、风。
李炳炎：还是幸字辈吗？
姚名耀：对，我父亲幸让，排行第二。
李炳炎：那您有几个兄弟？
姚名耀：我们兄弟两人，我是小的，大的叫名武。
李炳炎：您现在是做什么的？
姚名耀：我是电工技师。
李炳炎：那您哥是做什么的？
姚名耀：他原来是做机械的，我们一个电（工）、一个机（械），他是机械工程师。
李炳炎：陶瓷的？
姚名耀：陶瓷机械。
李炳炎：那他也是为枫溪做过贡献的。
姚名耀：他是做设计的，原来在机修厂，陶瓷机械厂。我在美一。
李炳炎：枫溪大老爷宫，您刚才说那里的石碑上写了什么？
姚名耀：那个写“英灶社姚中缅瓷厂喜敬”。英灶社就是我们姚厝社的名称，枫溪有五大社。

枫溪三山国王宫“英灶社姚中缅瓷厂喜敬”石刻文

李炳炎：英灶社，姚厝的？
姚名耀：姚中缅瓷厂，后面的字看不到。
李炳炎：这个等我去看就好了。您刚才说的枫溪五大社，是哪五个？
姚名耀：具体我不太清楚，只知道英灶社跟历美社并在一起。
李炳炎：英灶社，还有什么社？
姚名耀：并在历美社里面，其他的我不知道，要那些岁数大的人才知道。历美社是柯厝的，我们社就并在他们社里面。
李炳炎：社是指什么？
姚名耀：指营老爷（游神）的社，不是工厂的社。我听那些老人说解放那一年营老爷最热闹了。
李炳炎：是 1948 年？
姚名耀：对，那一年最热闹了。
李炳炎：1948 年大老爷宫建好了？
姚名耀：嗯。

李炳炎：因为日本仔来的时候被炸掉了。

姚名耀：那一年最热闹，那个桌衣是我阿公从那边带过来的。

李炳炎：桌衣就是袍子，叫做桌衣，实际就是老爷袍。

姚名耀：是，那一年就是很隆重，我们不知道，这是听老人们说的。

李炳炎：就是立章带来的?

姚名耀：我阿公。

李炳炎：那其他人也应该有一起回来吧?

姚名耀：不知道，我当时还没出生，听别人说的。

李炳炎：您是哪年出生的?

姚名耀：我是1957年出生的。

李炳炎：那您父亲是哪年出生，哪年去世的?

姚名耀：我父亲是2001年去世的。

李炳炎：哪年出生的?

姚名耀：他属蛇的，去世的时候七十三岁。

李炳炎：这样您父亲就是1928年出生的。那他们在那边做什么生意，没有听人说过吗?

姚名耀：没有。

李炳炎：大老爷宫的石碑我知道。

姚名耀：我有听人说。

李炳炎：您一说中缅，我就知道了。而且我去问为明叔，他说大老爷宫是1948年建的，为明叔这些都记得。那为什么叫做中缅呢?

姚名耀：因为是中国和缅甸。

李炳炎：那个名字是怎么个说法?

姚名耀：我们姓姚的，就叫姚中缅。

李炳炎：中缅是你们在那边的铺号?

姚名耀：中缅是合办的瓷厂。在枫溪的姚中缅瓷厂。那边是那边的号，这边是中缅瓷厂，不过后来好像合并到陶玉峰。

李炳炎：这是解放后公私合营才合并的，1956年的事。

姚名耀：1956年，后来合并到一厂。

李炳炎：中缅和陶玉峰合成一厂?

姚名耀：当时陶玉峰跟我们合并成一厂，是陶玉峰的后裔跟我说的。

李炳炎：现在陶玉峰最小的儿子还在啊。七十多岁了，前几天他还去我那里，看他们陶玉峰的东西。我家里藏了二十多件陶玉峰的东西，我有问他，他讲得很详细。

姚名耀：不知道，这些历史我都不太清楚，我当时还很小。

李炳炎：你们中缅瓷厂当时是做什么产品?盘碗还是美术瓷?

姚名耀：做日用的。蛋青盅、蓝彩，我也不知道，我听人说的。

李炳炎：蛋青盅是鸭蛋青吗?

姚名耀：蛋青盅、蓝彩可以盛东西，是日用瓷的名字。

李炳炎：蛋青盅，蛋青是指颜色，对吧？
姚名耀：对，是指颜色。
李炳炎：不是跟贴花纸一样？
姚名耀：那时候哪里有花纸，都是画出来的。花纸要等到解放后才有。
李炳炎：这些缶当时是在枫溪做，然后运到缅甸卖？
姚名耀：对，出口也有，内销也有。
李炳炎：还有盘碗吗？
姚名耀：还有日用缶。
李炳炎：厂址也是在姚厝？
姚名耀：厂址应该是在陶玉峰那里吧，跟他们租了一块地来办的，不是在姚厝。
李炳炎：厂址是租的，怎么到解放后会有股份呢？
姚名耀：那个名是我们的。
李炳炎：就是说厂房租在陶玉峰那里。那个地方是叫做胜记池还是什么？
姚名耀：对，前面有个池，厂的前面。那个池现在小小的，以前是很大的。
李炳炎：就是陶玉峰隔壁？
姚名耀：跟他租的，可能是跟他租的。
李炳炎：这么说来，你们的厂是很晚才有的。陶玉峰是抗日战争之后生意才比较好的，他们当时买了十间厝。你们（的厂）跟他们的厂是隔壁？
姚名耀：不知道在哪里。
李炳炎：您刚才说的大老爷宫还有两条柱子也有写这样的。
姚名耀：对啊，大石柱，我看的是前面两条柱子有。
李炳炎：写“英灶社姚中缅瓷厂喜敬”，都是写这个？
姚名耀：嗯，那些石柱。
李炳炎：这个等我去看看。还有什么没谈到的吗？
姚名耀：实际上我都不知道这些的，都是听老一辈说的。
李炳炎：这些柱子跟这个石碑的字迹是一样的？
姚名耀：应该是一样的，你说的石碑我没见过。
李炳炎：有，在外围墙上。
姚名耀：我没见到过，那些柱子就是我看过的。

［访谈后记］

姚名耀先生是枫溪中缅瓷厂创办人姚立章之孙，在公私合营时以入股方式到枫溪美术一厂当电工。

枫溪俗语有“未有枫溪乡，先有柯姚章，金柯银姚富贵章”，可见姚姓在枫溪的地位是很显赫的。民国初期，姚立章兄弟几人到缅甸打工，之后与其兄弟逢得、逢良在缅甸创办陶再兴，经营陶瓷制品。姚立章在枫溪育有三子，次子姚幸让便是姚名耀的父亲，姚幸让等兄弟在姚立章的带领下，在枫溪建立姚中缅瓷厂，产品主要为盘、碗及痰壶等日用瓷，销往缅甸、越南等东南亚国家。1948 年，枫溪三山国王宫重兴，姚立章从缅甸带来大老爷的雪衣（袍），至今枫溪三山国王宫的厅前石柱及大门口墙壁尚存“英灶社姚中缅瓷厂喜敬”的字样，可见当时的辉煌。20 世纪 50 年代，姚立章曾参加缅甸国家贸易代表团到北京访问考察。1956 年，中缅瓷厂与陶玉峰等合并为陶玉峰陶瓷厂。

中缅瓷厂是枫溪较有代表性的作坊之一。姚氏家族先在缅甸开创陶瓷业，后再在枫溪创建瓷厂，并对枫溪三山国王宫的重建作出贡献，留下重要的历史物证，对梳理枫溪陶瓷历史具有重要意义。

谢锦华谈俊合号

受访者：谢锦华（1957 年生），男，枫溪俊合号第五代后人。
时间：2011 年 3 月 8 日
地点：潮州市颐陶轩陶瓷文化艺术研究所（今颐陶轩潮州窑博物馆）
采访者：李炳炎
在场人：谢华
录音整理：魏旭纯
文稿编辑：李炳炎、陈俊华

李炳炎：您的名字是什么？
谢锦华：我的名字叫谢锦华，锦绣的锦。
李炳炎：祖上的瓷号叫什么？
谢锦华：俊合。
李炳炎：祖先的名字知道吗？
谢锦华：祖先叫格智公，方格的格，智慧的智。
李炳炎：然后传给谁？他的儿子？
谢锦华：子成公，成功的成。然后传给我阿公谢壁辉，光辉的辉；接着传给我父亲可大，可以的可，大小的大。
李炳炎：有传给您的叔伯吗？
谢锦华：没有。
李炳炎：一直都是一子单传吗？
谢锦华：不是，有一些在外面（外地）。香港、新加坡，大概是这些地方。
李炳炎：那能不能说出一两个的名字？
谢锦华：不知道。
李炳炎：那你们这一辈有多少个兄弟？
谢锦华：到我父亲这里就是我们三兄弟。
李炳炎：您最大？
谢锦华：不是，老大叫中华，我是锦华，最小的叫谢华。他原名叫谢小禹，后来身份证做错了，就将错就错，叫谢华。
李炳炎：老公的那些儿子能不能想出来一两个？
谢锦华：这个都不知道，没有族谱。

李炳炎：按理说，这一代应该也有过洋的。您现在比较清楚的就是从您阿公开始，是吧？

谢锦华：我是听别人说的，比较清楚的是当时子成公在（枫溪）埠美卓厝堀，土字旁一个屈字，有一个地方叫做三间厝，当时就在那里做冲罐（茶壶），手拉壶。

李炳炎：铺号叫什么？冲罐有没有盖字号？

谢锦华：这个不是很清楚，听说他一般是春天、夏天的时候做，中秋前后就挑去广州那里卖。挑去广州我是听老一辈的人说的，他自己挑一担缶，剩下来的就雇人挑，然后到客顶那里，能坐船的就坐船。

李炳炎：在客顶坐船？

谢锦华：不是，从客顶那里去，可以坐船的就坐船，不能坐船就走路，自己挑一担，剩下的就雇人挑。

谢　华：挑到客顶，然后通过水路去广州。

谢锦华：也不知道怎么走的，大概就是从兴宁去的。

谢　华：从兴宁那里有一条江可以去广州，是叫东江还是西江来着。

李炳炎：那不是非常远。我们接着谈您阿公。

谢锦华：后来做了没多久就在广州开了间缶铺，叫俊合。

谢　华：从这个时候开始就叫俊合，谢俊合。

李炳炎：他的名字没有俊合其中一个字，是吗？

谢锦华：没有，没用他的名字来做铺号。

李炳炎：这个铺在广州什么地方知道吗？

谢锦华：后来的铺，日本仔来时烧掉的时候应该是在一德路。

谢　华：我们当时那个铺是很中心的，现在应该是步行街。

谢锦华：听说当时铺面宽十三丈，很长，一直通往珠江边。

李炳炎：铺的后面有溪流？

谢　华：有一条小河，可以走水路。但不知道是什么水路。

谢锦华：到我阿公那会儿，那些都被日本仔烧掉了。

李炳炎：广州这间铺日本仔来的时候被烧掉了？

谢锦华：烧掉了。实际上俊合到了日本仔来时就没有了。解放后也没有，什么都没有了。

李炳炎：就是到您阿公那会儿？

谢锦华：我阿公好像是 1950 年在广州去世的。

李炳炎：那你们是怎么回到潮州的？

谢锦华：我们都没有去广州，当时家里有财产。

李炳炎：您父亲多少岁？他是哪一年出生的？

谢锦华：他是三年前去世的，2008 年去世的。去世时八十四岁。

李炳炎：八十四岁。那您是哪一年出生的？

谢锦华：我是 1957 年，属鸡的。

李炳炎：这样说抗战时俊合就没有了。那当时除了冲罐还有没有做其他的？

谢锦华：当时做冲罐是从清朝慢慢发展下来的，到抗战前的生意是非常大的，在广州的生意也做得非常大，主要是做陶瓷生意。家里已经没做缶了，有一些比较高端的冲罐是在广州那里做的。

李炳炎：那是盖什么字号的？

谢锦华：不知道。到了民国时期，俊合做冲罐那些是做着玩的。

李炳炎：广州的俊合？

谢锦华：是啊。按照我知道的，到了民国时期，开缶铺做缶铺生意的，那些缶都是叫别人做的，只是偶尔自己做一些冲罐做着玩。

李炳炎：他经营的那些陶瓷产地主要是哪里？

谢锦华：产地有枫溪的，有高陂的，也有江西的。

李炳炎：那枫溪的是买哪个铺号的东西？

谢锦华：应该是如合，因为如合这些人跟我父亲很要好，所以应该说都是他们的东西。

李炳炎：那还有别的号吗？

谢锦华：不知道。因为当时我阿公跟如合十二的父亲那些人关系很好。

李炳炎：如合十二的名字叫初岩，后来就是贸易型的字号。

谢锦华：如合十二最开始的时候是生产型的，做到后来就变成贸易型的。

李炳炎：要是现在能知道当时（的产品）盖的是什么款识，还是能找到的。

谢　华：日本仔来的时候毁掉了一次，解放的时候又毁掉了一次，什么都没有了。

谢锦华：实际上你做这些资料，如果是十几年前做会好很多。

李炳炎：是啊。我这次最好（的收获）就是他们建窑时合股的这本契约，我可以参考。一户几号，一户多少人，一人多少股，建一条新窑，建一条老窑，建了多少窑厝，有什么人全部都清清楚楚，包括瑞全的阿公也有，就是吴源兴。章安顺也有，在灶脚这里，民国二年。

谢锦华：源兴炳记？

李炳炎：是。民国二年在灶脚建了两条窑，是他们十几人合的，所以能知道每个号有几份，这个就非常准确。

谢锦华：如合十二的名字好像是叫祥杰。如合二是叫祥泰。

李炳炎：这些都有，他复印了一张如合的族谱给我，这些我一查都知道。刚才我们谈到1950年之后，你们公私合营并到哪里？

谢　华：没有公私合营。

李炳炎：你们被日本仔烧掉的是广州的，那枫溪的呢？

谢锦华：枫溪没有啊。

李炳炎：枫溪你们没有做厝？

谢锦华：没有，田地也被没收了。

李炳炎：然后你们就到国营厂去上班？

谢　华：我父亲后来是食品公司的。

李炳炎：枫溪食品吗？

谢　华：不是，在揭西的，也曾在潮州食品（公司）。

李炳炎：到揭西那边去啊。您阿公是1950年去世的，然后您父亲是解放后在揭西。

谢锦华：在揭西的食品公司，后来调到潮州的食品公司。具体哪个时间不怎么清楚。他一开始是在汕头中缅的宝丰行。

李炳炎：什么时候？

谢锦华：大概是五几年。

李炳炎：五几年还有开这个号？和谁开的？您父亲是在哪里帮忙？

谢锦华：有这个号，我父亲那会儿就在汕头中缅的宝丰行帮忙。

谢　华：他在汕头的号叫做宝丰，专门做进出口。

李炳炎：这些当时称为货栈，经营进出口是吗？

谢　华：应该只有出口而已。

谢锦华：我听说进口外面的糖，然后把这里的缶卖出去。具体怎么做就不知道，只知道是做进出口。

李炳炎：糖和陶瓷是出口的，我们糖的出口额是大于陶瓷的，我们潮州糖是一直都有的，应该不可能是进口的。应该是经营糖和陶瓷。

谢　华：具体怎么做就不知道，他是去给他们打工。应该是中缅的姚幸让，因为我阿公跟姚幸让的父亲有交往。

李炳炎：现在好像都没有看到有盖俊合字样的产品？

谢锦华：因为俊合到了清末民初的时候已经没有做缶了，转为贸易型的字号。偶尔想做冲罐，就在广州那边做，不过有时没事也会做冲罐。

谢　华：继承传统。

李炳炎：我家里有几十个盖有字号的冲罐。

谢锦华：就我知道的，到了民国时期，俊合在广州的规模应该不小，才能在家里买田地，还能在外面做生意。

[访谈后记]

我通过对枫溪俊合号第五代后人谢锦华先生的采访，大致了解到谢氏家族人员之间的关系，以及俊合号创立初期的情况、产品的运销方式、枫溪陶瓷业的基本情况等。因亲历者都已逝世，只能从亲历者后代的口述中了解当时的情况，也庆幸有这种口口相传的习惯，让我们有机会了解到历史的真相。

清末时期，谢子成于枫溪创建俊合号，在枫溪埠美卓厝堀拥有三间作坊，主要生产红罐，产品销往广州。20世纪30年代，在广州一德路创俊合缶店，经营陶瓷制品，从原来的生产型转为贸易型，产品主要来自枫溪、高陂、江西等地。谢氏家族与枫溪如合号、中缅瓷厂关系密切，在经营过程中互通陶瓷贸易信息。抗日战争期间，缶铺遭日军烧毁，俊合号随之歇业。之后谢子成之孙谢可大（即谢锦华父亲）与中缅瓷厂的姚幸让到汕头宝丰行工作，主要从事陶瓷、糖类等进出口贸易。

谢华谈俊合号

受访者：谢华（1965年生），男，中国工艺美术大师，枫溪俊合号第五代后人。
时间：2014年12月4日
地点：潮州大道北片工业区
采访者：李炳炎
录音整理：陈丹漩
文稿编辑：李炳炎、陈俊华

与谢华先生（中）合影

谢华作品朱泥壶

李炳炎：您老公是在枫溪哪个地方？

谢　华：卓厝堀。就在卓厝堀池，枫溪派出所附近。以前枫溪派出所，你知道吗？

李炳炎：我不知道。这个就是您老公的作坊和经营的地方。

谢　华：对，老祖公（高祖）的作坊，算是作坊。我老公很早就赚到钱，到了我阿公这辈人就都不会做缶了，到我父亲就更不会做缶了。

李炳炎：老公的名字叫什么？

谢　华：子成。当时他在广州的铺是在一德路，听说那里非常大，有十三丈路全是铺面，一直延伸都珠江边，那些铺就在珠江边上货。其实我父亲是不会做缶的。

李炳炎：是老公在那里开铺还是阿公？

谢　华：老祖公。

李炳炎：那就是清末还是？

谢　华：是啊。他很早就赚到钱了。应该是咸丰年间。我听说当时做了要挑到广州去卖，大概是做到八月中秋前后，就开始从我们这里走路去，走到广州。这几十担缶，自己挑一担，其他的雇人挑，能搭船就搭，从现在的大埔那边走去的，得走一个月。

李炳炎：那怎么不从韩江去？

谢　华：能搭船的就搭船，有一些不能搭船的。

李炳炎：韩江是能出海的，从汕头出去，然后在十三行上岸。

谢　华：当时是走海阳线上去的。

李炳炎：他走山区，那么得在我们这里搭船，过客顶，走到五华，十几二十公里陆路，之后沿着东江走，走到广州去。您刚才说的就是这十几二十公里吧？

谢　华：是啊，搭船上去，然后中间得雇人挑。

李炳炎：我知道。就是现在五华这个地方，您看地图，韩江跟东江之间隔了一段陆路，就是这块。

谢　华：得雇人挑就是了。

李炳炎：对，您这样表述是对的。

[访谈后记]

我通过对枫溪俊合号第五代后人谢华先生的采访，大致了解到俊合号创立初期的情况、产品的运销方式以及它的传承。

谢华先生虽未曾参与俊合号的经营，却遗传了家族的制壶天分，从20世纪70年代末开始学习传统手拉壶制作技艺，在娴熟掌握传统手拉壶各种制作技艺之后，于20世纪90年代开始致力于制壶泥料的改革。经过多年的刻苦研究，他形成了独特不凡的艺术风格，成功把潮州手拉壶由土罐提升为潮州手拉朱砂泥壶，使潮州手拉壶的实用价值发生质的飞跃。他的作品源于自然、融会贯通，独具灵气，如“弓门提梁壶”“太极百岁壶”“腾飞提梁壶”“藏魂壶”“贵妃壶”“钟情亚运”“正德壶”等，先后夺得多个国家金奖。

他还从艺术创作的实践中不断引入各种造型理念，创新和丰富了手拉壶的造型艺术，有力地推动潮州手拉壶从日常用品时代进入艺术品评的新时代。

下编　陶瓷艺人访谈录

林鸿禧谈瓷塑创作

受访者：林鸿禧（1929—2009 年），男，1929 年出生于揭阳县登岗白官，著名瓷塑艺人。1947 年到枫溪鸿发号学习瓷塑创作。1959 年参与创建枫溪陶瓷工业研究所，并成为该所及美术一厂的重要创作人员之一。

时间：2009 年 3 月 19 日

地点：枫溪林鸿禧家

采访者：李炳炎

录音整理：庄楠

文稿编辑：李炳炎、陈秀娜

李炳炎：鸿禧伯，我问您几件事。德全兴的八美奏乐，是在民国时期就开始做的吧？

林鸿禧：是啊。

李炳炎：那它原来的造型是谁做的，您知道吗？

林鸿禧：应该是德全兴自己。

李炳炎：德全兴老板的名字是什么？

林鸿禧：锦全，姓柯，柯锦全。

李炳炎：就是锦？

林鸿禧：是，金字旁一个白（帛）字。

李炳炎：柯锦全，那他现在已经不在（去世）了吧？

林鸿禧：不在了，只剩下一个赤脚（续弦娶的丫鬟，下同），赤脚有两个孩子。他这个人解放后很惨，这个炉是他自己的。

李炳炎：自己建的？

林鸿禧：是，我当时听说是这样的。

李炳炎：这么说他也是很厉害的？

林鸿禧：也不是，只是普通而已。我做的东西他很喜欢，我喜欢谈做东西的事，他后来没事的时候总到我那里做客。

李炳炎：他的岁数大概比你大多少？

林鸿禧：嗯，比我大。

李炳炎：大二十岁？

林鸿禧：这个没法说。

李炳炎：那您年轻的时候他多少岁啊？

林鸿禧：十多岁吧。

李炳炎：不止吧？

林鸿禧：我老婆说他大概比我大十多岁。

李炳炎：不止吧，他女儿都可以嫁给您，肯定不止比您大十多岁，一定得大您二十多岁。

采访林鸿禧先生（左）

林鸿禧：他的女儿是他先前的老婆生的。现在这位是原来在他家帮忙，后来续弦娶的。

李炳炎：他先前的老婆去世了？

林鸿禧：是啊，先前的老婆去世了，就续弦娶了原先家里帮忙的那个人。

李炳炎：娶赤脚。

林鸿禧：是，那个时间就在满希婶宫前做猴（瓷像）的后面，他的铺跟满希婶的在一起，一直都在那个地方。

李炳炎：那住家也在宫前是吧？

林鸿禧：在宫前。满希婶也是在宫前。他的那个门也跟满希婶的铺子一样并排的。在大宫位置的右手边，在向北的那边，他的门跟她的一样并排的。

李炳炎：就是在向北街？

林鸿禧：对，原来叫宫前。向北街到宫前的最后面，进去要经过一条巷子，这条巷子一直下去。他的是在她（满希婶）的后面，每天进进出出都在那个地方。所以有些事他一下子就知道了。而我当时是跟满希婶的孙子一起睡的，在另一边。他当时做修理，看后就觉得怎么可以把这个修理得那么漂亮，问满希婶的孙子这个是哪里来的，得知是一个孩子做的，就跟满希婶说这个孩子是不是整天都不说话，满希婶就说一个十几二十岁的孩子就能做出这个是好事。他看了这尊缶之后（他本身懂这个），知道是好的。

李炳炎：荣利、鸿发、潮瓷合并成四厂，这里面怎么没有德全兴？

林鸿禧：德全兴应该有啊。

李炳炎：德全兴有跟荣利、鸿发、潮瓷合并到那里面？

林鸿禧：德全兴到底有没有，一时想不起来。

李炳炎：因为有，你们才用它的“八美奏乐”啊。

林鸿禧：那这个应该是有的。

李炳炎：有是吧？那就得加进去，多加一个德全兴。

林鸿禧：是啊，还是应该有的。

李炳炎：我估计是有，才可以用它的“八美奏乐”来改。

林鸿禧：可能没有。

李炳炎：这样啊。

林鸿禧：它可能是合并到向南那边去了。

李炳炎：那1955年合营前“八美奏乐”这个模是谁让您改的？

林鸿禧：在公私合营这个时候。

李炳炎：是谁让您改的？

林鸿禧：厂里的领导。那个时间德全兴应该是公私合营了，合了之后就搬到潮瓷那里了，四厂并到潮瓷里面了。那个时间这些和美术（一厂）都搬到那里去了。那时候的厂长就是吴天亮，他说这套有销量，可是做起来很难，主要是这些小手谁来做，只有一两个人会做这个，每一尊都很小，还要捏这些乐器，就说看能不能改进一下，结合这个造型。一个是造型改变后，这些手和乐器全部做，用石膏印注后再安装起来，这个当时就是最厉害的，（生产效率）提高了百分之九十。

李炳炎：生产效率？

林鸿禧：是，就是这样，所以我才没办法离开。

李炳炎：那这个是在公私合营还没开始的时候，是吧？

林鸿禧：那个时候在四厂，公私合营的。

李炳炎：公私合营不是在1955年？那1954年就是四厂？

林鸿禧：是。大概是1954年。

李炳炎：还没有合营吧？还是已经合营？

林鸿禧：德全兴应该已经合并在一起了。

李炳炎：已经合营才有德全兴（的“八美奏乐”）？

林鸿禧：是啊，在潮瓷这个接下去。潮瓷是枫溪第一家公私合营的，只有潮瓷一家而已，所有工艺类的都合并到这里，再合并到四厂后，枫溪最后才合成一个大厂，美术厂算一个车间而已。

李炳炎：当时谁让您去汕头看《蝶恋花》这出戏？

林鸿禧：看《蝶恋花》这出戏，是剧院派票给我们的。

李炳炎：是哪个地方的剧院？

林鸿禧：汕头潮剧院。

李炳炎：汕头潮剧院派票派到潮州？

林鸿禧：是他们拿来给我的，他那晚拿了二十张票来，然后我发下去。票全分给他们，他们都有去看，还开了辆车去。

李炳炎：当时潮剧的名字叫“蝶恋花”是吗？

林鸿禧：是啊，当时就叫“蝶恋花”。

李炳炎：“共鸣”里面是不是一个是曹国舅，一个是韩湘子？

林鸿禧：是曹国舅和韩湘子。

李炳炎：曹国舅那个是快板还是什么？

林鸿禧：是啊，木板。

李炳炎：韩湘子的是笛子？就一支笛子而已？

林鸿禧：是啊。这两个是拆开的，就用这两个来取名“共鸣”。在那套“八仙奏乐”中挑出来的，坐着的就挑了汉钟离和铁拐李。

李炳炎：就组成“普天同庆”？
林鸿禧：对，“普天同庆”。整套也叫“普天同庆”，他们两个是代表。
李炳炎：我们下午谈到了研究所当时建高陂窑，这个是什么时候的事？
林鸿禧：当时建研究所一起建的。
李炳炎：那么是1959年左右的事吧？
林鸿禧：是，差不多。
李炳炎：这条高陂窑是请师傅来建的吗？
林鸿禧：是厂里的人做的。厂里的人都会做，都是枫溪的。
李炳炎：那条就建在现在的研究所里面？
林鸿禧：是啊，那里不就是一座正楼，两边是两个平房的厂舍，厂舍紧贴着四厂那边，在东面的，那里是先建起来的。前面有个空地，就围起来建了这条窑。
李炳炎：那这条窑为什么叫做“高陂窑”？
林鸿禧：高陂窑式是比较陡峭的。比较耐熏，而且比较小，烧起来温度比较高。
李炳炎：就是说坡度比较高是吧？
林鸿禧：不是啊，是温度比较高，比我们枫溪窑温度高。我们枫溪窑烧出来的没有那么白，这个烧出来的就比较白，比较青，比较瓷化。
李炳炎：就是说它的坡度比较高，比较陡峭，还有窑身比较短？
林鸿禧：对，比较小，建这条窑来烧这些缶。
李炳炎：这些通花的花钵是在这条窑里烧的？刘天潮当时也是在这里画竹吗？
林鸿禧：刘天潮，他是文艺家。
李炳炎：有时来研究所里？
林鸿禧：是，陈望也经常来。
李炳炎：是请他们来的吗？
林鸿禧：不是。他们这些文人没事的时候就会过来。也是经常来，陈望来了很多次。
李炳炎：那个大井缸（花瓶）的竹就是刘天潮画的？
林鸿禧：是。
李炳炎：才守只是画雕而已？
林鸿禧：才守去做什么我不知道，没有参与他们的工作。
李炳炎：就是说这两个大井缸上的竹子都是刘天潮画的？
林鸿禧：那两个大花瓶？
李炳炎：现在枫溪陈列馆的那两个高温大花瓶，上面不是刻了竹子？
林鸿禧：高温的？
李炳炎：是啊。
林鸿禧：研究所的？
李炳炎：是啊，是1960年做的。
林鸿禧：1960年啊，研究所是1958年建的，如果是1960年做的那应该不是很大，施的是带青色的釉吗？
李炳炎：是的，青色的。

林鸿禧：那应该是。

李炳炎：那个温度有没有1 350度？

林鸿禧：那个时候应该没有烧到1 350度。

李炳炎：还是1 300度？

林鸿禧：那个时候要烧到1 350度可能比较困难。

李炳炎：可能是1 300度吧。

林鸿禧：当时龙窑那些居多是氧化焰的，那条窑建成（后）是可以烧高温的。

李炳炎：这条高陂窑有还原焰吗？

林鸿禧：应该有。

李炳炎：有还原焰就差不多1 300度。

林鸿禧：如果金清在，这些他就比较清楚，这些都是金清在管的，金清算是资本家。

李炳炎：鸿禧伯，那个“蝶恋花”做好之后有没有送给潮剧院？

林鸿禧：这个没有。

李炳炎：您是按剧照做的还是看了之后自己做的？

林鸿禧：没有剧照。

李炳炎：是看了之后自己构思的？

林鸿禧：看了之后做的。

李炳炎：看完之后多久做出来？一个月还是两个月？

林鸿禧：应该不用一两个月，我做得比较快，就是太快才糟糕。

李炳炎：几天就把它做出来了，是吧？

林鸿禧：几天就肯定不止啦。当时做完后有送去汕头展览。

李炳炎：送去汕头展览？

林鸿禧：做好就送过去了，这个是属于政治性质的，这东西肯定也不会多做。

李炳炎：这件好像不是产品？大概是哪年做的？七几年吗？

林鸿禧：这个没法说。

李炳炎：不知道，那等我去查就好。

林鸿禧：那个时间可能要做比较正经的，这些属于牛鬼蛇神。

李炳炎：那就差不多在“文革”左右咯？

林鸿禧：是啊，那个时候才会来改这个戏，这个是部队的戏。

李炳炎：部队编的？

林鸿禧：是，部队编的。

李炳炎：鸿禧伯，如果您当时有拿个本子记录某年做某事就好了。

林鸿禧：有啊，我那个本子很厚，到外地的那些都还在。到“文革”时，我家当时烧掉很多东西啊。那些以前做的头像，每个头都贴了三张，前、后和侧面。

李炳炎：什么头像？

林鸿禧：化妆的头像。

李炳炎：潮剧的吗？

林鸿禧：化妆的头像，每一个都贴有三张。

李炳炎：是他们拍了之后给您的吗？

林鸿禧：是啊，然后我就去洗出来。你知道那得多少钱啊，那一天在烧的时候，两三个老师在我家里，都觉得很痛惜。他们也不敢说这些给他们拿走，一直看着我在烧，弄个火炉在烧，烧了好几筐的参考资料。

李炳炎：当时您这个作品“十五贯”，一九八几年做的。这个是做了之后全部还给他们了，是吧？

林鸿禧：当时八几年做到最后的那个？

李炳炎：是。

林鸿禧：这个是省城叫我们做的。第一个是林英胜叫我做的，当时李嘉诚来这里建养老院给老人住，好像是一个人一间，林英胜就叫我做这个送给李嘉诚。他是第一个叫我做这个的，这个是省公司要求做的，陈衡就知道。

林鸿禧作品“十五贯”

李炳炎：省公司要求的？

林鸿禧：是啊，省公司要求的，就做了两套。一套给了澳门，他们就送了一辆面包车；一套给了香港，他们就送了一辆小轿车。做完之后两套都拿过去。后来省公司说做多几套，我说不行，领导说我是在做私人缶，我就不做了。

李炳炎：总共做了三套？

林鸿禧：是啊，三套。

李炳炎：那个模后来被人家偷走了，是吗？

林鸿禧：那个模后来放在我家里，到了“文革”的时候，那个头就被我藏起来，还有两只手和一些零碎的，最后藏着藏着就不见了。“文革”后大家又开始做缶了，就听说外面有人要找人做这两个的头。

李炳炎：不是吧，怎么会是“文革”后，应该是改革开放后吧？

林鸿禧：应该是。

李炳炎：是改革开放后。

林鸿禧：就是这样，不用说那些就肯定是在他那里咯，我也没去管。

林鸿禧作品“福禄寿”

李炳炎：没有帮他做，是吧？

林鸿禧：这个就是原来的。

李炳炎：这么说陈列馆里面也没有这个？

林鸿禧：枫溪吗？

李炳炎：是啊。

林鸿禧：有，当时有，只是后

来被人拿走了。

李炳炎：“十五贯”陈列馆有收藏吗？

林鸿禧：当时县送人，有剩下的就有，在南国瓷乡那会儿也有。

李炳炎：也有“十五贯”？

林鸿禧：有，还有“福禄寿”全套，样样都有，南国瓷乡那会儿就有人发财了。

李炳炎：来到南国瓷乡这会儿还有“十五贯”，这么说您不止做了三套？

林鸿禧：那个时间李嘉诚建厝（房子）送了一套，这两套是后来的。

李炳炎：同一个模吗？

林鸿禧：应该不是，李嘉诚的是第一个。

李炳炎：李嘉诚的是跟 1959 年的一样。那怎么你 1959 年的模到那时还在呢？

林鸿禧：怎么会不在。你是指后来做的这两个？

李炳炎：是啊。

林鸿禧：后来这两个的模是另外做的。

李炳炎：李嘉诚的就是用 1959 年的模是吗？

林鸿禧：是，最先的。

李炳炎：送给李嘉诚这个也是做了一个就没再做是吗？

林鸿禧：李嘉诚这个是从原来那套模做出来的。刚开始在四车间试做是做了几十套，经销员是我老板，他调进大厂当经销员，宫前就搭了个棚在卖，几十套就拿到那里卖，一套开价五块钱，当时不知道是泰国还是哪个国家来的一个人，这三十多套都被他一个人买走了。

李炳炎：他很聪明啊。

林鸿禧：是啊，他就买走了。后来就说不好做，我老板就说这个五块钱怎么不好做，后来又做，就这样升到了一百多块钱。然后省工艺厅的厅长说工艺品的价钱是没有固定的，他说工艺品的价格可以是成本的几百倍。

李炳炎：照您这样说好像做了很多。那为什么现在社会上一套都没有呢？

林鸿禧：估计晚一些就有，现在肯定没有。前天还有一个人来问，问我有没有在做那个，跑到我家里来看。他说他的亲戚说我以前在做这个。

李炳炎：您当时有没有答应领导说不会再做？

林鸿禧：他说我在做私人缶，我就不做了。领导的意思是说做多几套放着，以备不时之需。

李炳炎：现在如果陈列馆里面有的话就比较好。陈列馆有的话，参观还能看得到。

林鸿禧：现在还一直有人来找我做，我不会做的，我不可能做了拿去卖。

李炳炎：是啊。这件比较出名。

林鸿禧：后来做的这两尊还有加一些色土，质量比以前提高了。这个产品的照片出来之后，潮州文化馆里面的人就打电话来问，说怎么看起来和照片里的不一样，我说是不是多了个印啊。

李炳炎：多了两个印。

林鸿禧：板凳下面多了两个印，这个“况钟”（况钟是明代一位清官，他与包拯“包青天”、海瑞“海青天”并称为中国民间“三大青天”，出自潮剧《十五贯》）是用色土做的，不一样的。

李炳炎：反而比较好，是吗？

林鸿禧：比较好，比当时的釉上彩好多了。

李炳炎：那当然啦。以前的缶质比较差，不过现在做的话，每个人都要，您也应付不过来。

林鸿禧：太多也没用啊。

李炳炎：是啊。

林鸿禧：我现在也想不出要做点什么出来。但前两年我就跟我老婆说，趁现在还活着，还能做，看看能不能做多一两个出来，做多几出，然后就不做了。

李炳炎：这样好啊。

林鸿禧：可是想不出来啊。

李炳炎：现在社会讲究和谐，您就做“和谐”这个主题的东西啊。如果现在做“十五贯”，您肯定还是能做的。

林鸿禧：不一定，得看怎么设计。要做也做别的，做别的东西才有用，就那个没意思。

李炳炎：社会上的人只知道“十五贯”是名作而已。还是佛菩萨这样的形象更好。

林鸿禧：是啊，我觉得更好，随便人家要，这个也不会害人。娄阿鼠是偷东西的，但人家都是拜老爷的。

李炳炎：也就是说，您在创作这些的时候会考虑到社会效应？考虑到产生的效果是怎么样的？

林鸿禧：是啊，不然以后人家说我做这些出来害人，我有考虑到道德。

李炳炎：是啊，讲究道德是非常对的。

林鸿禧：我的作品喜乐的比较多，你去看，都是欢喜和快乐的。

李炳炎：这个我有帮您总结出来。

林鸿禧：你有总结啊？

李炳炎：是啊。开创了一代喜乐形象的造型。这是开创性的。

林鸿禧：我做的第一个“黛玉”，估计肯定没有人要的。

李炳炎：很哀愁。

林鸿禧：肯定没有人要的。

李炳炎：鸿禧伯，要不您就做几个可以给人供奉的观音，坐着的观音。

林鸿禧：供奉的？

李炳炎：观音是要供奉的，人家就要那种坐着的

林鸿禧作品“送子观音”

造型。

林鸿禧：是啊，坐着的。

李炳炎：要供奉的话，那种站着的人家不要。现在还是得要圆润点的，脸要圆润点。我觉得您那尊比较高的观音，那个衣褶是黑底的，还有描金的花纹，脸形最漂亮。

林鸿禧：那尊真正好，踏莲花的，是吗？

李炳炎：是啊。她的脸看得出富贵，看得出很圆润。现在后期做的这些，全部变成是简练，简练当然好，也是一种风格。艺术是用最朴素的东西去表现最复杂的东西的。如果现在可以的话，观音可以做一个造型是坐着的，脸就像您那尊高的一样，手拿颗宝珠或是拿个宝瓶，两只手交叉，一只手扶着宝瓶。

林鸿禧：一只手扶着瓶子？

李炳炎：是啊，扶着瓶子，把宝珠换成个宝瓶，插上几条柳枝，就非常好。那些莲瓣都是一瓣一瓣贴上去的。

林鸿禧：贴上去，这个容易。

李炳炎：嗯，看上去艺术性比较高，这样人家可以拿去拜，它可能几百年后还保存着。我们现在收藏的古董，就是那些人家拿来拜的才存在，其他的几乎都没有了，因为拿来拜的，别人不敢去动它。例如“文革”时，很多人会拿个红纸或者红布把佛像包起来，藏到柜子里。如果是那种漂亮的摆设，摆在博古架里的，估计会被砸掉。所以做这种佛像，它的保存可以久一点。而您那个印，我觉得不要印在观音或佛的后面，印在莲花座就好，放在莲花座后面靠近底部的位置，能做厚胎就最好，还是跟以前一样里面盖多一个印。例如刻“从艺六十年存念”什么的，写些有利于今后的人做研究的内容，让他们知道那是八十多岁的老人做出来的。

林鸿禧先生（左）介绍自己设计的观音像

林鸿禧：那一尊不单是脸，连双手都很有福相。双手的力气很好，而且很有肉，很厚重。

李炳炎：是啊，那双手看着是很厚重。

林鸿禧：我前天看了，不知道我当时是怎么做的，就是这尊最高的站莲花的。

李炳炎：是啊，不过现在就得做坐着的，坐莲的。不然我洗几张照片给您看，西藏的。

林鸿禧：好啊，西藏的。

李炳炎：给您作参考，非常漂亮的。是西藏的铜佛。

林鸿禧：哦，是铜佛啊。

李炳炎：我是照给您作参考的。它那些装饰非常漂亮，但是那尊是释迦牟尼佛，我觉得您现在做的话，做观音也不错。

林鸿禧：我跟你说，做观音的时候心情很好的。

李炳炎：您这样很好，用这种心态来做就符合佛的自在。能自在就非常好，佛和菩萨都会保佑你。

林鸿禧：你谈的这些很不错。以前的人谈的时候，能谈出一个一个的题材来，像你刚才说的那些，都能做出来，当时是这样的，灵感来的时候得马上做出来。以前做得非常快，你说的那尊观音像，我现在还没把握，还在研究，我看那只手要怎样做。

李炳炎：这只手厚重在什么地方，就是那些手指关节都有一块凹的地方。手指关节凹进去就看得出这只手很肥。我有注意到您在观察东西的时候很仔细，因而能体现这样的手指关节，因为肥的手指是关节处会凹进去的。您现在要做的话就要做得再大一点儿。

林鸿禧：要再大一点儿？

李炳炎：您现在家里那些坐像，我觉得都偏小，可能立像做出来要比那尊佛像还要再高一个头，（做）观音的话再高一个头也是可以的。

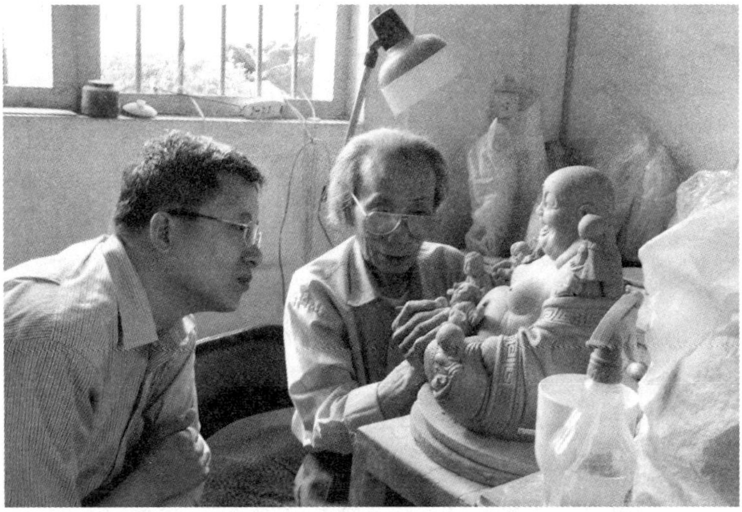

林鸿禧先生（右）讲述制作“五子佛”的过程

林鸿禧：也是坐莲的，是吧？

李炳炎：是啊。坐莲的，然后它的那些莲瓣是贴上去的。

林鸿禧：这个可以，都能做。莲瓣我们做了之后贴上去，不难。

李炳炎：是啊，做一瓣出来，然后贴上去就好了，它就是分大瓣和小瓣这样。

林鸿禧：哦，分大小叠上去。

李炳炎：相套的。

林鸿禧：至少得三个（大小），上中下至少三个（大小）。

李炳炎：是。

林鸿禧作品“刘海戏蟾”

林鸿禧作品“五子登科”

[访谈后记]

我在做近现代潮州窑研究的过程中，有幸结识林鸿禧先生。在枫溪众多老瓷艺家中，他给我的印象最深刻。他的一生虽经历坎坷，但仍然成就卓著。通过多次接触，我越来越觉得应该将他一生的事迹整理并呈现出来。因为老人记忆已开始有些模糊，加上“文革”期间，大部分的资料和作品被烧毁，所以整理工作具有一定的难度，只能不厌其烦地向老先生请教。

林鸿禧先生是创新型的艺术家，从艺六十余载，从未停止对瓷塑艺术的创新追求。在不同历史时期，他能够以不同的技法，运用不同的材料，创作出体现时代精神的作品。传统的雕塑造型强调夸张和装饰性，现代造型方法有抽象也有具象，但无论哪一种，都是与现代科学技术的发展相适应的，他的瓷塑创作经历也正体现了这一点。他将现代艺术观念与传统相融合，创作出独具个性和地方特色的作品，被公认为中国瓷都的一代瓷塑名家。其作品擅长抓住人物瞬间动作、神态表情、性格特征，突出主题，如作品“十五贯”，该作品于1959年获国家轻工部全国优秀作品一等奖。他是潮州当代第一代瓷塑艺术家的代表，其作品与时俱进，反映时代的风貌和人民的愿望。他创作的弥勒佛、观音及寿星、八仙等佛道题材的作品，将传统的枫溪瓷塑艺术与现代雕塑相结合，创出新格调的作品，在当代瓷塑界占有重要的位置，深受大众的喜爱。

林鸿禧先生于2009年逝世，他的离去，是枫溪艺术陶瓷界的巨大损失，也让我深感悲痛。

吴为明谈彩瓷工艺

受访者：吴为明（1938 年生），男，1953 年从事陶瓷彩绘工作，师从吴维松老师。1970 年在潮州瓷三厂从事陶瓷造型设计与釉下彩装饰工艺。1987 年任潮州陶瓷陈列馆馆长。2003 年获中国陶瓷艺术大师称号。2012 年获国家级物质文化遗产项目枫溪瓷烧制技艺代表性传承人称号。2013 年获中国陶瓷艺术设计教育终身成就奖。

时间：2008 年 7 月 26 日

地点：枫溪徐厝桥

采访者：李炳炎

录音整理：张铭

文稿编辑：李炳炎、陈秀娜

李炳炎：水车窑、高陂窑这些外围的窑口我都有去考察过，枫溪的一大部分我也有去了解。

吴为明：梅州的民窑没有自己的风格，像现在外商拿什么样式来就做什么，只是为了赚钱。

李炳炎：我曾采访我舅舅陈海波，他是长美陶艺厂的老窑工，今年七十多岁。他说当时在登塘白水的独角牛山，瓷土比飞天燕还好，需要打隧道进去采。民国初期还有打隧道进去，想挖锡矿的地层，结果独角牛山的土就这样被挖出来了。他说那些土非常白，还带我去看了那个隧道，现在是在登塘一个小学的旁边。

吴为明：我曾在去横溪农场的路上看到那里的白瓷土。

李炳炎：他说他小时候曾看过那个隧道，解放前矿已经挖完了，我觉得这是一个比较大的发现，我得把这个隧道记录下来。

吴为明：现在除了实瓷（陶瓷实物）有证据之外，其他像原料、地方资源、窑址这些如果有证据就更好了。

李炳炎：这个看您什么时候有空，我们一起去看看临近的一些遗址。

吴为明：邻近的窑址、人家考古挖出来的东西作为补充证据，可信度比较高。

李炳炎：我统计了一下，枫溪有两千件左右，现在就是要把有纪年的拿出来排列。

吴为明：纪年，那清朝的纪年有吗？

采访吴为明先生（左）

李炳炎：清朝的没有。民国三年就有青花和五彩，青花笔筒就写民国三年。这个是明显写着的，我拿给我舅看，他说怎么民国三年的坯看起来这么薄而且这么白，又能明显看出是枫溪的青花，他说飞天燕土是后来才有的，之前是以白水土为主，白水独角牛山的土。

吴为明：这个土也是不够生产的，枫溪向来都是用飞天燕瓷土，用白水土较少。

李炳炎：但是应该也有一部分人用这个，他说那个土白润，也很贵，最少是 1 ：3（是别人的三倍）的价格。

吴为明：对，没错。但是你看宋代一些没烧好的瓷，综合性黏土不是质量不好，只是烧的时候温度不够，温度够了，做出来就坚实。

李炳炎：现在来谈花纸的制作过程。

（吴为明拿起实物开始讨论）

吴为明：花纹是第一个，像这个下面不是贴花纸的，而是化妆土。下面都是化妆土，施釉之后素烧，然后盖上纹样印纹，手工汾水填色。花纹不是贴花纸的，后来才改进贴花纸。

李炳炎：装饰土是白色的?

吴为明：灰蓝色的。建国二十周年是 1969 年，建国二十五周年是 1974 年，广东省政府国庆宴会用瓷。

李炳炎：比 1974 年还早?

吴为明：差不多是那个时间的国庆宴会要用到国宴瓷。以飞天燕 92 头芍药纹釉下彩餐具为例，当时这个花纹有好评，就要订这个花纹做国宴瓷，整个枫溪的人都来彩。花纸之前试验失败，省陶瓷公司就说组织汕头花纸厂、瓷三厂、陶瓷研究厂三个厂来攻关这个项目。

李炳炎：您当时是瓷三厂的?

吴为明：是的，陶瓷研究者说花纸不错，然后就以瓷三厂为主，加上其他两个单位，一起去汕头花纸厂学习制版、技术和操作。当时汕头花纸厂关于釉下贴花纸还是没有经验，所以我们要一直试，试到成功为止。有花纸是比较容易，工作效率要比没有花纸快至少十多倍。直接把花纸贴上去就行，比起原来的盖印后一边一边彩要快很多，这个当时还有一个资料记载。

吴为明作品红釉开光山水纹方瓶

李炳炎：那花纸是什么时候试制成功的？

吴为明：估计是 1976 年左右试制成功的。因为是 1974 年开始试做，原来也试过，但是没有试得那么深入，没有那么成功。

李炳炎：那花纸的制作难在哪里？

吴为明：现在就非常容易了，什么东西都买得到。过去设计这个花纹出来，制版要靠自己弄感光，自己弄暗房，自己放大、缩小，无法像现在用那么多机器做。现在只要花纸厂有资金，就很容易做。

李炳炎：贴在泥坯上？

吴为明：是，贴在泥坯上，但会产生摩擦，所以总出问题。后来的釉彩就是上釉后，拿瓷坯去素烧，素烧后过一下汾水。

李炳炎：不是上釉后不用素烧吗？

吴为明：素烧用汾水，上釉后就素烧，素烧后就彩绘。

李炳炎：汾水是哪个汾？

吴为明：三点水加一个分。

李炳炎：您最大的艺术成就是画五彩。您的五彩就是传统的工艺，从以前就一直在做的。

吴为明：对啊，彩了一段时间，到 1964 年就没再做了。枫溪釉下五彩始于（第二次）鸦片战争后期汕头开埠，当时进口了日本、澳大利亚釉下彩料，艺人们吸收了中国画特点，充分体现了陶瓷的艺术语言，在潮州乃至全国是非常有特色的陶瓷彩绘。

李炳炎：1964 年后就没做五彩了？

吴为明：1964 年之后就没有了，枫溪枫一大队瓷厂就有，国营没做就给瓷厂做了，大概做到了改革开放前。时间长，销路是一个问题，后来就没有按照传统方法做。

李炳炎：我现在开始积累解放前的资料，争取在三到五年内把这件事完成。

吴为明：你解放后是怎么分的？

李炳炎：解放后的构架我初步有底，就是 1959 年之前做一个阶段，也就是 1949 年到 1959 年公私合营这十年的变化，我是从艺术和手艺的变化来说。

吴为明：如果以手艺变化来说，依我看从解放前到 1956 年，就是技术操作、经营方式全部一样。

吴为明作品五彩山水纹瓶

李炳炎：1956 年还有作坊？

吴为明：不错，1956 年之后就没有了。

李炳炎：那第二阶段从哪一年开始？

吴为明：就从 1957 年开始。

李炳炎：1957 年开始到 1978 年还有什么变化？

吴为明：1978 年我们这里还没什么变化影响，至少要到 1985 年才开始有变化。

李炳炎：1957 年到 1985 年是另一种表现？

吴为明：就是合营成国营的阶段。

李炳炎：就是国有经营，然后是从 1986 年到现在。

吴为明：技术操作要从它的经营性、艺术性，还有产品的特色和销售这些方面看。我的经历就是 1953 年开始做了三年私营，到 1956 年是合营，1959 年是国营。

李炳炎：您是什么时候退休的？

吴为明：我是 1994 年退休，1994 年以后逐渐变为私营。

李炳炎：您属什么的？

吴为明：我属虎的，1938 年出生的。

李炳炎：就是从私营到国营再到私营的过程？

吴为明：对。

[访谈后记]

吴为明先生是当代中国陶瓷艺术大师，从事陶瓷彩绘设计工作几十年。他的作品器形优美、线条柔和、色彩素雅，既有民族传统，又有现代气息，在国内外展览中广受好评。退休后他热衷于现代陶艺创作，力图表现时代精神与文化内涵相结合。

据吴为明先生介绍，晚清时期潮州枫溪彩瓷都是粉彩，俗称本彩或小窑彩，采用国产颜料，一直到 1860 年第二次鸦片战争之后，才逐步有西洋颜料进入。1878 年枫溪人吴合禧（生于 1840 年，是吴为明岳父吴振堂的祖父）从南洋归来，在潮州西门街及枫溪创办玉顺彩瓷店，采用进口颜料进行彩绘，故称洋彩。

吴为明先生是粤东地区设计试制高温釉下贴花成功的第一人，使日用瓷生产工作效率提高了十多倍。在访谈中，他列举了枫溪彩绘瓷的各种装饰工艺，从化妆土谈到花纸试制，再谈到花纸试制的前因后果以及中间经历的各种考验，说得非常详细。从这些言谈中，我们可以了解到枫溪彩绘瓷的发展过程，从单一到多种，从简单到复杂，其中倾注了几代人的心血和研究成果，也是这些老艺人们的努力，为潮州瓷业打下坚实的基础，使得潮州能发展成为今天的知名瓷乡。

吴为明先生的口述着重手工艺品种的形成和其特征的研究，其语言朴实，长期关注近代枫溪窑的发展，注重其历史真实性。

章燕明谈工夫茶壶创作

受访者：章燕明（1950年生），男，枫溪安顺号第四代后人，现为中国陶瓷艺术大师、枫溪民间陶瓷艺术家。

时间：2008年9月30日

地点：枫溪西塘

采访者：李炳炎

在场人：章永添

录音整理：庄楠

文稿编辑：李炳炎、陈俊华

2008年9月30日采访章永添先生（右）、章燕明先生（左）

（李炳炎参观章燕明先生的壶艺馆，其中奥运题材的壶较为独特）

李炳炎：燕明兄，您在创作的过程中有什么体会吗？因为我们现在做的和以前做的不一样，您对茶壶的一些创作的动机和背景，有没有什么比较值得说的？

章燕明：现在的创作就是把这个结合起来。

李炳炎：传统工艺和传统文化结合？

章燕明：是啊。

李炳炎：那主要体现在哪里？

章燕明：像这种陶壶，就是在传统工艺上进行创作的。

李炳炎：主要是形，会不会是这种壶应该具有的东西？

章燕明：那肯定会，脱离了这些东西，这个壶就没有什么意义了。

李炳炎：实际上这把壶已经没有实用性了，把它转化为艺术品，以壶作载体来表现出奥运的内涵。

章燕明：是啊。

章燕明款红陶茶壶

李炳炎：您原来是彩瓷的，是吧？现在怎么不做一些属于您的东西，例如把简单的图画呈现在壶上面？

章燕明：其实早前，壶底的字全部是我自己写的，但是我觉得自己的字还不够漂亮。

李炳炎：没关系啊，毕竟是您写的。

章燕明：有啊，后来这些壶也有签名。

李炳炎：有画一些简单的画吗？

章燕明：有的，不过那个是人家叫我画，我才画的。

李炳炎：您现在多大啊？

章燕明：我五十九岁，1950 年出生的。

李炳炎：属什么？

章燕明：虎。

李炳炎：我们相差十二岁。

章燕明：是。

李炳炎：您几岁去工作的？

章燕明：我十六岁去美术（一厂）那里。

李炳炎：哦，那很厉害啊。那不是跟鸿禧伯是一样的？

章燕明：鸿禧跟我很聊得来，因为他做的东西是我彩的。我帮他彩过瓷塑。

李炳炎：您帮他彩过什么？

章燕明：那这个就多了啊。他所做的东西，当时是放在厂里的，有时也放在家里，他就叫我去他家里帮他彩。

李炳炎：我看过您的一些资料，知道您是在美术三厂工作的。

章燕明：不是。当时在那边，1967 年才来美术（一厂），1966 年还在陶瓷批发部。当时做了差不多一年，一年换了三个地方：彩瓷厂、瓷器厂，然后被调回陶瓷批发部负责收尾工作。负责收尾工作的这六七个人后来 1967 年被安排在美术一厂。

李炳炎：1967 年吗？

章燕明：是，1967 年。1966 年在陶瓷批发部那里。

李炳炎：1967 年是十六岁。那鸿禧伯主要拿哪些作品让您帮他彩？

章燕明：获奖的作品，我一直帮他彩，有一些不记得了，“贵妃出浴”也是我帮他彩的。

李炳炎：有彩山水画之类的吗？

章燕明：除了画缶的局部。像有的扇子，缶的局部有一些画山水之类的，然后像花纹图案那些就在衣服上的，这些你得按照图案来画。他的作品，你需要画完之后给他看，看这样画好不好。

李炳炎：您现在可以做一些作品，一件也好，代表您丰富的艺术领域，还有一些领域您得去尝试。我现在帮鸿禧伯整理，大概明年我帮他写一本薄薄的书。

章燕明：这样好啊，那不是钟鸣成就比较高？

李炳炎：现在又反过来了。

章燕明：是啊。

李炳炎：钟鸣成熟的时候是在后期，鸿禧伯的艺术在早年就已经非常成熟，他又没有读书，这个才难得。

章燕明：嗯，是。

李炳炎：鸿禧伯是自学成才、无师自通的，他看见什么就能捏出什么。他这天分，实际上没有环境，也没法这样做出来，有一些是遗传的。

章燕明：血脉相承的东西。但是你要知道，就算有书读，出手不好，那也是没办法的。

李炳炎：出手？

章燕明：出手相当于灵感。

李炳炎：灵感是出手。出手还是那种天赋的东西是吧？

章燕明：是。天赋这个东西不是谁都有的，社会上一些高学历的人，你叫他做东西，他也是做不出来的。

李炳炎：但是每个人也还是能找到最适合自己的行业，只有这样才会成功。如果这方面没有天赋，他就不做了，他得读书然后靠其他的。天赋很重要，这就是您的艺术级别。那您认为您做这些壶，有没有一个最成熟的时候？有的话是从什么时候开始的？

章燕明：成熟，是在这两三年。做缶做到现在，自己也很难再突破。

李炳炎：2006 年还是 2005 年？

章燕明：应该是 2006 年。

李炳炎：现在的突破就是命名了。也就是人家定主题，然后您来设计。比如说奥运，就设计出一个这样的造型。您这些壶在传统方面，反而不是很注重，您注重的还是自己的感觉。例如从瑞全的壶，我看出非常传统，您的壶就感觉不出来。

章燕明：比较现代一点儿是吧？

李炳炎：是啊。这些东西个性化比较强，有那种感觉，注重个性。那您对一把壶是否看着顺眼，有没有什么标准？

章燕明：我现在总结出一把壶的好坏是有几个方面的。一个是土质，另一个是壶的功能性，还有一个是器形的设计，最后一个是壶设计出来之后看起来有没有整体美感。要做一把好壶，得从这四个方面去努力。

李炳炎：土质、功能性、器形、整体美感。整体美感不就是器形吗？

章燕明：设计器形，首先这个器形你得看是否漂亮，然后还得这些“流”和“把”配合好。

李炳炎：就是器改变之后，看它是否能够协调？

章燕明：是啊。整体协调。

李炳炎：那我们现在这些土能不能配到别人无法仿制呢？

章燕明：在用土上，现在大家各自都有自己的配方，没有一样的，尤其是红土。现在这些壶的问题就都是土的问题。

李炳炎：哦，土的优点。

章燕明：像现在很多人来投诉，那些假冒的壶，冲（泡茶）不到几次就破了，还有漏水的。

李炳炎：壶表面的颜色是装饰上的吗？

章燕明：现在一些面色（表面的颜色）按照原有的配方做，没有上釉的。这个现在是特色，现在全部没有上釉。

李炳炎：您原来有一些是上泥浆的吧？

章燕明：有，像现在这个，它就是上釉的。

李炳炎：不能叫釉，是吧？

章燕明：叫土浆。现在我做这些都是用土做的。

李炳炎：这叫原土？

章燕明：是啊。你看这个做出来多漂亮。

李炳炎：老人家现在才是真的好啊。

章燕明：他现在是有退休金，而且每月在三个儿子家轮流住。

（李炳炎和章燕明的父亲章永添聊起来）

李炳炎：不用退休金啦，退休金有什么用，孩子孝顺才重要。

章永添：现在是轮流在每个儿子家住十天。

李炳炎：他们不是两兄弟吗？还有一个没有做缶的，是吧？

章永添：做缶这个东西不能强求的，要有耐性、出手。

李炳炎：我们刚才说的这个土质，您说您的能经得住急冷急热，是功能性吧？应该是算功能而不是算土质？

章燕明：功能是你这把壶的实用性。你可以说一把壶做得很漂亮，但是那个流口，那个出水口啊，如果说里面的配比做得不好，不通的话，你这把壶做得再漂亮也没用，这叫做功能不好。

李炳炎：是指这把壶的出水一定要流畅。

章燕明：是，必须是流畅的。

李炳炎：然后这个把要省力。

章燕明：而且是能控制水流，这个就是说各方面的配比都做得到位。

李炳炎：那这个把呢？您以什么标准来审美？

章燕明：以前就要求把跟流口相平（水平）。现在的审美则是，只要器形美观实用，用起来能省力，就是用对方法了。

李炳炎：那糜嘴是算功能吧？

章燕明：当然算功能啊，流塞住了。

李炳炎：器形的好是以什么为好的？

章燕明：器形这个东西，（就是）这把壶放在那里必须有大气的感觉，会越看越觉得这只壶很有神。

李炳炎：那整体美感呢？

章燕明：整体美感是整把壶拿起来，盖啊，壶身啊，手把啊，都配合得非常好。

李炳炎：协调？

章燕明：假如配比配得不好，不协调，就没有整体美感了，差不多就是这样。

李炳炎：安顺号您知道是什么时候就有的吗？

章永添：应该是从我父亲就有的。

李炳炎：应该是您阿公之前就有的吧？

章永添：他在做的时候我还不懂事。

李炳炎：有没有听长辈说起？

章永添：有听我父亲说过，说他当时很时髦。

李炳炎：谁啊？

章永添：我阿公。

李炳炎：上辈人（长辈）大多是这样的，说过我们做缶的事吗？

章永添：没有。

李炳炎：您阿公是清末的人？

章永添：清末的。

李炳炎：您父亲是哪年生的，您知道吗？

章永添：他属猪的。如果现在还在，应该一百多岁。

李炳炎：大您二十多岁，属猪的，那就是差不多一百一十岁，然后他的父亲就得再大他二三十岁。

章永添：是。大概是一百三十年或一百四十年。

李炳炎：是不是从您老公开始做的，老公之后就是阿公在做，是不是？是老公先做，再到阿公、父亲做，这样就是祖上五代啊。

章永添：他当时四十多五十岁就没有做了。

李炳炎：当时的五十岁已经很老了，七十古来稀啊。有没有一些民国时候的趣事？那个阿缀把茶壶藏在井里的事有听说吗？

章永添：有，有听人家说过。

李炳炎：那个到底是什么人啊？

章永添：他是枫溪长铺（云步村）的。他说有一天人家要买茶壶，他只卖一把，多的就没有。

李炳炎：名字叫阿缀，这么说也是那个时候的。

章永添：那个是很久以前的事。

李炳炎：应该不是清朝的事吧？

章永添：清朝？

李炳炎：应该是民国的事。就是把茶壶放在井里，然后谁来就提一只起来。这个我觉得既不是源兴号的，也不是安顺号的。

章永添：不是。

李炳炎：所以就证明我们以前做壶的，除了这两家还有别的。人家来买他就从井里提起来卖。有没有人提到他家在什么地方？

章永添：没有。这个不知道。

李炳炎：那您认为这个人不可能是源兴的先人？

章永添：不是。

李炳炎：这个人应该不是清朝的人。

[访谈后记]

章燕明先生是枫溪安顺号第四代后人，是当代的中国陶瓷艺术大师。其从艺40多年来，秉承制壶技艺，经过近20年的创作实践和理论探索，大胆创新，作品造型独特，壶色丰润，更具神韵，并以精、巧、细、薄的风格著称于国内制壶界，产品享誉大陆及香港、澳门、台湾和东南亚一带，深受行家喜好。

从章燕明先生的口述内容，可以了解到安顺号的传承情况；而从他的创作历程，我们可以了解到他是如何将一块泥巴变成形态各异的茶壶。从灵感的萌发，到选料的仔细，再到造型的塑造以及最后的烧造和装饰，当中倾注了他所有的精力，每一把壶都已经超越了它本身的物质价值，成为一件件带有灵魂的艺术品。

章永添先生和章燕明先生还为我们讲解了鉴定一把壶的好坏的办法，即从它的土质、功能性、器形、整体美感这四方面去看一把壶，认识一把壶，认识作者在当中倾注的思想。

通过对章燕明先生的采访，重点了解当代枫溪手拉薄胎朱泥壶的制作工艺，帮助人们认识当代潮州朱泥壶的工艺特征，使这一工艺品种更好地流传下来，为世人所了解。

曾俊茂谈枫溪窑老字号

受访者：曾俊茂（1933—2013 年），男，枫溪陶瓷老艺人，自 13 岁开始在陶成玉号学艺，一直从事花瓶、壶、碗等手拉坯制作。

时间：2011 年 11 月 22 日

地点：枫溪外马路曾厝巷

采访者：李炳炎

录音整理：陈巧花

文稿编辑：李炳炎、陈秀娜

李炳炎：我今天来想请教仁鸾的陶成玉的历史，您再跟我讲一次陶成玉的事吧。

曾俊茂：仁鸾经营陶成玉这个时候是不是？

李炳炎：是。怎么创建的？还有仁鸾大概的历史。

曾俊茂：仁鸾不识字，他 10 多岁就在陶真玉工作，在当学徒。然后学枫溪的和尚，土名叫和尚，正名我不知道，他是枫溪捏安仔最厉害的。

李炳炎：和尚伯？

曾俊茂：和尚伯，你不认识，你还没出生他就死了，那时还没解放。他儿子的名字叫陶安，日本仔后跑去香港，在香港办缶窑。仁鸾在日本仔之前就到他那里学艺，学做缶。之后跟和尚学捏安仔，未出师之前，仁鸾就捏了他阿公的瓷像。他阿公的像做出来后，大家都说很像，那尊像烧好之后，他用一个玻璃罩罩起来。从那个时候开始，他就会捏安仔，也会做缶。

2011 年 11 月 22 日采访曾俊茂先生（左）

李炳炎：他那会儿几岁？

曾俊茂：仁鸾啊？

李炳炎：做他阿公的瓷像那会儿几岁？

曾俊茂：二十多岁。

李炳炎：已经二十多岁啦。日本人还没来，是吧？

曾俊茂：没。他属牛的，他当时的年龄我也是估计的，毕竟我那时还是小孩子。他就是这样子做的，日本仔来了后，就从做瓷转为做陶，然后跑去揭西。

李炳炎：就是说，在日本人没来之前，他是在陶真玉学艺的？

曾俊茂：是，学艺。

李炳炎：日本人来他就跑去揭西？

曾俊茂：是，去九岛浦，转为做陶器。

李炳炎：到哪个地方？

曾俊茂：九岛浦，揭西的。

李炳炎：哦，揭西的九岛浦。

曾俊茂：日本仔时候去到揭西九岛浦。

李炳炎：那个时候他几岁？

曾俊茂：那个时候他应该是三十多岁。

李炳炎：那他跟您父亲是？

曾俊茂：跟我父亲是朋友，这里没事做，就跑去揭西做。

李炳炎：嗯。

曾俊茂：那时候是做缶。

李炳炎：是他先去的，然后你们去找他？

曾俊茂：我们先去揭西的。

李炳炎：然后他去找你们？

曾俊茂：他去找我们，去找我们做陶器。然后我哥在日本仔后还到他那里学艺，我哥已经过身了。

李炳炎：您父亲的名字是什么？

曾俊茂：我父亲的名字叫曾绍乾，乾隆的乾。我父亲做缶很厉害的，他那会儿在枫溪做陶器的长美人中很厉害的。

李炳炎：他也有做陶？

曾俊茂：我父亲一直做陶。

李炳炎：你们一家人都去揭西？

曾俊茂：是，我们一家人都去，连我叔父都去了。

李炳炎：他去那里做陶器，那日本人走了之后呢？

曾俊茂：日本人走了之后，就在浮洲园做财主，自己做财主。

李炳炎：怎么那么厉害，回来后就能自己做财主？

曾俊茂：是，跟我一样，回来后就自己买点土，自己做，都不用本钱的，然后拿去寄烧。就像跟你相熟的，缶在你这里寄烧，然后我卖了再还你钱，就这样。回来之后刚开始做那种花口的盖杯，花口的漱口杯，仿荷叶形的，我那个卖了，要是还在可以拿给你看。

李炳炎：花口的盖杯？

曾俊茂：对，盖杯，那时候叫口杯，那个做到日本仔回去了，大概 1944 年、1945 年就回来枫溪做这个。1946 年搬到宫前池顶的司命君宫巷，这个时候陶成玉做的是油壶、札壶、酒壶，自做自销。后来在 1947—1949 年生意不错，赚到一些钱。那时候很努力做，到了年底可以囤一堆萩草，那时候当财主能够囤一万几千的萩草就很高兴了，就是很富裕的，然后那个时候还跟赛三买了做厝。

李炳炎：做了一年之后？

曾俊茂：在司命君宫做了一年财主之后。

李炳炎：在司命君宫？

曾俊茂：司命君宫，现在那里还是叫司命君宫。

李炳炎：那在司命君宫那里就是正式叫陶成玉，是吧？

曾俊茂：是，陶成玉。你现在去那里问那些岁数大的人，五十多六十岁的人，问他说当时陶成玉的字号，告诉他们是在那里做财主，他们就知道。陶成玉一直做到解放，我出师门后就在那里做工，做到解放。

李炳炎：您是1946年还是1947年开始在那里做的？

曾俊茂：应该是1946年。1946年之后就在那里做。那时候晚上经常去古巷看戏，我顺便去找他，他非常高兴，他很疼我的，因为他跟我父亲有交情。

李炳炎：是。到解放后就没有了？

曾俊茂：1954年搞合作化（公私合营），它是属于手工业，合在生产自救组，是十二组。

李炳炎：1954年，是吧？

曾俊茂：是，我们1954年合作化，那个时候就合作了。

李炳炎：您1954年还在他那里做？

曾俊茂：我1954年就在他那里做，合作进了十二组，我当组长。当时枫溪是生产自救组、生产合作组都合在一起。

李炳炎：当时他们陶成玉总共雇了多少人？

曾俊茂：生意好的时候雇四五个人。当时的方式是今天雇了，明天可以不雇。当时枫溪的财主都是这样的，像我如果当了师傅，我就跟这个财主领五天工，跟那个财主领六天工，凑足一个月就不再领了。今天在这家做，明天去那家做，可以这样子的，都不是固定的。

李炳炎：那他自己当师傅，还有再请别人当师傅吗？

曾俊茂：有。

李炳炎：请的谁？

曾俊茂：当时曾经请过余厝一个叫照原的，余照原，也有请过武光。

李炳炎：照原当时主要是做什么？

曾俊茂：主要做札壶。

李炳炎：手拉坯的？

曾俊茂：嗯，手拉坯的。

李炳炎：手拉坯做札壶。

曾俊茂：那个时候我还不会做，还在学。

李炳炎：然后还有谁？

曾俊茂：还有一个叫武光的。

李炳炎：姓什么？

曾俊茂：姓佘，佘武光。
李炳炎：这两个人都姓佘？
曾俊茂：是，他们都是佘厝人。武光是修缶的，他不会做缶，只是修缶。
李炳炎：修坯，我们现在叫修坯。
曾俊茂：是，修坯。
李炳炎：那画画的呢？
曾俊茂：画画的当时有西塘的章甲泉。这个都过身了。
李炳炎：甲泉？
曾俊茂：甲泉，还有一个。
李炳炎：他主要画什么？
曾俊茂：主要是画洋花。当时叫洋花，我们现在叫锦春罗，还有刷缶。
李炳炎：这个甲泉也是刷缶的？
曾俊茂：嗯，刷缶和画缶，他当时画缶不差的。
李炳炎：刷花就是了。
曾俊茂：嗯，喷白蓝，像“讲究卫生”那四个字一样。
李炳炎：是。
曾俊茂：还雇了一个叫陈德美的，也是彩花的，古巷人。
李炳炎：哦，这个是彩花的。
曾俊茂：嗯，陈德美。他雇了挺多人的，还雇一个管杂工的叫邱振浩，是长美人。
李炳炎：杂工先不说，先说这些有技艺的人。您当时帮他做什么？
曾俊茂：我在那里刚开始是做学徒，学艺的。还有一个师傅做札壶，叫仁榜，是仁鸾的堂弟。
李炳炎：“榜样”的“榜”？
曾俊茂：是，“榜样”的“榜”。
李炳炎：他的堂兄弟？
曾俊茂：是，他的堂弟，也是家里的人。
李炳炎：这个也做札壶？
曾俊茂：这个你去问吴伟林，他很清楚。吴伟林是他们家里的人，现在住在潮州市内。
李炳炎：主要是拉这把壶的坯？
曾俊茂：他主要是做这把壶。还雇了一个叫吴桂生的，他现在还在。
李炳炎：哪里人？枫溪？
曾俊茂：枫溪人，当时跟我一样，当学徒的。还雇了一个叫吴承平，是装缶的，枫溪人，他死了，桂生还在。
李炳炎：当时这些产品有什么？除了札壶。
曾俊茂：札壶、油壶、酒壶、口杯、井缸，井缸就是鱼尾缸、鱼尾瓶，财主当时大多是做这几样。
李炳炎：鱼尾瓶有多大啊？

陶真玉款五彩人物故事纹撇口瓶

曾俊茂：鱼尾瓶最小的是三寸，最大的是十八寸。

李炳炎：那文身、观音这些有没有？

曾俊茂：后期有。可能是1958年有做观音。

李炳炎：是1948年吧？

曾俊茂：对，1948年就做观音，做观音是和大吴合作的，大吴的那个叫做阿树，他“土改”时上吊死了。

李炳炎：阿树您认识吗？

曾俊茂：认识。他后来是做观音的师傅，当头手（第一手）师傅。

李炳炎：大吴人，名字叫阿树？

曾俊茂：我只知道他的名字叫阿树。

李炳炎：正名不知道，是吧？

曾俊茂：姓吴的。

李炳炎：就叫吴阿树？

曾俊茂：是。他是大吴人。

李炳炎：是请他来做还是跟他合作的？

曾俊茂：他们两个人一起的。

李炳炎：那就是合作的？

曾俊茂：嗯，合作的。他这个时候就有做观音。

李炳炎：做观音和什么？

曾俊茂：只做一样，就是观音。

李炳炎：那盖印是盖“陶成玉”吗？

曾俊茂：是，盖他的印。当时的缶居多有盖印，有盖“陶成玉”，当时八爷要买缶，财主（字号）叫做和祥，来枫溪买缶，专门要仁鸾做的，特意要求盖这个字号。

陶真玉款五彩达摩像

李炳炎：就是八爷？

曾俊茂：是，买我们的缶。

李炳炎：枫溪的八爷？

曾俊茂：嗯。

李炳炎：（他的名字是）吴什么？知道吗？

曾俊茂：我不知道，人们都叫八爷，当时和祥就一直跟他买这个缶。

李炳炎：和祥？

曾俊茂：“禾”字旁加一个“口”，和祥。

李炳炎：和祥的贸易行？

曾俊茂：当时叫陶瓷缶栈。

李炳炎：就是叫缶栈？

曾俊茂：嗯，缶栈，当时那个朱大个儿还是什么的，就做他的经理。当时做的这些缶就卖给聘双，枫溪的聘双，（字号）仁盛。

李炳炎：他当时来跟你们买什么？

曾俊茂：主要买油壶、札壶、酒壶，这些销往香港和广州，还有销往泰国的。

李炳炎：跟你们买的就这三种壶而已？

曾俊茂：做的那些都有买。

李炳炎：观音没买过吗？鱼尾缸有买吗？

曾俊茂：有，这些他都有买。

李炳炎：他再卖去广州、香港？

曾俊茂：还有当时的安南。

李炳炎：就是越南。

曾俊茂：还有泰国。

李炳炎：是怎样卖到泰国的？

曾俊茂：这些全部都是出口的，买了之后载去汕头、香港各地卖。

李炳炎：由货栈卖的。那你们怎么知道他们卖去泰国呢？

曾俊茂：像我们销往泰国的产品，要画什么花纹，就知道了。像泰国的就是玛牡，是蓝色的；广州的就是流行刷红的“双喜”“福字”。

李炳炎：泰国的是蓝色？

曾俊茂：泰国销蓝色的多。

李炳炎：就是蓝彩？

曾俊茂：嗯，蓝彩，蓝彩里面什么都有。

李炳炎：玛牡？

曾俊茂：玛牡，像牡丹一样。画那种缠枝花，一般老的画花的都懂，新的就不懂。

李炳炎：就是缠枝牡丹。这些样都是由和祥提供的？

曾俊茂：和祥、仁盛提供的。

李炳炎：还有一家仁盛？

曾俊茂：仁盛就是聘双啊。他就是办缶的，还有火栏，现在他儿子还在那里经营日什的东西。

李炳炎：除了缶栈和火栏，还有什么？

曾俊茂：火栏就是帮人碾米的。

李炳炎：他还有经营这些。

曾俊茂：他的两得与和祥就在陶安窑那里。

李炳炎：哦，在陶安窑。

曾俊茂：枫溪向南街。

李炳炎：我知道。

曾俊茂：向北街、向南街。

李炳炎：和祥也在那里？

曾俊茂：嗯，也在那里。和祥那儿是原枫溪电力厂，后来被他改成缶栈。

李炳炎：和祥也在向南街？

曾俊茂：嗯，也在向南街，他的对面都是二房的人。

李炳炎：和祥与仁盛两家是对面？

曾俊茂：门风一间向西南，一间向东北。

李炳炎：和祥与仁盛都来跟你们买缶？

曾俊茂：都跟仁鸾买缶，这两家是最固定的，我们说固定的就好，有很多，例如枫溪同泰的同裕也曾跟他买过。

李炳炎：是他们拿样过来给你们？

曾俊茂：订单说要什么缶就由他们缶栈挑选。

李炳炎：订单里面有说卖哪个国家和画什么花纹吗？

曾俊茂：有，写要什么缶，那时候叫做“件”，比如一件四百条，我要五十件，就是两万条，当时是以件计的。

李炳炎：一件多少个？

曾俊茂：一件就是一筐的，当时枫溪的缶都是装竹筐的。

李炳炎：一件有多少个？

曾俊茂：没有固定的。

李炳炎：就写要几筐。

曾俊茂：安南的（竹筐）比较大只（大个儿），泰国的（竹筐）也比较大只，一筐要两个人抬，抬去新溪边下船，然后运到汕头，汕头再换大货船到外国。

李炳炎：要出口哪个国家，画什么花纹他会全部跟你们说？

曾俊茂：他就跟我们说，说这个是要配红的，还是要彩牡丹什么的。

李炳炎：那和祥的订单是怎么来的呢？

曾俊茂：他们在香港有门面，外商来跟他们买。

李炳炎：那仁盛也有门面吗？

曾俊茂：仁盛也一样有，在香港也有铺。

李炳炎：那仁盛也是做得很大？

曾俊茂：他们两个都是大地主。城里的猕人金行是聘双的，他汕头还有缶栈，他的缶运到汕头再转。他的缶栈有很多。

李炳炎：友人？“朋友”的“友”？

曾俊茂：不是，“猕”字很多人不认识，他那座厝的门也写“猕人”，他是枫溪二房祠的。

李炳炎：那和祥没在城内开铺，对吧？

曾俊茂：我不知道他城内有没有。

李炳炎：这两家是香港和汕头都有？

曾俊茂：都有，他们都有缶栈，都有点。枫溪那个吉成隆，当时也曾跟他买过缶。枫溪吉成隆，汕头也叫吉成隆。

李炳炎：吉成隆也是缶栈？

曾俊茂：嗯，也是缶栈。还有卢厝的陶金玉，也是缶栈，当时曾跟他买缶，这个比较小。

李炳炎：陶金玉也是缶栈？

曾俊茂：陶金玉是缶栈，卢厝的，当时经常来跟仁鸾买缶，他销售三成货到上海。我当时去跟他拿钱才知道的，他是卢厝的富人。

李炳炎：那当时的缶栈不是有很多间？

曾俊茂：枫溪的？

李炳炎：是。

曾俊茂：枫溪当时有几十间。

李炳炎：货栈有几十间？

曾俊茂：嗯。 些小的来跟我买二支壶，也是买缶，这些不能讲究的。我刚跟你讲的是几家大型的，一直都有买的。

李炳炎：那不只跟仁鸾买。粗略谈一下这些缶栈，这样专门做陶瓷贸易的，比较大的缶栈，您说说看有几家？

曾俊茂：枫溪的？

李炳炎：是。

曾俊茂：和祥、仁盛。

李炳炎：仁盛有排到第二大吗？

曾俊茂：也不是，他当时是卖金的。

李炳炎：怎么排？仁盛然后是？

曾俊茂：然后是陶大。

李炳炎：陶大的老板是谁？

曾俊茂：老板是郑厝的。我也不知道他的名字是什么。

李炳炎：嗯，陶大。

曾俊茂：吉成隆，它的规模也不算小，吉成隆是吴二书、吴德宣合作的。

李炳炎：然后是陶金玉？

曾俊茂：陶金玉是卢厝的。

李炳炎：陶金玉然后还有谁？

曾俊茂：这些很多啊。

李炳炎：不怕，您记得多少就说多少。

曾俊茂：元大，佘厝的。还有如合。

李炳炎：如合也算这个？

曾俊茂：如合大房。

李炳炎：大房是不是叫煌记？如合煌记？

曾俊茂：嗯，没错，如合煌记。

李炳炎：是日本人来之前叫如合煌记，还是日本人走后才叫如合煌记？

曾俊茂：如合是一个老字号，后来如合分为大房、二房、三房，大房就改为如合煌记。

李炳炎：是几时改的？日本人走后才改的还是之前就改的？

曾俊茂：这个我不清楚，我开始出去工作就知道他叫做如合煌记。还有一个如合陶轩，陶轩是如合三房的。还有一个新如合。

李炳炎：荣利也有做缶栈吗？

曾俊茂：叫陆荣利的有两家，他这个代办的有，数量不多。

李炳炎：怎么陆荣利有两家？

曾俊茂：原来的陆荣利是老字号，另外一个陆荣利是日本仔走后才做的。

李炳炎：桂堂开的那家，叫荣利炳记？

曾俊茂：是。

李炳炎：那这两家日本人走后就没做货栈了，是吧？

曾俊茂：日本仔走后还有做货栈，解放之后就大合营了，合并为国营的。当时枫溪的字号还有一个中缅，也有来买缶。

李炳炎：中缅？

曾俊茂：中缅，“缅甸”的“缅”。他专门买角碗，专门做角碗。

李炳炎：经营角碗的？

曾俊茂：嗯，专门卖去缅甸那些地方。

李炳炎：销去缅甸的。

曾俊茂：缶坯做好之后再拍，拍到里面一个角一个角的。

李炳炎：那些里面还是施青色的？

曾俊茂：有的青，有的白，这个不是固定的。

李炳炎：中缅也是算一个货栈？

曾俊茂：中缅字号很大的。

李炳炎：那个时候算是缶栈？

曾俊茂：他有缶栈，也有做缶，中缅后期合并到陶玉峰，陶玉峰公私合营就改为中缅，用中缅的字号。因为中缅是姚厝的，他当时在缅甸当过官。

李炳炎：解放前吗？

曾俊茂：日本仔走后，解放后的，他儿子叫做幸让，在陶玉峰一厂，中缅一个孙子现在在美术瓷厂当干部。

李炳炎：他在缅甸当官是解放后还是解放前？

曾俊茂：他在缅甸有当过官，然后又当老板，对乡里做生意有贡献。他儿子合作化后去到七组，后来还调到一厂（陶玉峰一厂）做一般领导。

李炳炎：那他解放后还有回来，是吧？

曾俊茂：是，解放后才回来的。

李炳炎：他有缶厂？在哪里？

曾俊茂：他的缶厂在桥西长胜池顶。中缅这个字号后期合并到陶玉峰，说起这个名字枫溪个个（人人）都知道。

李炳炎：缶栈就是和祥、仁盛、陶大、吉成隆、陶金玉、如合、荣利、中缅，还有谁？

曾俊茂：这些都有来买缶，还有一个同裕。

李炳炎：哦，同裕。

曾俊茂：还有一个字号叫和成。

李炳炎：和成？

曾俊茂：和成缶栈，树庆外公的字号就是和成。

李炳炎：树庆我知道。

曾俊茂：他外公的字号当时就叫和成。

李炳炎：慢慢再多想几个，这个就您说得出来，别人都说不出来。

曾俊茂：要说的财主还很多，怎么说完，你要知道谁，我都能跟你说出来，我刚才说的这些字号都是属于比较大的。

李炳炎：陶真玉是不是在香港也有缶栈？

曾俊茂：陶真玉没有，那个只是做缶而已。

李炳炎：那锦合呢？

曾俊茂：锦合当时只是做缶而已，没有缶栈，后期偶尔代办一些，不能算。我刚才说的这些就都是。

李炳炎：算是比较专业的缶栈？

曾俊茂：是，专业的，多少都有在做的，像聘双当时雇的那个阔嘴章，嘴大大的，后期去教书，不久前才死的。

李炳炎：比较大的总共有八家。

曾俊茂：还有几个缶栈的名字，一个叫做汕发。汕发是春风的。

李炳炎：春风？

曾俊茂：是，春风洋楼。

李炳炎：姓什么？

曾俊茂：这家汕发就是春风洋楼的。春风洋楼的名字我不知道，但他是吴厝的，姓吴。他的楼房建在姚厝这里，原是埠美人，以前很穷，后来搬到外面去了，回来之后埠美人不认他们，他就把厝建到姚厝了，他那栋楼叫春风楼。

李炳炎：他是姓吴的？

曾俊茂：姓吴，埠美人。

李炳炎：还有谁？

曾俊茂：他是埠美人，他的缶栈一般。当时缶栈非常多，一些小小的，说了也没用，还有一些不认识的，就溪下那里还有一个字号叫做大通。他是徐厝桥人，当时也做过缶栈，大通缶栈。

李炳炎：那他姓什么？

曾俊茂：姓章，叫章大通。

李炳炎：那他的名字就是大通？

曾俊茂：财主的名字叫大通。

李炳炎：他的字号也叫大通？

曾俊茂：当时都是叫他的名字。就像同裕叫做同泰。同泰有兄弟六人，同裕是分出来的。

李炳炎：这些名字还都挺好听，意义也好，销路大通。

曾俊茂：他儿子还有在做，在香港。

李炳炎：那仁鸾当时的规模能不能算大？还是算中的？

曾俊茂：算中的。它这个是属于手工业，像我在家里做，没出去打工，就叫手工业者。

李炳炎：那他算是什么？

曾俊茂：他就算是手工业者而已，自己做，虽雇有外人，但不是长期雇，是灵活的，当时就是这样划分的。

李炳炎：他当时的生产规模，他有几间做厝？

曾俊茂：四间。

李炳炎：四间做厝。

曾俊茂：三间成形车间，一间原料车间。

李炳炎：三间是成形的，一间是？

曾俊茂：一间在做原料，拍土、捣臼、洗土和洗搪。

李炳炎：那就当时来说，在枫溪他也是有名的，是吧？

曾俊茂：讲他本身的功夫，是有名的；讲财主就不是排很大的，（几乎）是排在最小的，算手工业者。

李炳炎：当时枫溪这些外销，主要还是他们在外面有办事处，然后拿订单回来，是吧？

曾俊茂：拿单回来，都是由外面拿订单来的，像香港、上海、广州，还有泰国、缅甸这些。

李炳炎：英国的有吗？

曾俊茂：有，都有。

李炳炎：去香港拿的？

曾俊茂：是，日本仔后最多的就是台湾。

李炳炎：哦，台湾。

曾俊茂：台湾当时是叫大员。

李炳炎：名字叫大员，是吗？

曾俊茂：当时叫做大员，大员缶是圆壶、角碗、虾碗，专门销这些。

李炳炎：大员是什么名？

曾俊茂：大员是台湾的外号，它专门销这些圆壶、虾碗。

李炳炎：虾碗是什么意思？

曾俊茂：虾碗、虾盘，我现在跟你也说不清楚，得做一个给你看你才明白。就是碗这边掰一个角出来，一个碗像变成两截一样，就是这样的。

李炳炎：是花口碗吗？

曾俊茂：碗是圆的，这边掰了一处变成弯的，叫做虾碗。

李炳炎：是不是花口碗？

曾俊茂：不是，我画在手里给你看，大概就是这样的。

李炳炎：折腰的，就叫虾碗、虾盘。

曾俊茂：这样的碗就叫虾碗，这一块是圆的，里面大多是画一只虾什么的。

李炳炎：哦，是因为有只虾，所以叫虾碗。

曾俊茂：嗯，画虾的。

李炳炎：这些都是他们的订单？

曾俊茂：台湾的订单订的缶，叫做大员缶。

李炳炎：来的订单里面就有数量和样式？

曾俊茂：当时订单来的缶看哪个字号最好，就写那个字号，指定去那里买。

李炳炎：就是订单里面有数量、纹饰，要画什么这些都写在里面？

曾俊茂：要样品。

李炳炎：带个实物过来？

曾俊茂：他的传单有相片过来。

李炳炎：有照相？当时已经有照相订单？

曾俊茂：当时有相片，煌记的缶栈就是这样的，他的订单是录成机刻盘的，寄过来，要什么缶，一打开就知道订单要什么缶。

李炳炎：是用说的？录音的？

曾俊茂：机器刻的录音。

李炳炎：是唱盘吗？

曾俊茂：是，当时那些唱盘。

李炳炎：录的说话？

曾俊茂：是。他在外面的缶栈，当时都是用这个做订单。

李炳炎：就说数量、纹饰和指定要谁生产？

曾俊茂：就说要订什么货。这个唱盘来了就都知道，不用写字的，什么时候放出来都能听。

李炳炎：也有相片的？

曾俊茂：是，也有一些照相过来的，订单这些都有。

李炳炎：如合煌记就是用唱盘的。

曾俊茂：嗯，他当时是用这个方式。

李炳炎：是对方有唱盘给他？还是他自己做的唱盘？

曾俊茂：香港的缶栈，例如要买什么缶，就说话（此处应指口头表述）刻在盘里面，然后寄过来，接到这个盘之后放出来听就知道要买什么缶。

李炳炎：就是用手摇的那种机器？

曾俊茂：这个比较科学的，就当时来说。

李炳炎：当时没什么人用唱盘？

曾俊茂：一般都是用订单，就他们一家用这个。我当时经常跟仁鸾出去做生意，去跟他们收钱、卖缶，所以知道。

李炳炎：哦，当时用唱盘是很先进的。

曾俊茂：是，很科学。

李炳炎：荣利就是用电话，对吗？

曾俊茂：就他一个用这种而已，只有煌记用这个。

李炳炎：那他当时有电话吗？

曾俊茂：这个就不清楚了。日本仔走后不知道他有没有电话，可能他们当时没有。

李炳炎：我听说荣利在日本仔来之前就有电话。

曾俊茂：老荣利在向南街，他那副对联“陶瓷胜金玉”不久前才拆掉。它就有电话，枫溪著名的字号。

李炳炎：日本人来之前如合还没有电话？

曾俊茂：日本仔之后他的生意就不怎么样。

李炳炎：是没什么生意吗？

曾俊茂：日本仔之后（规模）就不大。

李炳炎：日本仔之前的时候如合有电话吗？

曾俊茂：估计应该没有。

李炳炎：那用唱盘也很厉害。

曾俊茂：用唱盘是日本仔后的事。

李炳炎：是，复员后的。

曾俊茂：他们煌记是用唱盘的，现在问枫溪这些老人，他们都知道当时有这个。如合做缶很厉害，国民党的师长（应为“军团长”）何宝芝曾实地看过他做缶，看锦松师做缶。

李炳炎：国民党的谁？

曾俊茂：国民党的师长何宝芝，来煌记看锦松师做缶。

李炳炎：从哪里来？广州来的？

曾俊茂：不知道从哪里来，当时就知道和军队来。他来的时候连宫前这里都要放哨，一直到他厂里，锦松师枫溪做缶是最厉害的。

李炳炎：锦松？

曾俊茂：锦松，枫溪锦松师，做缶最厉害。日本仔前、日本仔后，他做缶是最厉害的，枫溪做缶锦松师人人都知道。

李炳炎：他主要做什么？拉坯还是？

曾俊茂：手拉坯，大井缸、水架、大鱼盘。枫溪老一辈做缶的人，厉害的还是很多的。

李炳炎：鱼盘、水架。

曾俊茂：何宝芝当时来看他们做水架和井缸。

李炳炎：这个是在日本仔前还是日本仔后？

曾俊茂：日本仔前。

李炳炎：那这样说日本仔前就已经有煌记了？

曾俊茂：有，如合是老字号，煌记是从如合拆分出来的，煌记财主的名字叫做佘阿六。

李炳炎：佘阿六？

曾俊茂：是，他的土名，大家都叫他阿六这样。

李炳炎：是不是叫如合六？

曾俊茂：不是，他叫阿六，加一个佘。如合六是如合六，如合六是一房的人。

李炳炎：那就是日本仔前已经有如合煌记。锦松又是什么人？枫溪人？

曾俊茂：枫溪，枫溪做缶的。日本仔前到日本仔后这个阶段，枫溪做缶两个人最厉害，就是锦松和阿武，他们都是二房的人。

李炳炎：锦松姓吴，是吗？

曾俊茂：是姓吴，吴锦松。手拉坯井缸、花钵、壶，还有一个叫阿武。人人都叫他阿武，就叫他武师，他做缶也厉害。

李炳炎：怎么个厉害法？

曾俊茂：他是做圆壶的。

李炳炎：也是手拉坯？

曾俊茂：是，手拉坯的。

李炳炎：那绘画的，谁比较出名？

曾俊茂：我知道的枫溪比较出名的就是克仁。

陶真玉款青花柳马纹水钵

李炳炎：哦，吴克仁。

曾俊茂：这个你应该认识，在研究所的。

李炳炎：还有维松。

曾俊茂：维松是他的亲人。

李炳炎：维松有名气吗？

曾俊茂：维松在日本仔后是有名的，日本仔前就没有。这些画花的师傅很多，当时有比较大的财主来雇就不差。当时工钱都很高，这个钱一般人赚不了，财主小的雇比较低的，财主大的就雇比较高的。枫溪画花最厉害的就一个而已，当时枫溪人说的再笑，画缶最厉害，但他只会画一只鹰，别的不会画。

李炳炎：陈再笑是潮阳人吗？

曾俊茂：好像是揭阳的。

李炳炎：我曾听说是潮阳人。

曾俊茂：他专门画一只鹰，别的都不会。

李炳炎：会画一只鹰已经很厉害了。

曾俊茂：枫溪画柳马最漂亮的就是镜河。

李炳炎：吴镜河？

曾俊茂：嗯。也是克仁他们那里的人。

李炳炎：克仁是画人物的？

曾俊茂：克仁是画人物的，还有画花什么的。

陶真玉款蓝地开光柳马纹花钵

李炳炎：维松是画山水的，对吧？

曾俊茂：维松画牡丹花比较好，像牡丹彩绘这些，当时那些师傅都是一人画一个专项。

李炳炎：刚才说的这几个人是日本仔后的事？

曾俊茂：他们日本仔前、日本仔后都是画这个。他们都比我年长，如果还在世，都是一百岁左右的人，像甲泉如果还在今年也得一百岁左右。画花的人很多，说几个比较重要的、有名气的。

李炳炎：是。现在就是问到最后没人知道八爷的真名是什么？

曾俊茂：不知道是什么，一般你去问都不知道，他的字号就是这个，他的厝都是写梅里。枫溪有老梅里、新梅里，都是八爷的。新梅里解放后变成谷仓，老梅里就被农民分了。

李炳炎：那分了之后还是住这个大厝？还是拆掉了？

曾俊茂：大厝现在还在。

李炳炎：现在还在？老梅里现在还在？

曾俊茂：在水月庵旁边，水月庵旁边那座厝就是。

李炳炎：水月庵旁边那座就是？

曾俊茂：五房祠旁边就是水月庵，老梅里在水月庵的左边，聘双的厝也在那里。

李炳炎：聘双的厝还在吗？

曾俊茂：在。后来分给水月庵做食堂，拆掉重建了。

李炳炎：那聘双的厝就给了水月庵？

曾俊茂：嗯，聘双的厝就在水月庵前面。

李炳炎：八爷的四子，好像是四舍，在给他当家账（账房的记账人，下同）是不是？

曾俊茂：八爷的我不知道。

李炳炎：他的孩子在帮他管理，是不是？

曾俊茂：当时这些管理的人大多是他的家账仔。

李炳炎：没有孩子回来？

曾俊茂：没有，他的儿子都在番畔，没来过这里。

李炳炎：在哪些地方？

曾俊茂：大多在香港、安南、新加坡这些地方，都不在家里，就像和成的板添也没在这里，都是在外面。

李炳炎：那当时的船还是在姐娘宫前的码头吗？

曾俊茂：船在新溪边下水。

李炳炎：姐娘宫旁边，是吗？

曾俊茂：不是，姐娘宫前那条叫做双慈溪，出去就是石竹桥，然后是下塘西豪，能去揭阳、汕头。

李炳炎：不是在长美这里？

曾俊茂：不是，当时下缶（装船）都得在这里。

李炳炎：新溪边？

曾俊茂：是。新溪边，土名，这条溪当时叫新溪，是以前枫溪的富人挖来晒稻谷的，在泰合兴前面。

李炳炎：泰合兴？

曾俊茂：嗯，泰合兴。现在那里还有一条泰合兴路，泰合兴前就是新溪边。

李炳炎：就在现在的泰合兴路。现在也是这个路名吗？

曾俊茂：是的，现在还是这个路名。泰合兴路，从长美那边过来，巷口那里钉有一个牌子。

李炳炎：就是接近长美的地方？

曾俊茂：不是，是从长美那个方向过来，巷口有个牌子。

李炳炎：要过炮楼吗？

曾俊茂：炮楼走过去一点儿就是了。新溪边出去就是现在屠宰场那个地方，那里原来是一条溪，那条桥就在那里，往长美方向。

李炳炎：往长美方向，炮楼过一点点儿？

曾俊茂：是，炮楼过去有一条桥，旁边那里叫十八街。

李炳炎：那人们挑担去上船下船吗？那些缶啊？

曾俊茂：当时的缶都是一筐一筐的，一筐做好之后货栈就说现在要出几个枫溪条，拿到新溪边下船这样。

李炳炎：挑到那里下船，再去汕头？

曾俊茂：是，载去汕头再换大船。当时缶栈在那里装缶，到溪边要下船都有头人，就像现在搬运头一样。

李炳炎：这些去汕头，也有去上海的，到了汕头再转去上海？

曾俊茂：汕头再转到各个地方去。

李炳炎：那钱怎么办，货款要怎么收？例如外地的货款怎么收？

曾俊茂：当时的货款大多都是汇到各个字号的缶栈。

李炳炎：汇给缶栈？

曾俊茂：是，汇到缶栈，然后由缶栈付给做缶的。那时候来买缶，都要拿百分之三十的定金，货出了，再拿其他货款，由缶栈付货款。财主一般不知道钱从哪里来，都是由缶栈去拿的。

李炳炎：货付了就结清百分之七十的，那缶栈对外面的货商怎么结算？

曾俊茂：他这张单去多少货，就像货票一样，他那边就汇钱来给他。

李炳炎：货未收到，钱就汇给他？

曾俊茂：他的货收到钱就汇过来。当时这个货单都有编辑的，这个缶多少钱，例如这件缶是一千元，你拿了我一百件，就十万元，你就十万元拿来给我这样，由缶栈去结算，缶栈结算好才来跟商家结算。

李炳炎：缶栈货要上船，对方的钱就给他？还是之后再给？

曾俊茂：大体有，以前枫溪几个字号比较诚信的就和祥、和成、仁盛、吉成隆，这些字号大体就是货送完，钱就给了。

李炳炎：我是指和成、和祥的货卖给泰国后，泰国那边的钱怎么还给缶栈？

曾俊茂：他们在那边有设点，在泰国那里。

李炳炎：也是货去到泰国后，货款才会给他？

曾俊茂：是，货到了那边再付给这边。流水作业的嘛，一站一站这样结算。

李炳炎：那外商也是收到货后才付钱的是吧？

曾俊茂：那是一定的。货交完了，一般三天内钱就可以拿，就像仁盛，货未付完，需要用钱就先去跟他拿。

李炳炎：订单来也要放一些定金，是吧？

曾俊茂：都得放定金。要来订货，财主较诚信的都是先拿三成定金，货交完了再拿七成；或者是交货完几天后结算这样，缶栈去跟客户结算是交货就结算。

李炳炎：那万一摔坏了怎么办？

曾俊茂：那是缶栈的事。这个和商家无关，装船的头人跟你说交一百件，一件多少个，一件多少钱他就照算。

［访谈后记］

曾俊茂先生的父亲曾绍乾与陶成玉创办人吴仁窝是至交。曾俊茂先生抗日战争后到陶成玉打工，吴仁窝对他非常照顾，使他对陶成玉的生产流程和销售方式非常清楚，也因业务需要，他对当时枫溪一些瓷业作坊和经营者的情况有所了解。

陶成玉创办人吴仁窝初时到陶真玉瓷坊学艺，擅长手拉坯及捏塑观音像。抗日战争期间，他和曾绍乾一起在揭阳避难，以制陶为生。抗战胜利后，他回到枫溪，在浮洲园创立陶成玉瓷作坊，生产荷口盖杯、札壶、油壶。产品主要由和祥、仁盛和吉成隆三间货栈收购，再销往广州、香港等地及越南、泰国等东南亚国家。1954 年，陶成玉并入生产自救组十二组，最后并入日用瓷厂。

曾俊茂先生 13 岁跟随吴仁窝学习手拉坯，熟悉作坊与缶栈之间交易的过程。他详细介绍了外销缶的包装以及货款的收付，还列举了枫溪作坊和商号规模的排名，其亲身经历对了解 1949 年前后的枫溪窑业提供了重要资料依据。

曾俊茂先生为人率直，记性好。我在初次采访他时，提了许多问题，先生未能一一作答。之后我与先生闲聊，按其思路回忆，反而得到很多意外收获，诸如对近代枫溪营外销的货栈以及八爷的一些情况等，为我今后的采访积累了经验。对一些长者，只能以较大的话题及一些历史事件或趣味点引导他回忆，而后再按其内容进行分类，筛选出我们需要的资料。

吴两明谈瓷窑的烧造

受访者：吴两明（1932 年生），男，枫溪知名老窑工，20 世纪 50 年代后期被调入瓷四社，即瓷八厂，主要到溪底窑、卢厝窑、和成窑烧窑。

时间：2009 年 10 月

地点：枫溪长德路吴两明家

采访者：李炳炎

在场人：邱钦海、郑奕林

录音整理：杜爽

文稿编辑：李炳炎、陈俊华

邱钦海：很多窑炉都是他在主持的，他后来也是烧窑师傅中最出名的。八厂的窑炉后期改成隧道窑了，要不然他就是龙窑最原始的师傅。

吴两明：就像这几条窑是我负责的，哪一条窑烧得不好，我就去那里蹲点（守着）。

邱钦海：对，他年轻的时候在窑炉这方面非常有成就的。

吴两明：以前是烧氧化焰的，应该是到了五几年，具体的年份记不太清，才改烧高温。

邱钦海：可能是到六几年，烧还原焰。

吴两明：对，还原焰。把二厂里面的一条窑改造成跟高陂窑一样，然后召集各个厂的烧窑师傅去那里研究怎样烧高温，最终研究结果把里面的阶级全部去掉，而过去高陂的窑里面是有阶级的。

李炳炎：就是阶级窑？

吴两明：嗯，阶级窑。后来我们去掉阶梯之后基本就成功了。因为未去掉梯级之前窑里面阶梯底的火力不够；而去掉阶梯之后，窑底够火力，这样窑底的缶才能烧得比较均匀。

邱钦海：我们枫溪没有古窑址，这个有点不足。

吴两明：枫溪的古窑，有些是新建的，有些拆掉了。

邱钦海：新建的不能算，我们主要研究古老的陶瓷制作过程。去漳州看他们的仿古窑，很好。

李炳炎：那些是仿的，仿古窑。

吴两明：那个时候是阶级窑。

邱钦海：明叔您现在七十几岁啊？

吴两明：我七十八岁。

李炳炎：您的大名是什么？

吴两明：吴两明。

邱钦海：一般提起他，枫溪人都知道。

吴两明：当时去水口开会，在水口看了他们的阶级窑。

李炳炎：水口在梅州，是吧？

吴两明：是啊。

李炳炎：去看高陂窑？

吴两明：是，它是一间一间的，里边是空的，可以相通的，然后上面是龟壳一样的，叫做间隔窑。

2009 年 10 月 14 日采访吴两明先生（左）

李炳炎：明叔，我们今天主要讨论两件事，一件是您知道的解放前的窑，另一件是您亲身经历的解放后的窑。

吴两明：也就这几条窑而已。

李炳炎：解放前枫溪有几条窑？

吴两明：下枫溪的我不太清楚，上枫溪的基本有十六条窑。

邱钦海：十六条窑啊。您清楚知道它们的名字么？

吴两明：这十六条窑不包括美利和历美姐宫这两个，就是研究所要到埠美的那条巷子，当时那里两条窑叫做历美姐宫窑。

邱钦海：这个我不知道。

吴两明：你当然不知道，这个是很久以前建的，是日本仔前不知道哪个时间建的，建四厂的时候这两条窑已经存在了。

李炳炎：明叔，解放前这十六条窑的名字大概是什么？是上枫溪的还是下枫溪的？

吴两明：在上枫溪的。长德路的左手边就是下枫溪，那儿我不熟。上枫溪的窑和长德路右边的窑我比较熟。

李炳炎：这十六条窑是？

吴两明：就是宫后的大牡缸窑、口窑。

邱钦海：宫后就是大牡缸窑？

吴两明：是。

李炳炎：宫后只是一个位置，对吧？

吴两明：是。宫后有一条大牡缸窑和一条口窑。然后是老大窑，还有一条新窑，就是这四条窑。

李炳炎：这样就是四条窑了。

吴两明：还有一条向北窑。

李炳炎：向北窑应该不是宫后的吧？

吴两明：向北窑是在七厂那里的，三社的时候向北窑和另一条窑合并，叫做向北仔窑。还有一条叫做安头窑，窑头在文祠旁边，窑尾就在你（邱钦海）奶奶住的那个地方，这一条最先被拆掉。在维奇住的那个地方，向南那里，有一条溪底窑，溪底窑隔壁是一条卢厝窑，还有一条万泰窑。万泰窑过去还和一条和记窑的窑头并在一起。和记窑再过去一儿点就是四条窑尾，四条同坐向的。

邱钦海：在哪个地方？

吴两明：就在和记窑上去一点儿那里，四条窑其中就有和成窑、新窑、泰盛窑。

李炳炎：泰盛窑会不会是谢亦昭父亲的？

吴两明：这我就不知道了。

李炳炎：四条窑是和成窑、新窑、泰盛窑，还有？

吴两明：还有一条窑现在想不起来。基本上枫溪就这么多条窑。再过去是属于卢厝桥那边的。

李炳炎：那么四条窑是算一条窑还是四条窑？

吴两明：算四条窑，它们只是建在一起，同坐向而已。四条窑并排的，泰盛窑、和成窑、新窑和日祖窑。

李炳炎：这样就有十五条窑了。

吴两明：周围基本上就是这十五条窑。还有那边不知道祖先什么时候建的，建四厂时拆掉的那两条窑，叫做历美姐宫窑。历美姐宫窑就在研究所旁边。

李炳炎：刚才说的都是上枫溪的？

吴两明：嗯。刚才说的那两条窑的名字我不知道，是很久以前的，人们叫它们历美姐宫窑。

李炳炎：这两条是古窑。

吴两明：也是龙窑。在徐厝桥的美术二厂那里也有两条窑，这个是美术二厂自己建的。

李炳炎：是什么窑？

吴两明：不知道叫什么名字，你就写美术二厂龙窑两条。

邱钦海：明叔，美术一厂不是也有吗？

吴两明：美术一厂是灶脚的。

李炳炎：那美术二厂这两条窑是当时解放后厂里建的？

吴两明：建美术二厂的时候就建了这两条窑。美术一厂的那条窑在灶脚，那里有个墩，人们叫做灶脚墩，那里就有两条窑。

李炳炎：灶脚就有两条窑。

吴两明：美术一厂的窑就是灶脚这两条窑，那个地方叫灶脚墩。上枫溪的窑基本就是这个情况。当时靠近四条窑尾的那个地方是陆荣利，桂堂和桂旭的，在后来的瓷一厂那里。当时陆荣利他们也是自己做窑，到了建瓷一厂的时候就没有了。

邱钦海：那当时瓷一厂的地是陆荣利的？

吴两明：不是。

邱钦海：我说的是还没解放的时候。

吴两明：陆荣利只是其中的一小块地。
李炳炎：陆荣利有几条窑？
吴两明：一条窑。
李炳炎：就是在美术一厂里面？
吴两明：瓷一厂。
李炳炎：锦合不是也在这个地方？
吴两明：锦合自己没有窑，他是在这些窑寄烧的。
邱钦海：哦，他没有窑。他也是很出名的。
李炳炎：那如合有几条窑？
吴两明：如合是属于下枫溪的。下枫溪的窑名我早上有去问惜宽，他一向是烧下枫溪的窑。
李炳炎：这样非常好，您也是很支持这个事。
吴两明：早上出去散步就去问惜宽，然后他给了这些窑名。
李炳炎：这些是属于下枫溪的？
吴两明：是。
李炳炎：哦，（根据吴两明先生提供的资料显示）如合有两条窑。
吴两明：瓷九厂就有三条窑。
李炳炎：那如合这两条窑是属于哪里的？
吴两明：属于下枫溪的。
李炳炎：这一整张写的窑都是下枫溪的吗？
吴两明：对，都是下枫溪的，有一二十条窑。
邱钦海：那么上、下枫溪加起来得有三四十条窑。
李炳炎：四十九条窑。
吴两明：这些新建的，枫一瓷厂，就有两条窑。
李炳炎：瓷九厂也是新建的。
吴两明：这些都是旧的。
李炳炎：那如合的两条窑是旧的，枫一窑也是旧的吧？
邱钦海：枫一窑是新的。
吴两明：枫一窑是新的，是建枫一瓷厂时建的。
李炳炎：三合窑就是旧的？
吴两明：三合窑是旧的。
李炳炎：新中窑？
吴两明：这些是旧的，上枫溪还有枫二新建的两条窑。
李炳炎：枫二也是算上枫溪？
吴两明：是。
邱钦海：估计应该是（二十世纪）七十年代建的。
吴两明：可能有一条是包含在教养院里面的。
李炳炎：我舅舅当时也在教养院。

吴两明：教养院当时不知道是不是包含在枫二里面，后来他们多建了一条窑。

李炳炎：这样算下枫溪就是十一条窑，上枫溪十五条窑。

吴两明：下枫溪才十一条窑？

李炳炎：加上新的就不止。

邱钦海：这些新的加起来就不止了。

李炳炎：上枫溪的我念一遍给您听：大牡缸窑、口窑、老大窑、新窑、向北窑、向北仔窑、安头窑、溪底窑、卢厝窑、万泰窑、和记窑，然后四条窑就是和成窑、新窑、泰盛窑、日祖窑，还有历美姐宫窑两条，旧的窑就这些，另外还有瓷一厂里面的陆荣利。

吴两明：美术一厂里面这两条窑也是旧的。

李炳炎：那瓷一厂里面的两条窑就是新的。

吴两明：美术二厂的也是新的。

李炳炎：当时这些窑的结构您能在纸上画个大概给我看吗？

（吴两明画窑炉结构，三人就草图讨论窑炉结构）

李炳炎：明叔，那窑里面的匣钵可以放多少目？

吴两明：得根据窑的长度决定。

李炳炎：那就以您比较熟的一条窑来举例。

吴两明：溪底窑是二十二目。

邱钦海：一般都是二十二目吧。

吴两明：卢厝窑是二十一目。

邱钦海：那就是说，大概是二十一或二十二目。

吴两明：要看建筑过程中建多长。

李炳炎：一目多长？

吴两明：一目大概是长 1.1 米。后来改建烧高温的基本上也是长 1.1 米。当时在筑窑时地面的长度基本是 30 多米，到了尾部面积就缩小。

李炳炎：那这样二十二目的窑，包括窑头和烟囱要多少米？

吴两明：30 米左右。

邱钦海：包括窑头坑，送柴草的火口。

吴两明：太长也有坏处，太长会导致火力不够。太短也不行，当时安头窑最短，只有十八目。

李炳炎：那最长的是哪条窑？

吴两明：最长应该算是溪底窑，溪底窑算很长的，大概二十二目。

李炳炎：正常的就是十八目到二十二目。

吴两明：十八目的太短了，受到地形的限制，无法建长。

李炳炎：那二十二目的窑里面的匣钵有多少柱？

吴两明：窑头小，建的柱也小，到了上面，就建大柱。这些是建窑时操作的人去测量的。

吴两明：主要是看大小，一般是四指槽。

李炳炎：就是指四目四条柱？

邱钦海：四指槽有多少柱？

吴两明：最宽的地方，规格槽（直径）30 公分的，最宽的地方有五柱。

邱钦海：一排五柱，三排，写四指槽还是比较通用。

吴两明：有（直径）30 公分。

邱钦海：四指槽是指（直径）30 公分左右的。

李炳炎：（直径）30 公分就是指匣钵（直径）30 公分。

邱钦海：四指槽是通用的俗语。

李炳炎：一般是里面放置五条柱。

邱钦海：一目是三排，也就是三排五柱。

吴两明：也有不一样的，像后陇烧大水缸的，一目放一柱就完了。

李炳炎：像这条二十二目的窑大概需要多少燃料？

吴两明：这个现在没法算。

李炳炎：当时的燃料是萩草，是吧？

吴两明：是。

李炳炎：那得烧多少个钟头？二十二目的烧熟需要多少时间？

吴两明：烧氧化焰的时候要二十个钟头（小时，下同）左右。

邱钦海：烧还原焰比较快，是吧？

吴两明：烧还原焰反而慢，烧氧化焰差不多要二十二个钟头。

李炳炎：二十二个钟头是烧氧化焰还是还原焰？

吴两明：氧化焰。

李炳炎：烧还原焰呢？

吴两明：需要三十个钟头左右。

李炳炎：我听别人说大概要十吨草料。

吴两明：那差不多是两万多斤（燃料）。

邱钦海：那柴呢？

吴两明：烧氧化要用到柴，烧高温的就要用到好多柴。

邱钦海：应该不用两万多吨燃料。

吴两明：应该还是要的，光是烧窑头这块就要用掉好多。

李炳炎：光是把窑烘干就要用掉很多燃料。

吴两明：不是，书面语应该是排除水分，不是烘干，因为窑一直在烧的。

李炳炎：现在说的是烧窑的程序。

吴两明：一开始点火是为了排除水分，因为槽也就是匣钵里面有水分，缶无论晒得多干，都含有水分，缶晒得再干，里面的水分至少还有 2%。这样做就是慢慢地排除水分，水分排干后再逐步地升温，也就是火烧得越来越旺。

李炳炎：哦，水分排干后，第二步就是升温。

吴两明：烧还原焰是分阶段进行的，烧氧化焰就不用。烧氧化焰是从一开始点火排出水分就一直烧，直到整条窑的缶都熟了，温度是 1 000 多度。

邱钦海：那用什么来判断温度？

吴两明：目测就知道了。

邱钦海：目测就能知道温度大概是多少？

李炳炎：烧氧化的窑，熟的时候目测那些沙是不是白色的？

吴两明：不是白色的，稍带点红色，烧还原焰的就显白色。

李炳炎：烧氧化焰窑底的沙偏红色？

吴两明：窑底的沙是偏火红色的。隧道窑和圆窑能测温，有仪器就可以测。龙窑没法测温，只要投料停一下，温度就变化了。隧道窑和圆窑因为有仪器可以测量，好像是叫光学高温计。

李炳炎：烧还原焰的是有阶段性的，它的温度是1 300度到1 350度，是吗？

吴两明：是1 360度。

李炳炎：1 360度，目测窑底的火和沙变白色？

吴两明：会偏白色，这是靠眼睛观察，靠经验。

邱钦海：那这个没法预测么？比如说这一目烧一个钟，下一目是否也要一个钟？

吴两明：下一目也是差不多一个钟，但还是需要去看一下。

邱钦海：投燃料的人要不断投入燃料，不能停。

吴两明：要观察的时候就暂停一下，这样才看得到里面的变化。例如这一目是一个钟烧熟了，那么下一目就差不多隔五十五分钟要去观察一下。因为有时会比较快熟，有时会比较慢熟。

李炳炎：烧一目需要五十五分钟？

吴两明：不然烧高温怎么要三十个钟头左右。窑头点火就需要七八个钟头。

邱钦海：塞窑坑有什么秘诀么？

吴两明：塞窑坑是靠经验来判断的，看它火势的变化。窑坑塞得比较紧，进去的风力就比较少，要松还是要紧就得凭经验判断。如果塞得松，投料的四个人就投得比较快，不然窑里面会从还原焰变成氧化焰。

李炳炎：烧窑头需要多长时间？

吴两明：烧氧化焰的时候窑头要烧十个钟头左右，烧高温还原焰的八九个钟头，要靠操作的过程去把握。

李炳炎：烧完了就等它冷却？

吴两明：烧完之后用砖封住窑口。

邱钦海：用砖封住是为了不透风。

吴两明：每一目都要封住，不能透风。

李炳炎：烧好一目就封一目咯。

邱钦海：烧成之后下面的窑坑要全部塞住，还是放松？

吴两明：一般没有塞住。如果窑尾烧氧化焰是为了烧那些大煎盘和大饭盆，那么需要塞住，不然会因风力太大而出现裂缝，也就是惊风（烧缶专业术语），烧其他缶就不需要，小煎盘也不需要，只有烧大件的缶才需要。

李炳炎：窑坑是窑头那三个孔。

吴两明：就是进风孔。

邱钦海：现在都是烧煤气的，没有这些。

吴两明：自从改烧煤气的，我就没烧过窑。

李炳炎：惊风是缶会裂掉？

吴两明：是。那些敲起来声音不清脆的，就是惊风裂掉的，是进风孔进风太快而造成的。

邱钦海：快速通风不行。

吴两明：这是过去烧大煎盘才有的，现在都没有了，烧高温的都没有这些。你要了解烧高温的阶段性吗？

李炳炎：要。

吴两明：点火后是排除水分，排除水分后是氧化烧，大概是烧到 950 度再转到烧还原，温度大概是 1 350 度至 1 360 度。

李炳炎：明叔，拜窑神是怎么个拜法？

吴两明：拜窑神像现在拜老爷一样。

吴两明妻：拜窑神就是拜土地爷，窑神就是土地爷。

李炳炎：点火的时候就祭拜，是吧？

吴两明：是，点火的时候就要祭拜。有能力的就买好一点儿的祭品，没能力的就买普通的祭品。

李炳炎：那一般是买什么祭品？

吴两明：这个也是有阶段性的。解放前有能力的就买肉和鱼之类的，再买一些菜，晚上宴请烧火的师傅和工人。解放后建厂建社的时候就没有这些。

李炳炎：那需要茶或酒之类的么？

吴两明妻：前面摆五杯茶。

李炳炎：不用酒吗？

吴两明妻：酒也可以。

李炳炎：酒是三杯，茶是五杯，还有肉和鱼。

吴两明妻：特殊的祭拜就是五杯，一般平时祭拜都是三杯。

李炳炎：酒还是茶？

吴两明妻：酒和茶都有，一般的祭拜，两样都是三杯。

李炳炎：哦，都是要一样的。

吴两明：建窑的时候祭拜是五杯。烧窑的时候就是三杯茶和酒。

李炳炎：那么出窑的时候还需要酬神么？

吴两明：不用。后来破除迷信，没有再拜了。

［访谈后记］

吴两明先生是当代枫溪知名老窑工，20 世纪 50 年代后期，他被调入瓷四社，即瓷八厂，主要是在溪底窑、卢厝窑、和成窑烧窑，一直从事龙窑烧造工作。

枫溪三山国王宫是近代枫溪窑业的一大中心，方圆近两公里内的区域集生产、供销、运输于一体。三山国王宫、灶脚（今美术一厂）一带俗称上枫溪，石桥头一带俗称下枫溪，以现在的长德路划界。

吴两明先生主要在上枫溪从事烧窑工作，为配合调查需要，老先生特别向在下枫溪从事陶瓷工作的友人收集下枫溪的作坊及窑炉资料。对于老先生的热情帮助，我深表感谢！老先生从窑炉规模、结构及装缶、温度控制、烧造流程，到祭拜窑神，都向我一一讲述，这种敬业爱业的精神，值得我们敬佩和学习。

吴两明先生为了配合我们的采访，向亲友多方询问核实有关近代枫溪窑炉的分布情况及大概数量，先后共整理出近现代枫溪三四十条有具体名称及地点的龙窑。作为一个当事人，他抱着对历史负责的求真态度，让我们非常感动。这些窑场的地点，今天面目全非，在这几十年的城镇建设中，它们已湮没在住宅小区、道路、新厂房之中。先生提供的历史资料非常重要，为了对这些历史地点进行记录，先生不辞辛劳，一次次陪同我们进行 GPS 的定位工作，使我们获得一份珍贵的历史资料。目前对近现代枫溪陶瓷业的资料收集研究，正是需要这一批热心的亲历者的支持，才能逐步还原历史真相。

陈海波谈陶窑的烧造

受访者：陈海波（1938年生），男，15岁时到长美亲戚邱阿横经营的正记陶作坊打工，作坊的陶土取自长美附近的田土，生产缸、瓮等较为出名，他在坊间学拉车揉泥。经过长期实践之后，成为知名制缸师傅，擅长泥条盘筑制作大缸及瓮。

时间：2014年8月19日

地点：潮州市颐陶轩潮州窑博物馆

采访者：李炳炎

录音整理：吴冬莉

文稿编辑：李炳炎、陈秀娜

（陈海波指导李炳炎手绘龙窑结构，两人就龙窑结构展开采访）

李炳炎：旺舱在哪个位置？

陈海波：在这窑头往下算，第四、五目就需要旺舱。肯定要旺舱的，龙窑都要这样。

李炳炎：叫旺舱是不是因为火太旺了？

陈海波：因为烟囱不能把火拔去，在这块烟囱就能拔火。龙窑的烟囱很大，它又在烟囱旁边，一烧火就往上蹿，烟囱拔不出火，所以叫旺舱。

李炳炎：堵住了？

陈海波：别人不知道旺舱是什么意思，烟囱是用来抽火的，来到这个地方烟囱无力抽火，就得旺舱，每一条（龙窑）是这样的。

李炳炎：火势内旺就是了？

陈海波：是啊，就旺起来了。烧了之后，（火）一些在里面，一些在上面。在这块烧，火就顺着烟囱一直去，火在里面被拔了出去。到了这块就没有了，它在里面先烧起来。我们要烧到上面的熟了。烧的时候要看足有没有熟，足要是不熟，就要赶紧加柴。

李炳炎：刚刚说旺舱要怎么办？那块木板要放在哪里？

陈海波：旺舱就是用块木板来隔开啊，隔在窑中间。

李炳炎：那木板不会被烧掉？

陈海波：不会，怎么会呢，旺一下子而已，要不怎么要戴顶大斗笠。

李炳炎：可以用来盖住它？

陈海波：是，我经常都要戴这个，怕头被烧到。“呼”一声就烧到这边，“呼”一声就烧到那边。戴顶大斗笠，以前的那种大斗笠。

李炳炎：保护头顶，那不是保护不了身体？

2014 年 8 月 19 日采访陈海波先生（右）

陈海波：为了不让火烧到头，因为头低着往下看的。这个就是旺舱，有时要弄块门板去挡，具体要根据北风的情况，或者是风太大了，才要去挡，挡这个门板是为了保护人的。

李炳炎：这个不是为了挡前面的缶，而是为了保护人？

陈海波：是，保护人的。

李炳炎：就等于是这些火无法从后面的烟囱升起，反而从这些目蹿出来？

陈海波：没错。

李炳炎：我到现在才听懂，原来是这个意思。

陈海波：我刚才跟你说了，是（因为）烟囱无力抽火。

李炳炎：就是说，我们投燃料进去，它的火会从这些门蹿出来。

陈海波：一般都是从你投燃料的这个门蹿出来。就在投料的这个孔出来，因为有火，温度高，反而不会蹿到那边，蹿到那边反而没关系。

李炳炎：就是原孔进料，原孔出火。

陈海波：对，就因为这样才需要戴顶斗笠。北风打的时候，就要弄块门板在上面，免得烧到旺舱就是因为原孔进料原孔蹿火才可怕。

李炳炎：这个是用来挡火的。

陈海波：嗯。里面是没问题的，是为了保护这个人。

李炳炎：就是后面四目有可能出现的情况。

陈海波：肯定是要旺舱的，不旺舱是不行的。这个原理是非常简单的。

李炳炎：是。就是北风起时可能性会大一些。

陈海波：嗯，风大。

李炳炎：我们这里是不是说七、八、九这三个月烧起来比较好？

陈海波：是啊。八月起就叫上冬。以前老舅说现在是无术，八月起就有术了。八月起柴草干燥，缶也干，烧好缶就是在这个时间。这几个月烧缶最赚钱，以前有这种说法。以前烧龙窑的，三、四、五月，水分多，柴草也用得多，可能要多用一两千斤，有时可能还不止。七、八月没什么水分，缶干，萩草也干燥。缶干没水分，萩草干燥就容易烧。烧出来是好缶这是肯定的。

李炳炎：这样就是上冬三个月是吧？

陈海波：土话就是说上冬。烧缶赚钱就是在八月起。

李炳炎：所以这些不能光看景德镇的书，景德镇是在七、八、九月。

陈海波：他们跟我们是不一样的。

李炳炎：他们比较先（入冬），我们要比他们慢一个月，他们那边十月就开始下雪了。所以这些要活学活用。

陈海波：我们这边（跟他们）不一样。

李炳炎：是。那烧窑的师傅有没有被烟熏到或者是被火闷到？陶的有这种说法吗？还是瓷的才有？

陈海波：瓷的就有，陶的比较少，但也烧出来半黑半黑的。

李炳炎：就是被烟熏到？

陈海波：这也有，但不是大问题，关键在于师傅的技术。

李炳炎：这个装缶是一样的？还是不一样？

陈海波：瓷的是要一排一排的；陶的是“狗脚踏”（两行相插摆放），这是不一样的。

李炳炎：这条窑实际到里面也是会大一点儿的，是吗？尾部比较大，是吧？

陈海波：这是肯定的。前面只能站一个人而已，到窑尾可以站三四个人，这个也是不等的（不是绝对的）。不是每一个都是固定的，要看具体的。

李炳炎：这里也有一个门。

陈海波：我们这里较多的是两个门的，三个门的比较少。

李炳炎：只在这边？那边没有？

陈海波：没有。

李炳炎：我看德化的窑门都是两边的，开对面的，打开里面很光亮，它们那些都还在。

陈海波：我们潮安这边的比较少。

李炳炎：我前几天去凤塘看，它们一边是完全没有的，一边是完全堵死的。

陈海波：我们这里的通通都是这样。我们潮安这边的都是靠到一边，这样比较方便，开两个门那种是比较古老的。

李炳炎：也是一柱一柱的，那开头这里也没几柱咯？这些一般都是二十六目到三十多目吧？

陈海波：瓷窑比较多，因为它的目比较短，也差不多是这个长度。

李炳炎：陶窑的目比较长？十八目不就是十八米吗？

陈海波：不是啊，一目是一米多。

李炳炎：凤塘的他们说是一目一米。

陈海波：这样而已。
李炳炎：那不是没有分陶窑大还是瓷窑大？
陈海波：瓷窑会比较窄，目的大小是由人定，这不是一定的。例如，十八目的窑在烧陶中就叫做窑仔。十八目很短，还是要二十三目或者二十四目，多了几目，缶才能烧比较大的。越长就越宽。
李炳炎：解放前长美最长的窑是几目？有没有三十多目？
陈海波：没，也就是二十多目。
李炳炎：最多的多少目？
陈海波：最大的也就是二十二目或是二十三目。二十四目的是后来加上窑尾去改的，然后才有二十六目和二十七目。
李炳炎：缶的前面还是要堵窑头？瓷的是这样的，还有匣钵。拿那些匣钵来堵窑头，这样烧熟就比较好。
李炳炎：这个就要排得很准，一排一排的？
陈海波：瓷的我比较外行。以前没有去过枫溪，看龙窑烧卫生瓷，排列整齐也好，“狗脚踏”也好，都要留火路。因为从里到外是一样的，不留火路没法烧。
李炳炎：火路就是在两排的中间吗？两柱的中间吗？
陈海波：在两排的中间，只是在窑门口而已，里面是可以乱放的，也可以堵死，但是火下去的地方一定要留火口。陶的就不用，陶的都是一排排直的。
李炳炎：哦，陶的就不用留火口。
陈海波：以前的人非常厉害，烧缶下面要拿一些槽来垫着，那些槽（用铁棍）一抹，整个槽就过去了。
李炳炎：瓷窑要留火口，依然也是中段的烧得最好？
陈海波：什么缶都是这样的。中段很稳定，是不会全没用的。只有好的，没有不好的。到了这块火太猛，会烧坏；到了那块又怕会烧不熟。火要放慢了，有时就怕烧不熟。这是原来龙窑的，现在都没有龙窑了。老烧缶的（烧缶老窑工）就知道，一条窑两个门是固定的。“窑门上”“窑门下”“尾门上”“尾门下”，就是这样。这个就是“上门”，这个是“窑尾门”，这个是“窑头门”。人家说的“窑头门上，窑尾门下”就是这个，第一个是“窑头门”，最后一个就叫“窑尾门”。这些是以前烧窑的人叫的，我们以前也是这样叫的。“窑头门”和“窑尾门”这两个门是固定的。
李炳炎：“窑尾门上”就是在中间？
陈海波：这个门的这一边就是上。“窑尾门下”就在中段，中段比较阔。
李炳炎：这块是窑尾门下？
陈海波：这块是“窑头门下”，中间那个是“窑头门上”，虽然是中段。我们烧缶，财主的就考虑从下或上装缶进去。私底下他说这个帮我放“窑头门上”，我们就帮他放上面。
李炳炎：那不会收财主多点钱吗？
陈海波：会啊。
李炳炎：这肯定是钱收多的才可以放中间。

陈海波：这块是收最多钱的。我们要烧的时候，私底下他们托给我们的。

李炳炎：寄烧？

陈海波：就是这样的，像我也经常是这样。就是一条窑又长又大是有分的，多少目也是一定的。

李炳炎：要出烟囱这个地方有三个孔或两个孔，是吗？

陈海波：有的三个，有的五个。这里一排孔到上面，有好多个呢。

李炳炎：这个就是控制氧化或者还原（焰）的？

陈海波：氧化或者还原（焰）也不是这样控制的。瓷的氧化还原（焰）控制在这个地方。是“窑头仔”（龙窑炉上凹下去的部分，下同）控制的，“窑头仔”下面就有一个大窗口，两边还有两个。

李炳炎：这样就是三个口？

陈海波：一个是大的火口，是投料的；控制是在旁边那两个。有时烧得太快了，就得把大窗（投料口）堵一下，找些砖去盖，也不是完全盖住，盖一两块而已。

李炳炎：大窗是用来进柴的，是吧？

陈海波：是啊，进柴的。

李炳炎：投料口。

陈海波：烧火的师傅要是烧到窑头门口，他就知道，要不然怎么说这一段的烧出来的缶好。窑头门一到，他就知道火是不是稳定的，就会赶快去堵或者去放（通风）。这两个门给他堵好了，然后上仓的两个师傅来了，他们就去放，火要多猛是他们去放的。烧到这块，他自己懒得走了，我们这些学徒都是跟在旁边的，他就让我们去帮忙堵一下。下面的这三个门就是用来控制整条窑火的快慢。

李炳炎：叫做“泥鳅孔”？

陈海波：是，两边这两个小的门，很高的，土名就叫做“泥鳅孔”。

李炳炎：这两个孔就不是烧火的。

陈海波：不是，这两个门没有烧火，只有中间那个烧火而已。烧了之后要堵住，然后上仓，快慢由下面这三个门控制，瓷窑还原（焰）也是由这三个门控制。

李炳炎：还原（焰）是怎样控制的？

陈海波：还原（焰）就是控制它慢一点儿，要不然怎么叫还原窑。烧到 1 300 度熟了就够了。火放慢后再烧，这个就叫还原。

李炳炎：哦，这样而已。那不是说还原是把里面的空气都拔（排）出去。

陈海波：是啊，就是口放开，停止投料。要放几个就看师傅，他看里面的火路是怎样的。

李炳炎：在慢火的时候开始放？

陈海波：嗯，放慢的过程叫做还原，让一些风进去。烧瓷的三个孔全开，烧陶的就开一个。

李炳炎：烧到二十三目左右开？

陈海波：烧完了就停火。

李炳炎：天气不好时，不烧还原（焰），也要开还原（焰）这个孔？

陈海波：是。

李炳炎：烧陶也要打开大孔，是吗？

陈海波：烧陶也是这样，大孔总是开着的。

李炳炎：烧瓷的上仓后三个孔要封住，烧陶也要封住吗？

陈海波：要的，都要封住，火势不动了就要打开，要看天气的。

李炳炎：它就是这个作用。

陈海波：不是说一定要开的。

李炳炎：要看天气。

陈海波：要看天气的。假如下雨了，火势一直不走，就得打开通风。如果天气干燥，风大，就要封住。

陈海波：这条窑是这样斜的，是固定的。

李炳炎：哦，这个地方人还不能站直了。

陈海波：嗯，这里人还不能站直了，得弯着腰。差不多有三目，人是不能站直的，（装缶时）人要蹲在那里，然后慢慢倒退着叠起来的。

李炳炎：就是叠到窑头骷这里？

陈海波：是的，窑头骷（龙窑的窑炉）没有装缶，它是在烧火的。窑头骷很高的，慢慢这样做起来，放在窑头骷这里是不行的。

李炳炎：在这个地方？

陈海波：是。这是窑头骷，在窑头骷旁边的地方是很低的。

李炳炎：人装完后要怎么出来啊？

陈海波：就是我蹲在这里，然后有人拿缶给我，我边叠边退出来，最后退到门口，就出来了。窑头骷要人先进，东西再进。人就蹲在这里，有人拿缶进来，就边叠边退出来。

李炳炎：那就是渐叠渐高？

陈海波：是，渐叠渐高。来到这块，就可以一个往下叠，一个往上叠，这块是只可以上不可以下。

李炳炎：这块可以两边，两边有门，后面也是这样的。

陈海波：龙窑烟囱里面也是可以装的，后面可以装冇涵（陶管，下同）。

李炳炎：是这个地方吗？

陈海波：是这个地方，烟囱这个地方就放些冇涵。冇涵放到这里就用几块瓦板遮起来，烟囱下面还可以利用。

李炳炎：冇涵就是更粗的缶？低温的？

陈海波：是低温的冇涵，以前做这些冇涵是卖给别人做烟囱的，这些没烧熟的。冇涵，就是不浪费燃料。

李炳炎：这些就是低温的。

陈海波：嗯，这些就是低温的，窑到后面是有很多孔的。孔里面的是好缶，孔外面就给这些冇涵。

李炳炎：那装了两目后，第三目开始温度有多高呢？

陈海波：温度都是差不多。

李炳炎：第一目到这个门这一段主要是装什么东西？

陈海波：在三四目之后，要烧什么就装什么，这个没关系了。好比我要烧马桶，在这儿目之后，我就装马桶了，有匣钵的，就可以装马桶，然后烧瓮的，就是渐烧渐少。

李炳炎：这个地方也可以装瓮？

陈海波：可以，三四目后就可以装瓮。烧乌缸（大陶缸）的就要到这个地方。

李炳炎：就是最好的地方？

陈海波：嗯，从这里可以装到窑尾。

李炳炎：缸比瓮还难烧吗？

陈海波：是的。缸的火不能太猛，怕裂了，瓮是窄口的。

李炳炎：哦，因为它是阔嘴（广口）的。

陈海波：嗯，是阔嘴的。缸也不是单纯一个缸，一个缸里面可以放个“半罗”（半叠），有时还可以再放个茶缸（茶叶罐），或者是一个米斗（米缸），或者是一个瓮。在匣钵里面火比较慢，大一点儿的缶火就要慢一点儿。

李炳炎：米斗有做陶的？

陈海波：有啊，米斗一个这么长的。

李炳炎：是饭钵还是用来装米的？

陈海波：以前我们用那个来装米，现在都没有了。以前就叫米斗，也叫米瓮，最小的缸就是了。

李炳炎：哦，最小的缸。

陈海波：缸有两三种。大缸，然后是半罗、茶缸、米斗，缸就有这四种型号。

李炳炎：具体是什么样的，你画给我看看。

陈海波：就跟缸长得一样，比大牡缸小一点儿而已。

李炳炎：大的足会大一点儿是吗？还是说差不多？

陈海波：差不多。

李炳炎：小的叫什么？

陈海波：小的叫米斗，大的叫大缸，次大的叫半罗，然后是茶缸。

李炳炎：三号就是茶缸？

陈海波：是，最后就是米斗。

李炳炎：那些阔嘴缸就装在最值钱的地方？

陈海波：嗯，最值钱就是从这里到窑尾。后面也装一些比较值钱的，因为它比较稳定。

陈海波制作的褐釉陶饭钵

李炳炎：烟囱后面也是价钱高的？

陈海波：是啊。烟囱后面放的就是大缸。大缸主要是在窑尾门这里烧，这里就是烧值钱的。下面不值钱，这两三目就烧那些涵之类的，这些地方就容易烧裂的。

李炳炎：大牡缸值钱。

陈海波：以前自己烧的那些是尽量利用，有些是乱塞进去的，一直到装满整个窑为止。

李炳炎：这样装几层？

陈海波：瓮吗？

李炳炎：嗯。三个吗？

陈海波：瓮开始是两个，然后是三个，到这里可以装四个。

李炳炎：这些都是裸烧的？

陈海波：全部是裸烧的。

李炳炎：弄些土把它垫起来，是吗？

陈海波：嗯，弄一点儿土粘上去，然后把另一个放上去。

李炳炎：正常情况下这里就是放两个？然后里可以放四个？

陈海波：是，窑尾门上可以放四个，四个四柱。

李炳炎：四个高，然后放四柱？

陈海波：嗯，窑是要装“狗脚踏”，不能放齐的，放齐的太浪费。

李炳炎：要留火道吗？

陈海波：不用，塞满了。

李炳炎：后面放四柱，前面才放两柱吗？

陈海波：嗯。前面就两柱，然后是三柱，越放越多。要不怎么叫“狗脚踏”。就像这里，放四柱有余，放五柱又不够，就要放“狗脚踏”。

李炳炎：“狗脚踏”是什么意思？

陈海波：就像这样（陈海波手绘“狗脚踏”装缶的形式），这里一个，那里一个，然后这边再多放一个。

李炳炎：哦，就像三角形的三个点。两行相间的。

陈海波：这样就可以放密集一点儿，这就叫“狗脚踏”。窑都是这样的，现在烧瓷大个儿的没有这样了，烧瓮的窑才是这样。烧瓷的，要装匣钵的就不可以这样，要留火路。有了火路，师傅就可以用一支铁棍来撬这些匣钵，柴和萩草才可以投进去。

李炳炎：就是说他是从上面这个地方投柴进去的？

陈海波：嗯，因为我们是从这里投柴进去的，如果那一柱刚好在那里堵住了，就可以用这个铁棍把它撬开，很厉害的，一撬整柱就移动了，然后这个孔才可以继续投燃料。这个（陶窑）不用留火路，如果葬缶需要留火路，那他就不算是师傅。

李炳炎：这个温度是怎样的？

陈海波：刚开始是烧草的，小火在窑头骷烧，烧到 800 度左右，在前面儿目可以看得到那些脱囲（褪掉黑色的灰）。刚开始烧是沾满了黑色的灰，脱囲后就变成红色的，变红就是熟了。

李炳炎：是看窑沙还是看缶坯？

陈海波：看缶坯，不是看沙。这里有一些孔可以看，看到脱囲，窑头仔熟了，就交给师傅上仓。这里就停了，然后到这里烧。

李炳炎：脱囵就是可以上仓？

陈海波：嗯，脱囵后就可以上仓，脱囵有800度，变红了，就叫师傅来，他就上仓。

李炳炎：上仓是怎样的？

陈海波：上仓就是两个师傅，一人一边，一人负责一个孔，慢慢烧，这个也是不定的，有时烧累了，相差一两百度，他们就说好了。

李炳炎：这些是师仔（学徒）做的？

陈海波：也有一个师傅专门负责，他叫师仔去跟窑。我当时也是一直做跟窑，经常都是他叫我帮他烧，然后他就不知道跑哪去了，得一直烧，烧到他回来。

李炳炎：用叉子一直送草料？

陈海波：不是，是用手的，才一个小孔而已。

李炳炎：上仓这部分是多少度的？

陈海波：上仓都是800度。

李炳炎：刚才不是说脱囵也是800度。

陈海波：脱囵就是烧到800度，脱囵后缶红了，然后上仓。

李炳炎：脱囵缶已经变红了？

陈海波：是。脱囵就是有800度了，可以上仓。

李炳炎：变红色基本上就是熟了？

陈海波：是。窑头有时太熟，有时又不熟。上仓是放大缶，师傅要出功夫了，要注意看，要是烧得不好，财主要抱怨。前面这几目烧得不好，财主不敢抱怨。大概是三四目后就开始放正经缶（好缶）。窑头骷就烧一些杂缶，三目后烧正经缶，前三目做火口。后面的就烧那些好的、值钱的缶，例如瓮，瓮上面再放一个钵，就是要烧好的。

李炳炎：前三目是放那些不值钱的？

陈海波：是。三目之后烧坏是要责怪烧火师傅的。从这里起就全都烧好缶。自己要烧最好的缶就在这一段，这一段叫做龙火足熟（温度足够缶坯熟透）。中节的缶是最漂亮的，叫做中节，土话说“龙窑烧缶在中节”，就是指这个。

李炳炎：这段烧缶为什么最值钱？是因为地方大还是？

陈海波：地方比较大，火到这里也比较足，从这窑尾门到这里火比较足，最后一目是不用烧的。

李炳炎：为了让气流往上走？

陈海波：是，最后这个地方有时比较容易不熟，因为停火了。窑尾门上的两三目就要旺舱，边烧火边往上冒，当时要用门板放在中间，不要让火冒出来烧到其他。旺舱是很辛苦的。

李炳炎：这样说解放前就有还原（焰）？烧缶的有，烧陶的就没有，应该这样说。

陈海波：是，瓷的有还原（焰），陶的就没有，只需要一直烧。

李炳炎：陶窑的坡度比较低？

陈海波：比还原（焰）窑低一点。

李炳炎：它的温度也烧得低一点儿？

陈海波：温度是无关的，温度是由人控制的。

李炳炎：它这样坡度比较低，拔火不是比较差？

陈海波：是啊。拔火主要看烟囱的高低。烟囱矮，拔火就慢；烟囱高，拔火就快。乌缸窑的烟囱比较矮，是专门烧乌缸的。龙窑以前有专门烧乌缸的，它就比较矮。它的火要阴一点儿，不猛。那些烧瓮的就要高一点儿。

李炳炎：瓮就可以温度高一些？

陈海波：是，要1 200度才会熟。

李炳炎：缸要高温，是吗？

陈海波：不烧还原（焰）缸也要1 200到1 300度才会熟，烧还原（焰）也是1 200到1 300度。烧还原（焰）中间要停一下，挤掉一些氧气，烧出来的缶就会白一点儿，声口就好（敲起来的声音清脆）。就像旺舱一样，是烟囱的问题，烟囱抽力不够，就要旺舱。只要是龙窑，到最后三四目必然都要旺舱。

李炳炎：那再说一下风炉窑。

陈海波：风炉窑我不太懂。

李炳炎：说你知道的就好，也就是圆窑。

陈海波：对，叫圆窑。

李炳炎：温度是在800度左右？

陈海波：800度是肯定要的，风炉窑也是要烧萩草的，只是烧到一定温度就停了。

李炳炎：圆窑就一个门而已？

陈海波：是，一个门。

李炳炎：烟囱在中间？还是在后面？

陈海波：这种好像没有烟囱，只是四周有几个孔而已，烧火的时候可以散烟，以前就有人用这个烧风炉，风炉大多还是放在龙窑尾部烧。

李炳炎：参炖（炖盅的一种）这种是缶内烧？

陈海波：参炖、茶锅、牛脚罐、冬菜罐，这些都叫缶内烧，都要装在瓮里烧的。不能直接放在外面烧，不然烧出来两边颜色不一样，一边黑一边白，也不会变成红色，要放在缶内烧才会变红色。

李炳炎：叫做缶内烧？

陈海波：是。如果单独用一条窑烧这个也不划算。

李炳炎：要装很多东西在里面烧？

陈海波：是，无论是瓮还是什么的，也无论大小，都要装得满满的。

李炳炎：枫溪做的缶要拿到长美烧？

陈海波：拿到长美烧。

李炳炎：实际上这个也叫做套烧，书面语是套烧。但是我们潮州人就说缶内烧，人家一听就知道你是内行的，景德镇的就说套烧。您以前做的大缸是围筑的吗？

陈海波：是，大缸要用手捏的。小个儿的可以落车，做瓮可以用落车，也可以手捏，手制的要卖高价一点儿，因为密度比较高。

李炳炎：这个不是盘泥的吗？

陈海波：是，然后慢慢地接起来。

李炳炎：这样就是盘泥。

陈海波：就是手制的。

李炳炎：手工盘泥成形，再用木槌在这里敲。

陈海波：是，一根在里面，一根在外面，外面那根是缶做的，里面那根是柴做的，要大要小，要圆一些都是用这两根槌控制的。

李炳炎：有没有人是先做两边然后接起来的？

陈海波：没有。

李炳炎：我怎么看到他们厂里放了很多石膏模？

陈海波：他们那些是拼起来的。他们是做成四块或者六块，然后接起来的。把土打进模子里面，接着用手慢慢剥出来，再晾干。

李炳炎：这个解放前没有是吗？

陈海波：没有。

李炳炎：也算是注模的？

陈海波：这个是拼起来的，注模是注浆的，不一样。

李炳炎：这个叫做模压。

陈海波：人就比较省力了，不用跟过去一样。

李炳炎：可能也比较快？

陈海波：可能也没快多少。

李炳炎：做这个要力气很大？

陈海波：也不会。

李炳炎：烧出来容易裂。

陈海波：也比较难烧。

李炳炎：龙窑烧的时间是多久？

陈海波：从晚上烧到隔天下午。

李炳炎：晚上几点开始？

陈海波：要一夜一日就对了。

李炳炎：冷却要多久？

陈海波：这个很难说，一般是半天，或是隔一天全部晾凉，快的话隔半天就可以了。

李炳炎：六小时？

陈海波：嗯，也可以开。最快是半天，就是六小时。

李炳炎：瓷的呢？

陈海波：瓷的也是这样。烧瓷要一天一夜，快几个小时或者慢几个小时都是有的，取决于窑的长短。

李炳炎：烟囱这几个孔是不是也可以控制？

陈海波：烟囱尾是在里面的，没有控制。龙窑是控制前面的，尾部是没有的。

李炳炎：凤塘龙窑的烟囱总是冒黑烟，有位广州大学的教授就在那里装了一个水泵，再装一个水管来喷淋，有五六个喷头，水喷得像雾一样，喷这里下来，烟都变白色了。

陈海波：就像水蒸气。

李炳炎：从远处看，烟囱的烟看起来是白色的，以前是黑色的。

陈海波：越往上面烧就越会冒黑烟。烧窑头仔的时候，为什么烟囱是冒白烟呢，就是因为有水蒸气，窑底的水蒸气很大，烟囱就冒白烟，要不以前烧窑为什么一看烟囱冒什么烟，就知道要停了或者是还要烧。烧到窑头门上就冒黑烟，要不怎么说到这里就能烧好缶，因为水蒸气都走完了。

李炳炎：上仓就是冒白烟?

陈海波：是，烧窑头仔的时候就会冒白烟。水蒸气大就冒白烟，没有水蒸气就冒黑烟。

李炳炎：上仓就变成冒黑烟?

陈海波：然后要看冒的黑烟多与少。如果黑烟太多，就要烧慢一点儿，不然就会烧坏缶，还浪费燃料。冒黑烟也分两种，黑烟如果是一团一团的就不对，如果是均匀地往上升就没问题，黑烟一团一团的就说明里面的缶有问题。将来开窑里面就一定有一些烧坏了。火太猛或者是刚开始火不够猛加燃料，也会造成黑烟一团一团的。

李炳炎：到最后是冒什么烟?

陈海波：后面就渐渐没有了，剩一点儿火舌而已。

李炳炎：哦，最后就剩火舌。

陈海波：看到火舌往上，就知道完成了。

[访谈后记]

陈海波先生是我舅舅，他长期从事陶器制作，熟悉陶器制作技艺。15 岁时，他到长美亲戚邱阿横经营的正记陶作坊打工，在坊间学拉车揉泥，擅长泥条盘筑制作大缸及瓮，经过长期实践之后，成为知名制缸师傅。他对窑炉构造及装缶、烧窑等过程了如指掌。改革开放之后，他被多家陶器厂聘为技师指导生产，有关枫溪及长美的很多陶瓷生产的很多情况，我都是从他的讲述中积累起来的。

儿时，我常到外婆家耳濡目染陶瓷的生产与经营，对一些方言的生产术语很感兴趣，总是好奇地问舅舅，舅舅总是细心地为我解答，让我明白了何谓白缶，何谓乌缶，何谓红缶，而这些知识也让我渐渐地对陶瓷产生了兴趣。

编后语

韩山师范学院图书馆是粤东地区历史悠久、藏书丰富的图书馆，其历史可追溯到韩山书院时期的藏书楼，目前藏书总量200多万册（其中纸质图书147万册，电子图书50多万册）。近年来我馆十分重视潮汕区域文献的征集、整理与服务，以支持学校的潮人文化研究与潮学基地建设，除了地方纸质文献资料外，还对潮州歌册等特色资源进行数字化，陆续积累歌册老人、老校友、华人华侨等口述史料，建设特色数据库，出版相关著作，近年来更是加强了图书馆与地方单位的多层面合作。

本书是我馆与颐陶轩合作的阶段性成果。颐陶轩既是民间潮州窑博物馆又是潮州陶瓷文化艺术研究所，负责人李炳炎副研究馆员基于对家乡陶瓷的热爱，十多年来为挖掘和抢救潮州陶瓷历史文化遗产，收集了大量历史文献、口述史料、陶瓷实物等资源，为潮州窑的保护与研究做出了杰出的贡献。但限于人力，颐陶轩有大批潮州窑资料亟待整理。我馆与颐陶轩本着资源共享、服务社会的共同目标，充分利用双方各自的优势，在“潮州陶瓷口述史”项目上开展合作，由颐陶轩提供潮州及海外潮人陶瓷业亲历者的口述原始录音与录像资料，由我馆陈俊华研究员组织包括学生在内的团队来承担转录、整理与数据库建设工作。

双方合作非常顺利，李炳炎先生应邀来图书馆为师生们做了潮州窑口述史的讲座，图书馆亦组织团队成员赴颐陶轩参观学习，并就转录过程中出现的各种问题举办座谈会与研讨会。目前已转录潮州窑口述史料约90万字。

本书收录了较有代表性的24位枫溪陶瓷业亲历者的口述史料，三位编者对学生们的转录初稿进行了多次严谨的校对，最后请在世的受访者对自己的口述稿进行核实与确认，力求最大限度地忠实于口述者的本意，尽量真实还原相关历史。但受限于各种因素，仍然可能存在不够准确或错漏之处，欢迎各位读者指正。

感谢广东省委宣传部与潮汕历史文化研究中心的支持，将该书列入《潮汕文库》大型丛书。感谢颐陶轩潮州窑博物馆十多年来所付出的艰辛努力，感谢杜爽等十余位同学踏实认真地承担转录工作。感谢所有一直支持我们的领导与同行，以及暨南大学出版社编辑冯琳女士、何镇喜先生为本书付出的辛劳与精力。

我馆作为学校文献信息中心，在努力满足全校师生教学、科研、阅读需要的同时，正逐步向社会开放并提供各种服务，期待更多的合作，为保护潮州非物质文化遗产做出更多的贡献，也请各位读者不吝赐教。

蓝宗辉（韩山师范学院图书馆馆长）
2015年8月1日